Irene Gabriele Gill Ein Flüchtlingsleben

Irene Gabriele Gill

Ein Flüchtlingsleben

Erfahrungen einer dem Holocaust Entkommenen

Herausgegeben von Erhard Roy Wiehn

Hartung-Gorre Verlag Konstanz

Umschlag-Titelfoto: Irene Gabriele Gill auf der dänischen Ostseeinsel Samsö; Rückseite: Irene Gabriele Gill im Alter von etwa 26 Jahren vor der Kirche, in der sie heiraten würde – Coverfoto der englischen Ausgabe
(© Fotos: Familie Gill); Herstellung: BoD GmbH, Norderstedt

1944–2024
Im Frühjahr 1944 Beginn der Ermordung von ca. 565.000 ungarischen Juden; am 6. Juni 1944 landen alliierte Truppen in Nordafrika und leiten damit das letzte Kapitel der Befreiung Europas von der deutschen NS-Herrschaft ein.

24. Februar 2022 brutaler Überfall der russischen Armee auf die Ukraine

7. Oktober 2023 barbarischer Hamas-Angriff auf Israel

Bibliografische Information der Deutschen Nationalbibliothek
Die Deutsche Nationalbibliothek verzeichnet diese Publikation in der Deutschen Nationalbibliografie; detaillierte bibliografische Daten sind im Internet über http://dnb.dnb.de abrufbar.

Erste Auflage 2024
Hartung-Gorre Verlag Konstanz
ISBN 978-3-86628-806-5 und 3-86628-806-9

Inhalt

Irene Gabriele Gill: Ein Flüchtlingsleben

Widmung

Ich widme dieses Buch meiner Familie sowie allen Flüchtlingen, Waisen und verlorenen Seelen, wo auch immer sie sich auf unserem kleinen Planeten befinden mögen.

Irene Gabriele Gill

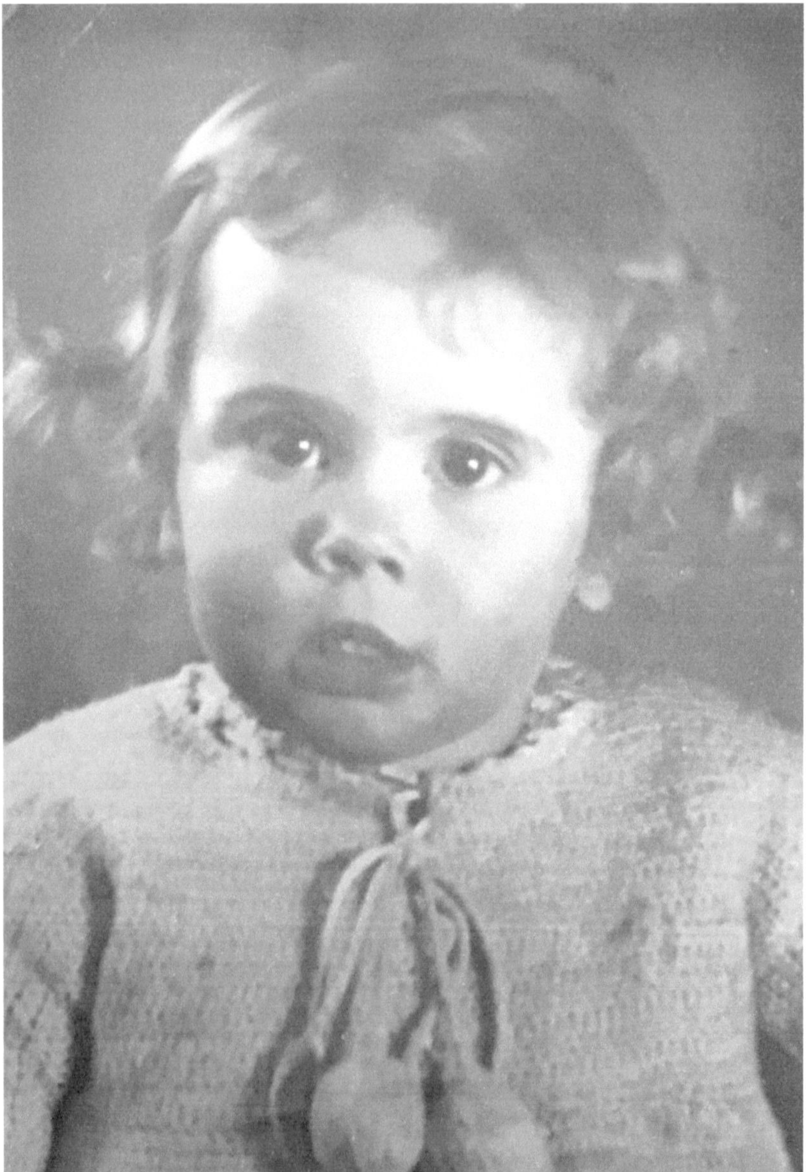

Irene Gabriele

Irene Gabriele Gill (geb. Zuntz)

Ein Flüchtlingsleben

Vorwort zur deutschen Ausgabe

Liebe Leserin, lieber Leser,
vielen Dank, dass Sie dieses kleine Buch in die Hand genommen haben. Ich bin Professor Dr. Erhard Roy Wiehn und dem Hartung-Gorre Verlag (Konstanz) sehr dankbar, dass sie dieses Buch, eine Übersetzung meines englischsprachigen Buches *How to be a Refugee: Life lessons learned by one who escaped the Holocaust* (Caseroom Press, 2022), veröffentlichen. Ich möchte auch Karina Kleiber für ihr sorgfältiges und einfühlsames Korrekturlesen danken.

Das Buch, das Sie in Händen halten, ist die Aufzeichnung eines der vielen Millionen Leben, die durch Adolf Hitler und den Holocaust auf den Kopf gestellt wurden. Ich hatte Glück - meine Mutter schmuggelte uns 1936 aus Deutschland nach Dänemark. Zwei Jahre später, als die Nazis begannen, Dänemark zu bedrohen, flohen wir erneut, diesmal nach England. In der Generation vor mir wurde mehr als die Hälfte meiner Verwandten in den Vernichtungslagern vergast. Wenn ich im Alter von 91 Jahren zurückblicke, habe ich manchmal das Gefühl, dass mein ganzes langes Leben eine langsam ausklingende Kadenz dieses gewaltigen, todbringenden Absturzes zu Beginn meines Lebens gewesen ist. In meinem langen Leben hatte ich mehr gute als schlechte Zeiten, aber das unangenehme Gefühl, vom Land meiner Geburt und dann als feindliche Ausländerin von dem Land, in das ich geflohen war, gehasst zu werden, ist mir immer geblieben. Ich nenne es meinen "Flüchtlingskomplex". Es ist nur ein kleiner Splitter des Elends unter den zig Millionen Leben, die die Nazis beendet oder ruiniert haben. Danke, liebe Leserin, lieber Leser, dass Sie es aus den Trümmern herausgepickt haben.

Im Jahr 2018 erhielt ich nach einem langwierigen bürokratischen Verfahren einen deutschen Reisepass. Das Land, das mich tot sehen wollte, nahm mich nun als Bürgerin auf.

Februar 2024

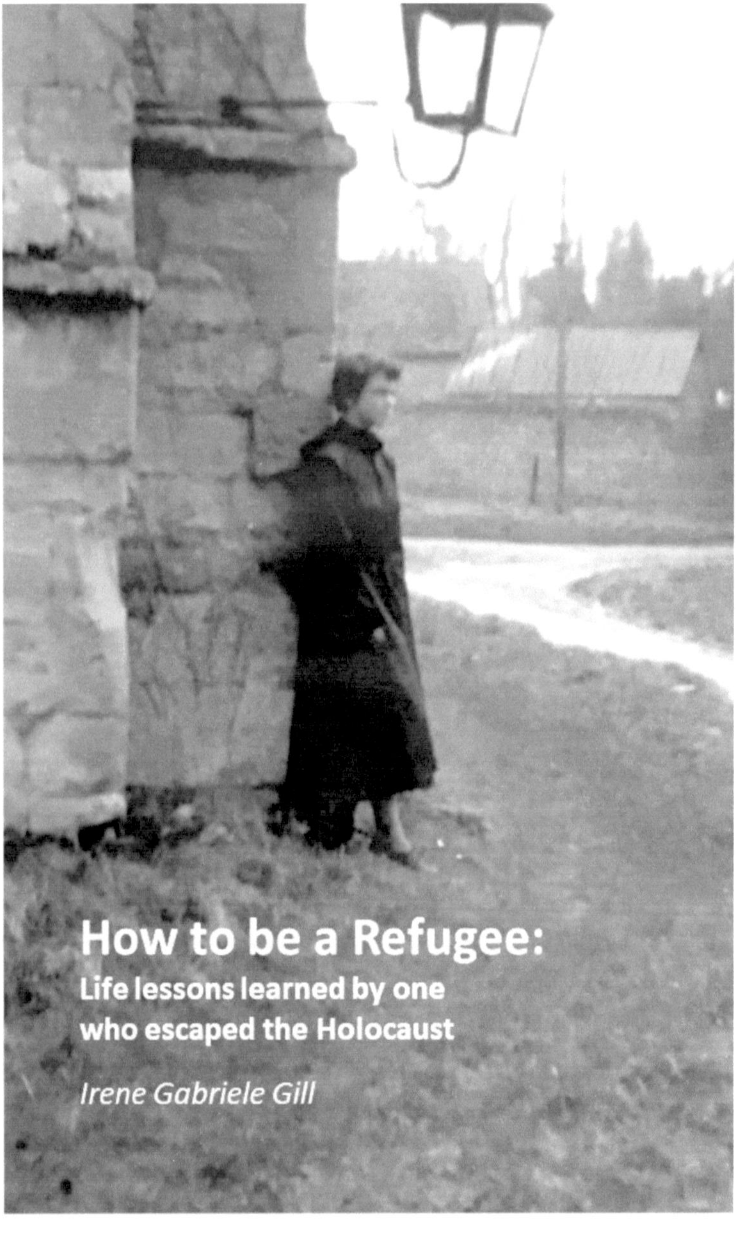

2022 (The Caseroom Press, England)

1. Frühe Tage

Ich liege auf einem Bett in einem schattigen Raum, in dem das Licht durch die Jalousien eines hohen Fensters fällt. Zwischen mir und dem Fenster steht noch ein Bett. Eine Nonne liegt darauf. Sie heißt Schwester Permina. Sie will, dass ich einschlafe. Nach einer Weile dreht sie den Kopf und sieht mich an. Ich schließe schnell meine Augen. Sie steht auf und geht leise zur Tür, ihr blassgrauer Schleier und ihr Gewand schweben hinter ihr und sie verlässt das Zimmer. Sie denkt, ich schlafe! Ich bin stolz. Ich habe sie reingelegt!

Das ist meine früheste Erinnerung. Wir waren noch in Deutschland, in Freiburg, im Schwarzwald, und ich war zwei, drei Jahre alt. Bei meiner Geburt hieß ich Vera Irene Gabriele Beate Zuntz, aber meine Familie nannte mich Gax. Mu, meine Mutter, hatte mich bei den Nonnen gelassen, während sie für uns die Ausreise nach Dänemark organisierte. Wir konnten nicht in Deutschland bleiben, weil Mus Mutter, meine Oma, Jüdin war, ebenso Fes Vater, Opa Leo. Wir waren halb jüdisch, und das war schlimm.

Meine zweite Erinnerung ist aus Kopenhagen im Jahr 1936. Ich bin fünf oder sechs Jahre alt:

Ich wache nachts auf und schreie: Mein Daumen ist geschwollen und sieht aus wie ein lila Ball. Ich schreie wieder vor Schreck, und Mu, meine Mutter, kommt. Sie entdeckt das Gummiband, das ich um meinen Daumen gewickelt und vergessen hatte. Sie schneidet es mit einer kleinen gebogenen Schere ab und verspricht mir, dass mein Daumen bald wieder normal sein wird. Aber weil ich immer noch schluchze, lässt sie mich mit nach unten kommen und sich in die "Mutter-Coupé" setzen – der Platz hinter ihr im Sessel. Mein Lieblingsplatz. Es sind verschiedene Erwachsene im Zimmer. Mu hat ihnen von meinem Daumen erzählt und sie haben beruhigende Geräusche gemacht. Jetzt setzen sie ihr Gespräch fort: ein Hintergrundgemurmel, das mich bald wieder einschlafen lässt.

Eine weitere Erinnerung aus Kopenhagen. Ich besuche meinen älteren Bruder Peter im Krankenhaus: Beim Fußballspielen ist ihm ein spitzer Stein ins Knie geraten, und jetzt hat er eine Blutvergiftung. Im Krankenhaus ist er enorm dick geworden. Eine Krankenschwester kommt mit einer Rolle Toilettenpapier. Ich bin fasziniert. Wird sie das vergiftete Blut wegwischen? Ich will zuschauen, aber Mu drängt mich weg. Es soll etwas ganz Unkompliziertes passieren - aber es ist grob, ich darf nicht zusehen.

Und dann geschah es, dass ich mich im Badezimmer eingeschlossen hatte. Ich konnte den Schlüssel nicht drehen, um die Tür wieder aufzumachen. Mu steht auf der anderen Seite und ermutigt mich, es noch einmal zu versuchen. Meine ältere Schwester Maleen kommt und sagt mir, dass ich nicht zu schwach sein kann, ihn zu drehen, da ich es ja geschafft hatte, die Tür abzuschließen. Mein Vater, Fe, kommt nach Hause. Er sagt mir, ich solle den Schlüssel abziehen und ihn ihm unter der Tür hindurchschieben. Aber ich kann ihn nicht herausziehen. Ich gerate in Panik. Mu holt den Hausmeister. Draußen sind sie alle versammelt, und ich bin gefangen! Es wird davon gesprochen, die Tür aus den Angeln zu heben. Dann kommt Peter von der Schule nach Hause. Er schiebt sein ungeöffnetes Taschenmesser unter der Tür durch. Ich soll es durch den Ring am Ende des Schlüssels schieben und ihn dann mit beiden Händen drehen. Und es klappt! Die Tür ist offen und ich bin frei! Tränen strömen über mein Gesicht, und ich falle in Mus Arme.

Dieses Badezimmer war der Schauplatz der einzigen körperlichen Bestrafung, die ich je erfahren habe. Ich habe keine Ahnung, was ich falsch gemacht hatte, aber Fe, der auf der Toilette saß, hatte mich auf seinem Schoß, und als ich mich umdrehte, sah ich, wie seine spatengroße Hand auf meinen ungeschützten Hintern herabkam, und ich war entsetzt.

Manchmal hatten wir Besuch aus Deutschland - eine Dame schenkte uns Katzenzungen. Sie waren köstlich!

Jetzt schreiben wir das Jahr 1938, und wir sind nach Birkeröd, einem Dorf außerhalb von Kopenhagen, gezogen. Oma - Mus Mutter - ist zu Besuch gekommen. Mu war schockiert, als ich sagte, dass Oma wie ein großes B aussah. Aber zu der Zeit half mir Mu, mir die Buchstaben des Alphabets zu merken, indem sie auf ihre Ähnlichkeit mit anderen Dingen hinwies. Das große A sah aus wie ein Haus, das G - und das ist ziemlich rätselhaft - wie eine Hundehütte mit einem Regal, auf dem der Hund seine Pfoten ausruhen kann. Warum war es also falsch zu bemerken, dass meine rundliche Großmutter mit ihrem geschwungenen Busen und Bauch wie ein B aussah? Mu konnte nicht erklären warum, aber es war unhöflich.

An einem sonnigen Tag saßen wir zum Kaffee auf dem Kiesplatz hinter dem Haus, die Schatten der Blätter flatterten über die Tassen und Kannen auf dem Tisch, und man erzählte mir die Geschichte von "Die Sonne bringt es an den Tag": Ein Mann hatte im Wald einen anderen überfallen und ermordet. Da niemand in der Nähe war, wähnte er sich in absoluter Sicherheit. Aber der sterbende Mann schaute durch die Blätter in die Sonne und sagte - das waren seine letzten Worte - "Die Sonne bringt es an den Tag." Jahre später - der Mörder hatte sich mit dem Geld des Toten bereichert - saß er genau wie wir hier und trank Kaffee und lächelte, als er die Schatten der Blätter sah, die die Sonne auf den Tisch warf, und schüttelte den Kopf. Der Sterbende hatte sich geirrt, niemand hatte es je herausgefunden. Er murmelte die verhängnisvollen Worte: "Die Sonne hat es nicht an den Tag gebracht." Aber seine Frau hörte ihn - und befragte ihn - und so hatte die Sonne es doch an den Tag gebracht ...

Während Oma bei uns war, mussten wir ein Abendritual einhalten. In einer Prozession trugen wir einen Stuhl, Kissen, einen Teppich und ihre Schreibutensilien zu einer Lücke in der Hecke, damit sie sich bequem hinsetzen konnte, um den Sonnenuntergang zu beobachten, wie sie es jeden Abend tat, wo immer sie auch war. Auf unserer Seite des Zauns befand sich eine doppelte Reihe Haselnusssträucher, auf der anderen Seite ein Feld, das zu einem Bauernhof gehörte, wo Prepen lebte. Er war ein Junge im gleichen Alter wie ich und gab mir gerne das Gefühl, minderwertig zu sein, zum Beispiel, weil ich es nicht schaffte - so sehr ich mich auch bemühte - die Urinfontäne nachzuahmen, die er hinter einer gewissen großen Eiche auslöste. Ich merkte, dass unsere Spiele unanständig waren und erzählte niemandem davon.

Auf einer Seite unseres Hauses gab es ein großes Stachelbeerbeet, das von einer Hecke umgeben war. In dieser Hecke baute Peter einen Stall für meine Spielzeugtiere. Ich hatte auch eine Puppe, eine wunderbare Puppe namens Kirsten, die ihre blauen Augen schloss, wenn ich sie hinlegte, und sie öffnete, wenn ich ihren blonden Lockenkopf hob.

Wir gingen mit Oma spazieren - sehr langsam, wegen ihres schlimmen Knies - einen Weg entlang einer grünen Wiese und einen niedrigen Hügel hinauf. Sie war ganz in Schwarz gekleidet und hatte einen Regenschirm. Ihr silbernes Haar war oben auf dem Kopf zu einem Dutt zusammengefasst. An einer Stelle blieb sie stehen, schwang den Schirm im Kreis und sang mit tiefer, vibrierender Stimme:

O Täler weit, o Berge
Du schöner grüner Wald ...

Später während unseres langsamen Vorankommens, zeigte sie in den Himmel, und ihre graublauen Augen sahen mich über ihre Brille hinweg an.

"Siehst du die Feldlerche dort?", fragte sie. "Hörst du sie? Sie fliegt immer höher. Wenn du dich dreimal umdrehst, ist sie außer Sichtweite."

Ich tat es - und sie hatte Recht: Die Feldlerche war in den Himmel verschwunden, wie sie es vorausgesagt hatte.

Bald darauf war Oma nach Persien gegangen, um bei ihrer älteren Tochter Tante Marianne und deren Familie zu leben.[1] Es dauerte viele Jahre, bis wir sie wiedersahen. Aber wir bekamen einen stetigen Strom von Briefen von ihrer Adresse in Persien.

Mu nahm uns oft mit aufs Land. Ich saß auf einem Sitz am Lenker ihres Fahrrads. Peter und Maleen, die sieben beziehungsweise fünf Jahre älter waren als ich, hatten ihre eigenen Fahrräder. Ich weiß noch, dass wir auf einer kurvenreichen Straße in Richtung eines Waldes fuhren; rechts von uns erhob sich eine grasbewachsene Böschung. Im schattigen Wald teilte sich der Weg um einen massiven Baum. Maleen und Peter fuhren auf beiden Seiten um die Wette. Weiter kamen wir zu einem See namens Sjaelsö. Sechs Jahrzehnte später, 1998, kehrte ich mit meinem Mann David dorthin zurück, und als wir den Weg entlang radelten und der See Sjaelsö zu unserer Linken durch die Bäume schimmerte, erkannte ich plötzlich den riesigen Baum in der Mitte des Weges, und etwas weiter die Stelle, wo wir damals gebadet hatten: Mu schwamm langsam, den Kopf nach oben, um ihr Haar trocken zu halten; Maleen und Peter lieferten sich Wasserschlachten. Aber ich hatte den runden, flachen Teich auf der anderen Seite des Weges ganz vergessen, wo kleine Bäche, die durch den Wald fließen, aufgestaut und zu einem bescheidenen Springbrunnen umgeleitet worden waren. Als ich ihn wiedersah, erkannte ich ihn sofort. Da ich

[1] Dazu: Olga Hempel, Immer ein bißchen revolutionär – Lebenserinnerungen einer der ersten Ärztinnen in Deutschland 1869-1954. Konstanz 2005.

noch nicht schwimmen gelernt hatte, spielte ich dort, während die anderen badeten. Später, als wir alle wieder trocken waren, saßen wir dort mit Brot und Äpfeln und hörten Mu von ihrer Jugendzeit erzählen.

Mein Vater Günther, den wir alle Fe nannten, war meistens abwesend: Er verbrachte mindestens die Hälfte des Jahres in England. Aber wenn er kam, hatte ich das Gefühl, die Familie sei komplett, ohne zu wissen, wie tief die Kluft zwischen ihm und Mu war. Ich habe eine unauslöschliche Erinnerung an ihn, wie er einmal, als er gerade wieder aufgetaucht war, groß und schlank und - wie ich plötzlich erkannte, -schön, seine rechte Hand ausstreckte, um einen blühenden Zweig von einem Baum herunterzuziehen und an der Blüte zu schnuppern. Im Haus hing ein großes sepiafarbenes Foto, das ihn als Jungen zeigte; er blickte verträumt von einem aufgeschlagenen Buch auf, das auf seinen Knien lag, und sein schulterlanges Haar ruhte auf einem großen Spitzenkragen: Kleiner Lord Fauntleroy nannten wir ihn. Fe war nicht nur schön, er war auch anspruchsvoll, während Mu rau aber herzlich war. Er missbilligte ihre schlagfertige, energische Art; sie verachtete seine Umständlichkeit und Hypochondrie. Aber das war nicht das einzige Problem zwischen ihnen.

Ich bettelte darum, so wie Peter und Maleen in die Schule gehen zu dürfen, und so ging ich eines Morgens, an Mus Hand geklammert, in einem Zustand zwischen Aufregung und Panik zur *Kommuneskole* (städtische Schule). Die in meinen Augen riesigen Backsteingebäude umgaben einen asphaltierten Spielplatz, auf dem Trinkwasserbrunnen am Rande eines runden Beckens sprudelten. Einige der großen Jungs - so mutig! - setzten sich auf einen dieser Brunnen und riefen dann "Ma! Mama! Ich habe mich nass gemacht!" Sie spuckten ihren Kaugummi auf den Boden, der mit den abgeflachten rosa Formen übersät war. Ich war nicht abgeneigt, diese heimlich abzuziehen, um herauszufinden, wie Kaugummi schmeckt. Als die Glocke ertönte, liefen wir die breite Treppe zum Klassenzimmer hinauf, wo ich neben einem hübschen, blonden Mädchen namens Inge saß, die faszinierend gerillte Fingernägel hatte. Sie hatten winzige weiße Flecken, die, wie sie mir sagte, immer dann auftauchten, wenn sie log. Inge leugnete nicht, so viele Lügen erzählt zu haben; sie sah mich durch ihre seidigen Wimpern an und sagte nichts. Manchmal tauchte der böse Junge, der hinter ihr saß, das Ende ihres Zopfes in sein Tintenfass -

und sie verriet ihn nicht, sondern warf ihm nur einen steinernen Blick zu und wischte die Tinte mit einem Löschblatt weg.

Das Klassenzimmer kam mir riesig vor; irgendwo da vorne saß die Lehrerin hinter einem Schreibtisch auf einem Podest. Manchmal durfte ich bei den großen Mädchen sein, und ich setzte mich unter den Tisch, an dem sie nähten, und fuhr mit meinen Fingernägeln über die Strümpfe der Lehrerin. Sie kreischte vor Lachen, weil es so kitzelte, aber niemand war je böse auf mich. Ich war eine Art Maskottchen. Und vermutlich war ich noch dabei, die dänische Sprache zu begreifen und verstand nicht alles, was gesagt wurde.

Peter ging mit mir nach Hause. Er versuchte, mir das Pfeifen beizubringen. Endlich konnte ich es und beeilte mich, es Mu vorzumachen. Aber als ich nach Hause kam, musste ich wie immer dringend auf die Toilette - so dringend, dass Mu sagte, ich müsse nicht nach oben ins Badezimmer gehen, sondern könne mich hinter die Haselnusssträucher hocken. Als ich dann ins Haus kam, konnte ich nicht mehr pfeifen. Tatsächlich konnte ich eine Zeit lang nur einen Ton pfeifen, einmal am Tag. Ich versuchte, diese eine Note aufzusparen, bis ich nach Hause kam, konnte aber nicht widerstehen, sie unterwegs zu verpfeifen. Es war Peter, den ich am meisten beeindrucken wollte. Und Prepen.

Als ich mit David nach Dänemark zurückkehrte, war Birkeröd ein Vorort von Kopenhagen geworden. Der Ort war komplett mit schönen neuen Häusern bebaut - kleine Bungalows umgeben von Fliederbäumen. Nachdem wir auf gemieteten Fahrrädern die Gegend erkundet hatten, fanden wir schließlich die Kreuzung von drei Straßen, an die ich mich erinnerte; aber der Laden im Winkel der Kreuzung, in dem ich früher *Morenkop* - eine göttliche Masse aus irgendeiner cremigen Substanz am Stiel, überzogen mit Schokolade - bekam, war jetzt eine Tierarztpraxis, Dahlgaards Dyreklinik; die kurze steile Straße hinauf zu unserem Haus war jetzt gepflastert und führte zu einer langen Reihenhaussiedlung. Aber wenn man durch eine Lücke in der Häuserreihe ging, über ein Stück Brachland, auf dem ein paar Jungs Fußball spielten, vorbei an Kleingärten, Bienenstöcken und Teichen, dann war da plötzlich unser Haus. Ganz und gar bezaubernd. Hinter jenem Fenster befand sich das Wohnzimmer mit der großen schwarzen Holzbank, auf der ich mir beim Versuch, meine Tasche zu holen, die zwischen sie und einen Stuhl gefallen war, so heftig den

Kopf stieß, dass das Blut herausquoll. Mu hob mich auf und brachte mich irgendwie zu einem Arzt; die Narbe habe ich immer noch. Hinter diesem Raum war die Küche, in der wir unsere Mahlzeiten einnahmen, mit einem Fenster, vor den zwei Reihen von Haselnusssträuchern.

In der örtlichen Bibliothek fanden wir Fotos von der *Kommuneskole*, die vor Jahren abgerissen worden war. Aber wo war der blühende Obstbaum neben unserem Haus? Das Stachelbeerbeet? Die Hecke, in der Peter den Stall für meine Spielzeugtiere gebaut hatte? Der Bauernhof von Prepens Familie? Alles war verschwunden, außer in meiner Erinnerung.

Mein Vater war der Sohn von Leo und Edith Zuntz, meine Mutter die Tochter von Hugo und Olga Hempel. Oma Drübbelchen, die Mutter meiner Mutter, erzählte mir viel über den Vater meines Vaters, Opa Leo, der zur gleichen Zeit wie sie an der Universität in Freiburg Medizin studierte, und sie blieben Freunde. Nach seinem Studium wollte er die Welt sehen und arbeitete als Schiffsarzt. Am Ende des Vorstellungsgesprächs vor seiner ersten Reise in die Tropen fragte ihn der Kapitän, ob er alles eingepackt habe, was er brauchen würde. Er sagte, dass er das glaube.

"Haben Sie an Ihren Butterpinsel gedacht?"

Leo war erschrocken: Er hatte noch nie von diesem Instrument gehört. Dann erklärte der Kapitän ernsthaft, dass es dort, wo sie hingingen, so heiß wäre, dass die Butter schmolz; man könne sie nur mit einem Pinsel auf das Brot streichen.

Das war ein WITZ!

Später half Leo seinem Vater Nathan Zuntz, einem berühmten Physiologen, in seinem Institut bei einigen seiner Experimente zur Untersuchung der Auswirkung großer Höhen. Sie benutzten dabei ein "pneumatisches Kabinett", um alpine oder aeronautische Bedingungen zu simulieren, was wichtig wurde, als Flugzeuge in Gebrauch kamen. Eine Zeit lang praktizierte Leo in Moabit, einem Berliner Arbeiterviertel, und auch als er später eine mondäne Entbindungsklinik leitete, lehnte er es nie ab, einem armen Menschen in Not zu helfen.

Er heiratete Edith, die Tochter eines Ladenbesitzers und nicht jüdisch war: eine kleine, feine Frau, ganz anders als Olga, die ihre Affektiertheit nicht ertragen konnte. Als mein Vater Günther noch ein kleiner Junge war, kam er eines Tages nach Hause und fand seine Mutter bewusstlos vor: Sie hatte versucht, sich umzubringen, als sie herausfand, dass Leo ihr untreu gewesen war. Günther konnte rechtzeitig Hilfe herbeirufen, und sie wurde wieder gesund; aber von da an schämte sich Leo zutiefst, und er und die Kinder - neben Günther gab es noch zwei Mädchen - behandelten sie mit äußerster Fürsorge.

Als Edith ihr drittes Kind erwartete, bat sie Leo nach zwei schwierigen, ja lebensbedrohlichen Entbindungen, das Kind zu entbinden, was er mit Geschick und Menschlichkeit und ohne die Schrecken und Gefahren der ersten beiden Geburten tat. Die beiden Familien - Zuntz und Hempel - verbrachten mehrere Urlaube miteinander, ohne zu ahnen, dass Leos Sohn Günther eines Tages Olgas Tochter Lore heiraten würde. Edith war leidenschaftlich gegen diese Heirat und hat meiner Mutter nie verziehen, dass sie Günther verführt hatte.

Leo starb 1937 in Berlin, und Edith kam nach England; tatsächlich lebte sie mit ihrer Tochter nicht weit von uns in Oxford, aber ich habe sie nie gesehen. Gleich zu Beginn schenkte sie mir ein Knäuel blauer und silberner Wolle, in dem Smarties versteckt waren, um mich zum Stricken anzuregen (was nicht gelang), aber das war der einzige Kontakt, den ich je mit ihr hatte.

Es kam das Jahr 1939, und wir mussten nach England gehen, denn es schien wahrscheinlich, dass die Nazis Dänemark überrennen würden. Mu versicherte uns, dass die Nazis uns nie lebendig erwischen würden. Sie hatte genug Veronal (eine Selbstmorddroge) für uns alle. Jetzt wurde mir bewusst, dass die Leute in Deutschland meinen Tod wollten. Deutschland war doch das Land der Wälder, Seen und Berge, der wahren Liebe, des Mutes und der Beständigkeit (*das Land der Dichter und Denker*), das in den Volksliedern, die Mu mit uns sang, und in den Geschichten und Balladen, die sie uns vorlas, gefeiert wurde.

Peter wollte Dänemark nicht verlassen. Er sagte, wenn die Nazis kämen, wolle er sie mit den Dänen bekämpfen. Aber Mu sagte, dass er ihnen nicht helfen könne. Wir würden eine Gefahr für unsere dänischen Freunde sein, wenn wir blieben. Es war, als ob wir mit einer tödlichen Krankheit infiziert wären. Daraufhin warf sich Peter verzweifelt auf den Boden und weinte hemmungslos.

Mu packte alle unsere Sachen zusammen, unsere Möbel, Bücher, Kleidung, Kochutensilien und alles, und wir gingen zu unseren Freunden, um uns zu verabschieden. Dann stellte sich heraus, dass wir nicht sofort nach England fahren konnten, weil unsere Visa nicht angekommen waren. Ein paar Tage lang wohnten wir in einer winzigen Wohnung bei einer Lehrerin von Maleen. Dann sagten uns freundliche dänische Freunde, dass wir auf der Insel Samsö bleiben könnten.

Ich bekam einen warmen blauen Wintermantel, den ich bei einem von Mus Abschiedsbesuchen auf einem nahegelegenen Bauernhof trug. Während sie und die Bäuerin sich unterhielten, spielte ich auf dem Hof. Mein Ball rollte auf eine flache braune Fläche. Ich rannte hinterher und fragte mich, warum die Oberfläche so brüchig war. In Wirklichkeit war es eine Güllepfütze, aber ich verfolgte meinen Ball, bis ich hüfthoch in der stinkenden Flüssigkeit stand. Mu war entsetzt: Der Mantel war ruiniert. Wir hatten keine Zeit, ihn reinigen zu lassen: Am nächsten Tag wollten wir nach Samsö fahren.

So lebten wir einige Monate auf dieser gesegneten Insel, in einem winzigen Haus zwischen Tranebjerg und Ballen, umgeben von Stockrosen und mit einer Außentoilette, die einen warmen, breiten Holzsitz hatte und zu meinem Privatbereich wurde, mit einem Schild an der Tür: “Gabi privat“. Hinter dem Haus befand sich der Bauernhof, zu dem es gehörte; über die Straße auf der einen Seite gelangten wir schnell an den Strand, wo große blonde, braungebrannte Frauen Gefallen an mir fanden und mir Eis kauften. Mu half mir, einen Sandhügel aufzuschütten, klopfte ihn fest und fügte eine Handvoll Wasser hinzu, um ihn noch fester zu machen. Dann begannen wir mit dem Tunnelbau, sie mit zwei Fingern auf ihrer Seite, ich mit der ganzen Hand auf der anderen. Manchmal brach der Hügel zusammen, bevor wir die Mitte erreicht hatten; manchmal hatten wir die Richtung des Tunnels falsch eingeschätzt und kamen irgendwo an der Seite heraus; aber manchmal trafen sich unsere Hände in der Mitte und wir lachten über die Freude, uns gegenseitig zu berühren - warm und glatt und lebendig - in den körnigen Tiefen des Sandhügels.

"Als ich so alt war wie du", sagte Mu, "hat meine Mutter - deine Oma - mit mir genau so im Sand gespielt, in Ferch, einem Dorf am Schwielowsee, in der Nähe von Berlin. Und sie hat mir erzählt, dass sie als kleines Mädchen von ihrem Großvater gelernt hat, wie man solche Sandhügel und Tunnel baut."

"Ihr Großvater!"

"Ja - mein Urgroßvater, und dein Ururgroßvater!"

"Wo haben sie das gemacht?"

"In Zoppot. Wenn wir von hier aus immer weiter in Richtung Sonnenaufgang gingen, würden wir da sein. Ein Teil dieses Wassers ist wahrscheinlich am Strand von Zoppot gewesen." Zoppot, auch Sopot genannt, ist die Stadt in der Nähe von Danzig, in der Oma als Mädchen lebte.

Wir durchstreiften Samsö, diese grüne, saubere, friedliche Insel, allein oder zu zweit, zu Fuß oder mit dem Fahrrad, und fühlten uns immer absolut sicher. Alle waren freundlich und hilfreich, und das Wetter scheint die ganze Zeit perfekt gewesen zu sein. Wir schlenderten die ruhigen Straßen entlang, an riesigen Bäumen mit kleinen Häusern darunter vorbei, an Wiesen mit Kühen, und waren nie weit vom Meer entfernt. Es gab eine Windmühle und eine weiße, rot gedeckte Kirche mit einer Stufenfassade zum Turm. Wir waren dort glücklich, und es ist mir als ein irdisches Paradies in Erinnerung geblieben. Ferch spielte in Mus Bewusstsein die gleiche Rolle als der Ort, der die unschuldige Zeit der Kindheit verkörpert, der Ort, nach dem sie ihr ganzes Leben lang ein hoffnungsloses Heimweh hatte. Zoppot spielte in Omas Bewusstsein ein Leben lang die gleiche Rolle.

Die Wochen und Monate, die wir in Samsö verbrachten, sind mir wie eine unvergessliche Oase des Friedens und des Wohlbefindens in Erinnerung geblieben. Aber für Mu, die an ihren Nägeln kaute, während sie die Zeitungen las und wusste, was anderswo geschah und was drohte, muss diese Zeit des Wartens auf die Dokumente, die uns die Ausreise nach England ermöglichen würden, eine Qual gewesen sein.

Endlich kamen sie, und wir fuhren los, zuerst mit der Fähre nach Jütland, dann mit dem Zug. Zweimal musste der Zug anhalten: zuerst, weil Kühe auf den Gleisen lagen, und dann, weil ich auf die Toilette musste. Im Zug gab es keine, und wir waren die einzigen Passagiere, also hielt der Zug außerplanmäßig an einem kleinen Bahnhof, wo es eine gab. Die Familie stand draußen und flehte mich an, mich zu beeilen, was ich aber nicht tun konnte. Je mehr ich mich bemühte, desto weniger konnte ich erreichen. Endlich war ich so weit, und der

Zug tuckerte weiter, während Peter und Maleen mir sagten, was sie von mir hielten. Als wir den Gleisanschluss erreichten, wo wir in den Schnellzug nach Esbjerg einsteigen sollten, kamen Bahnbeamte auf uns zu, weil wir so spät waren, und halfen uns, mit unserem Gepäck in den Schnellzug zu steigen, der schon auf uns wartete: Der Lokführer unseres Nahverkehrszuges hatte angerufen und erklärt, warum wir wegen mir verspätet waren. Nun wurde ein weiterer Anruf in Esbjerg getätigt, und das Schiff wartete ebenfalls auf uns. Kaum waren wir die Landungsbrücke hinaufgelaufen, legte es ab.

Jahre später erzählte mir Mu, dass wir, als wir in Harwich ankamen, zunächst nicht von Bord gehen durften; die britischen Behörden wollten keine Flüchtlinge mehr aufnehmen, und sie prüften unsere Papiere sehr genau. Mu hatte Angst, dass sie uns nach Hamburg schicken würden. Sie erklärte unsere Lage, die Beamten hörten höflich zu, dann gingen sie, um in London anzurufen. Wir mussten warten, und während wir warteten, holte sie ihre Veronal-Tabletten aus der Tasche und bestellte Tee. Wenn die Antwort aus London "nach Hamburg" lauten würde, würde sie in jede Tasse Tee eine Pille fallen lassen. Sie hielt diese Pillen viele Stunden lang in der Hand, während wir auf dem verlassenen Schiff in Harwich saßen. Aber wir durften einreisen, und sie vergrub die Pillen in ihrer Tasche.

Als David und ich 1998 Samsö erkundeten, war das Meer trotz eines starken kalten Windes ruhig, und einige schöne Jachten, sogar ein Schoner, segelten mit gesetzten Segeln im Sonnenschein – vieles kam mir bekannt vor: Kühe und Kälber und ein paar Pferde auf den saftigen Wiesen mit Teichen, kleine Häuser wie Spielzeuge mit rot gestrichenen Wellblechdächern oder Strohdächern. Wir bestiegen den einzigen Bus, die Nummer 131, und fuhren durch das hügelige, grüne Land, über Kolby, Permelille, Ballen, bis nach Tranebjerg, wo wir bei Asta Rasmussen wohnten: eine große, warme, gastfreundliche Frau, deren Englisch - das sie unbedingt üben wollte - ungefähr so hoffnungslos war wie mein Dänisch. Frau Rasmussen sammelte Nippes, Hunderte davon auf hochglanzpolierten Oberflächen, von winzigen Porzellanhunden bis zu Modell-Bonsai-Bäumen.

In der Nacht hatte ich einen seltsamen Traum: Ein Kalb näherte sich seiner Mutter, um Milch zu trinken - nein - es streckte sich auf dem Boden aus; sie legte sich daneben; seine Beine verschwanden in ihr, dann sein Körper, dann sein Kopf; sie stand auf, ging rückwärts, senkte den Kopf und spuckte sanft Gras aus ... Und mein graues Haar wurde dunkel, meine sechsjährige Gestalt kehrte zurück, und ich war wieder ein kleines Kind, auf Samsö.

Ich wachte früh auf und ging die Straße in Richtung Ballen entlang, erkundete einige Feldwege, sah mir die kleinen Häuser an und wünschte mir ein starkes Gefühl des Wiedererkennens, dass die Gegenwart mit meinen Erinnerungen übereinstimmen würde; aber es sollte nicht so sein.

Am Meer in Samsö

2. Flüchtling in Oxford

1939. Von Harwich ging es mit dem Zug weiter nach London - ich erinnere mich noch an das ohrenbetäubende Zischen in den schwarzen Gewölben von Paddington, als die weißen Dampfwolken losgelassen wurden - und von dort nach Oxford. Es war Nacht, als wir in dem Haus ankamen, das Fe für uns in Oxford gefunden hatte, Thorncliffe Road 37, Summertown. Während Mu müde auf einem Stuhl saß und mit Fe sprach, erkundeten wir Kinder aufgeregt das Haus und wetteiferten darum, Details zu entdecken, die den anderen entgangen waren. Doch schon bald war ich erschöpft und im Halbschlaf, was die merkwürdige Wirkung hatte, dass mir alles um ein Zehntel seiner tatsächlichen Größe erschien. In dem Haufen von Gepäck und Möbeln aus Deutschland im Flur fand Mu ein Klappbett, das in einem kleinen Zimmer im Obergeschoss für mich geöffnet wurde. Ich merkte nichts, bis ich mich am nächsten Morgen aufsetzte und aus dem Fenster auf die gelbe Backsteinmauer des Nachbarhauses blickte und dahinter lange, schmale Gärten sah, die durch Backsteinmauern getrennt waren und in denen Apfelbäume standen, deren Blüte von einem sanften Regen verhüllt war. Ich stand auf und öffnete die Tür zu einem Korridor, der zur Treppe führte. Eine schräge Tür am oberen Ende der Treppe führte in ein Badezimmer mit einer gusseisernen Badewanne, die auf Löwenfüßen stand. Zwei Stufen nach oben führten zu weiteren verschlossenen Türen. Doch hörte ich das Stimmengewirr der Familie, stieg die Treppe hinunter und stand vor der Eingangstür, die teilweise mit grünen Glasblättern verziert war. Und als ich an der Seite der Treppe zurückging, kam ich zu einer Stufe und einer Tür zur Küche. Dort befanden sich alle.

Es herrschte ein absolutes Chaos, die Dinge lagen auf allen horizontalen Flächen verstreut, alle redeten gleichzeitig. Maleen und Peter stritten sich, Mu schrie in der dahinterliegenden Spülküche und polterte mit Töpfen und Eimern herum, und Fe saß am Kopfende des Tisches, seinen Kopf in den Händen vergraben. Bald klopfte es an der Haustür, und es kamen Besucher: eine Frau vom Flüchtlingskomitee mit einer Tüte Lebensmittel und einer kreischenden Stimme - da sie Englisch sprach, konnte nur Fe etwas von dem verstehen, was sie sagte; eine deutsche Frau Borcherdt, die uns als Mitflüchtlinge begrüßen wollte. Sie beugte sich, lächelte verschmitzt und sagte:

"Dein Großvater hat mich auf die Welt gebracht." Ich bat um eine Erklärung und erfuhr, dass Fes Vater, Opa Leo, eine Klinik in Berlin hatte, in die Frauen gingen, um ihre Babys zu bekommen - auch die Mutter dieser Frau Borcherdt. Opa Leo war jetzt tot. Aber Mu erzählte mir, dass er und Oma lange befreundet waren, und dass ihre beiden Familien mehrmals gemeinsam nach Walkemühle in den Urlaub gefahren waren, und später kamen einige der Familie Zuntz in das Sommerhaus der Hempels in Ferch. Und das gab ihr die Gelegenheit, mir von Ferch zu erzählen, wo sie von 1908 bis 1919 ihre Sommer und Wochenenden verbrachte. Später schrieb sie darüber.

Ich könnte tagelang über Ferch reden, schrieb Mu (und das tat sie auch, ihr ganzes Leben lang) *Je mehr ich darüber nachdenke, desto mehr erinnere ich mich. Als wir jung waren, in Berlin, haben wir uns die ganze Woche über auf das Wochenende gefreut. Freitags stand Ida, unsere Haushälterin, am Schultor, um uns die Rucksäcke mit unseren Sachen für das Wochenende zu geben; sie nahm unsere Schulranzen mit in die Wohnung. Dann eilten wir zur U-Bahn, um den Zug nach Potsdam zu erreichen, wo die Glocken der Garnisonkirche das Lied "Üb immer Treu und Redlichkeit" spielten, und wo wir umsteigen mussten, um bis Langbrücke zu fahren, wo der Sterndampfer uns in zweieinhalb Stunden nach Ferch brachte. Wie bewunderten wir Landratten die Matrosen und die Kajütenjungen, wenn sie an Land sprangen, um die Taue festzubinden und die Laufplanke herunterzulassen! Der Kapitän war der Steuermann und sah sehr feierlich und stolz aus - kein Wunder: Unser Leben lag in seiner Hand.*

Mein Gott, wie schön der Schwielohsee war, und die Havel, mit Wäldern überall! Vorbei an Alt-Tornow, Hermannswerder, Caputh - bis dahin war man noch an der Havel. Aber da tat sich unser See auf, der Schwielohsee. Ich kann nie vergessen, was für eine Freude es war, den großen See vor uns zu sehen, wo nichts die Aussicht störte. Es erfüllte einen mit einer Art Stolz, man fühlte sich wie eine Königin. Zuerst ging es hinüber nach Baumgarten - von dort aus konnte man Ferch schon sehen -, dann zurück zur Mitte des Sees, und rechts lag Petzow, ein altes Gutshaus, wo Herr von Rochow wohnte. Alle hatten Angst vor ihm - es gab das Gerücht, dass er jeden erschoss, der seinen Park betrat. Aber ich weiß nicht, ob er das wirklich getan hat. Trotzdem waren wir immer etwas nervös, wenn wir an Petzow vorbeikamen. Trotzdem sind wir jeden Herbst nach Petzow gegangen - der Weg von Ferch aus dauerte etwa anderthalb Stunden - um Rosskastanien zu sammeln. Auf der gegenüberliegenden Seite des Sees lag Flottstelle, in meiner Erinnerung ein sehr ärmlicher Ort, sehr sandig, aber mit einem kleinen Café, in dem wir Himbeersaft bekommen konnten, wenn Mutter sehr verschwenderisch war, was nicht oft vorkam. Und ich kann immer noch die ziemlich mickrigen Johannisbeersträucher sehen, die dort standen, ganz mit Sand bedeckt. Der nächste Halt hieß Ferch Neue Scheune, wo es einen sehr beliebten Badeplatz gab - es gab sogar Umkleidekabinen und eine Stange im Wasser mit einem Schild, auf dem stand: 'Nichtschwimmer dürfen diesen Punkt nicht überschreiten'. Wir haben sehr früh schwimmen gelernt, und es war immer herrlich. Aber um von unserem Haus nach Neue Scheune zu gelangen, brauchten wir eine Dreiviertelstunde, den Wiesenweg entlang und den steilen Himbeerhügel hinauf. Also badeten wir meistens an einem Ort, der näher am Haus lag, ohne jeglichen Luxus. Wir versteckten uns in den Binsen, um uns umzuziehen, und stiegen oft vom Ruderboot, das dort vertäut war, ins Wasser.

Diese Geschichten über ihre Kindheit faszinierten mich und erfüllten mich mit Neid.

Das Haus in der Thorncliffe Road war die siebzehnte und letzte Adresse in Mus Eheleben; es sollte bis zu ihrem Tod ihr Zuhause sein. In den ersten 14 Jahren ihrer Ehe zog sie 16 Mal um, danach 54 Jahre lang überhaupt nicht mehr. Sie war besitzergreifend, das Haus sollte in erster Linie ein Zufluchtsort und ein Zuhause für die Familie sein, aber in den folgenden Jahren auch für alle möglichen anderen Bedürftigen.

Dennoch gefiel ihr das Haus anfangs nicht. Es gehörte einer Frau Monk, die in der nächsten Straße, der Beech Croft Road, wohnte. Meine Eltern hätten es 1939 für 400 Pfund kaufen können; heute kostet es mehr als eine Million Pfund. Aber meine Eltern hatten keine 400 Pfund, und so sollte die Bezahlung der Miete an Frau Monk für die nächsten Jahrzehnte zur Priorität werden. Es war ein spätviktorianisches Reiheneckhaus aus gelbem Backstein, das zur Straße und nach Norden ausgerichtet war, sodass die vorderen Räume nie Sonne abbekamen. Die Sonne schien nur auf den hinteren Garten, wenn die hohen Backsteinmauern, die ihn umgaben, es zuließen, sowie auf die Spülküche und das darüber liegende Schlafzimmer. Der hintere Teil des Hauses bestand aus der Küche und der Spülküche; der "Tunnel", ein schmaler, sonnenloser Durchgang, verlief an der Seite des Hauses entlang. In einer Ecke der Spülküche befand sich ein " Waschkessel " zum Kochen der Wäsche; daneben gab es einen Gaskocher und unter dem Fenster ein Waschbecken. Es gab eine Außentoilette, die an die Speisekammer in der Küche grenzte. Über der Küchentür befand sich eine Tafel mit merkwürdigen nummerierten Schildern, die den Klingelknöpfen in allen Zimmern entsprachen: Das Haus war für Bedienstete gedacht. Natürlich haben wir alle Glocken ausprobiert, aber keine hat funktioniert.

Lorchen Günther

Meine Eltern

Im Obergeschoss befand sich ein großes Vorderzimmer, das von meinem Vater als Arbeitszimmer beansprucht wurde; seine großen schwarzen Bücherregale und sein lederbezogener Schreibtisch waren bereits aufgestellt. Dahinter gab es ein geräumiges Schlafzimmer, ein kleines Badezimmer mit der Badewanne auf Löwenfüßen, einer Toilette und einem Waschbecken, ein "Abstellzimmer", in dem mein Vater schlief, und ein kleines Schlafzimmer mit Blick in den Garten.

In den langen Jahren die folgten wurden diese Zimmer zugewiesen und wieder neu zugewiesen, Möbel wurden von einem zum anderen gebracht - was fast so gut war wie ein Umzug, sagte Mu, die lange Zeit gerne umgezogen wäre. Wir machten Fe Vorwürfe, der ein viel schöneres Haus in der Bainton Road hätte bekommen können, mit einem Garten, der zum Kanal hinunterlief; aber er befürchtete, dass Ratten aus dem Kanal kommen könnten.

Auf der einen Seite wohnte die Familie Brookes. Herr Brookes hatte ein kleines viereckiges Auto. Frau Brookes sah aus wie eine Henne und wurde bald zum Feind. Sie hatten zwei Kinder, Mary und Malcolm. Sie waren alle zutiefst misstrauisch gegenüber "verfluchten Ausländern", besonders gegenüber uns Nachbarn. Frau Brookes sagte uns einmal, dass Oxford nur deshalb nicht bombardiert wurde, weil wir unseren Leuten bei der Luftwaffe geheime Nachrichten schickten. Wenn wir zu laut waren, klopfte sie an die Nachbarwand, und Mu revanchierte sich in gleicher Weise. Auf der anderen Seite wohnte eine schwerhörige Familie, die Harrisons: betagte Eltern, ihre Tochter mittleren Alters, alle taub; ihre dröhnenden Stimmen waren fast den ganzen Tag zu hören. Sowohl die Harrisons als auch die Brookes waren sehr besitzbewusst. Mr. Harrison lehnte seine Leiter mühsam an die Gartenmauer und kletterte hinauf, um "den Professor" zu sprechen, wenn er eine Beschwerde hatte. Keiner von ihnen kam jemals an die Haustür. Bei einer Beschwerde ging es um ein Apfelkerngehäuse, das ich über die Mauer geworfen hatte. Er winkte empört damit, während er seine Beschwerde an den "Professor" herantrug, wobei er auf der Spitze seiner Leiter schwankte. Ein anderes Mal sahen wir ihn im Morgengrauen über die Mauer in unseren Garten klettern, um ein paar Äpfel aufzuheben, die von seinen Bäumen gefallen waren. Die Tochter hing aus dem Badezimmerfenster, um ihre wenigen grauen Locken zu kämmen, und kam dann mit Kehrschaufel und Besen wieder nach unten, um alles aufzukehren, was ihr vom Kopf auf das Betonpflaster gefallen war.

Die schöne Schwester meines Vaters, Leonie, lebte in Oxford, studierte Hethitisch und hoffte vergeblich auf eine Stelle an der Universität; aber sie machte keine Anstalten, sich mit uns anzufreunden. Seine andere Schwester Dora und ihr englischer Ehemann Brian Roberts, ein Nachtredakteur des Daily Telegraph, luden Peter einmal ein, für kurze Zeit bei ihnen in London zu wohnen;

danach gab es auch zu ihnen keinen Kontakt mehr. Oma Edith, die Mutter von Fe, Leonie und Dora, kam und lebte eine Zeit lang bei Leonie, aber sie besuchte uns nie, obwohl Fe viel Zeit bei ihnen in Norham Gardens verbrachte.

In den folgenden Tagen und Wochen kamen immer wieder Besucher, und Mu versuchte, sie aus der Küche in das Wohnzimmer zu locken. Man erwartete von uns, dass wir uns mit ihnen unterhielten oder mit ihnen Lieder wie *Der Lindenbaum* aus Schuberts *Winterreise* sangen, die von Heimweh geprägt waren. Einer von ihnen war Professor Paul Maas, berühmt als Pionier der Textkritik. Er hatte an der Universität Fe Griechisch gelehrt, in jener anderen Welt, von der ich immer wieder hörte - sie hieß dann *Vorm Krieg* oder manchmal auch *Vor Hitler*. Professor Maas schlug mit einer Stimmgabel gegen einen harten Gegenstand - seinen eigenen Schädel - und gab uns alle Noten vor; wir sangen einen vierstimmigen Bach-Choral, wobei Professor Maas oft die oberste Zeile, das Falsett, übernahm, was uns Kinder vor unterdrücktem Lachen zu Tränen rührte. Oder Fe spielte Klavier und Maleen und ich sangen Lieder und Duette von Mendelssohn oder Mozart.

Und man erwartete von uns, dass wir uns an den Gesprächen beteiligten, was unmöglich war, da sie alle gleichzeitig redeten, und zwar über Dinge, von denen ich nichts wusste: *Anschluss* und Tschechoslowakei, Sudetenland, Faschismus, Kommunismus, Antisemitismus, *Lebensraum* ... Also schlich ich zwischen ihnen hinaus und durch die dampfgefüllte Spülküche in den Garten, um mit meinen Spielzeugtieren zu spielen. Eine meiner Kühe war aus Metall und sah zu alt aus, um Milch zu geben, aber ich glaubte halb, dass sie alle in der Nacht zum Leben erwachten, und dass dann die andere, die Gummikuh, von Elfen oder Zwergen gemolken wurde. Tagsüber umzäunte ich geduldig kleine Wiesen mit Stöcken und fand Leckerbissen wie Gänseblümchen oder Apfelblütenblätter, die sie fressen konnten, besonders mein Liebling, das Fohlen.

Wenn ich dann ins Haus zurück schlüpfte, war es mit noch mehr Flüchtlingen gefüllt. Und so ging es weiter. Sie saßen und redeten endlos über *Vorm Krieg* und über die neuesten Nachrichten und über Leute, die noch in Deutschland waren. Manchmal mussten wir sie besuchen. Da war zum Beispiel Frau Kann, die in einer Wohnung in Woodstock Close wohnte und sehr umständlich Kaffee machte. Es gab die Slutzewskis, ein älteres Ehepaar, die ein Stück weiter in unserer Straße wohnten - zumindest waren sie lustig, da sie Schauspieler *vorm Krieg* waren und ständig hochtrabende Zitate aus Theaterstücken verwendeten: "Emil, mein Himmelshund, reiche mir bitte deinen Becher", oder: "Oh du mein einziges Kind, das ich unter Qualen geboren habe, wo habe ich mein Portemonnaie gelassen?" Die Liepmanns hatten ein großes Haus in einer nahegelegenen Straße mit Untermietern. Herr Dr. Liepmann hatte einen kleinen Ziegenbart, den er von Zeit zu Zeit waagerecht abstehen ließ. Dadurch sah er aus wie ein grimmiger Gnom. Seine dünne, puritanische Frau, eine Pfarrerstochter, sah immer so aus, als übte sie sich in christlicher Nachsicht, was sie auch tat; ihr Mann war so aggressiv wie ein kleiner Hund und sagte scharf: "Elisabeth, ich möchte dich darauf aufmerksam machen, dass du mich gerade zum dritten Mal unterbrochen hast." Zweifellos hatte sie das, denn er - ein Professor der Wirtschaftswissenschaften *vorm Krieg* - sprach nicht normal, sondern hielt Vorlesungen, und manchmal musste sie etwas sagen. Aber sie war ihm gegenüber absolut loyal und hatte nicht gezögert, mit ihm auszuwandern, obwohl sie keine Jüdin war. Später gehörte er zu der kleinen Gruppe, die die weltweite Hilfsorganisation Oxfam gründete.

Auch zwischen dem dicken Herrn Meinhardt und seiner Frau gab es Spannungen. Sie wohnten in der Woodstock Road und hatten eine Tochter, Marianne, die in meinem Alter war, und einen jüngeren Sohn. Marianne entwickelte eine Leidenschaft für Pferde und brachte mir auf Port Meadow das Reiten bei. Oder besser gesagt, sie brachte mir bei, mich auf ein Pferd zu setzen, zu galoppieren und herunterzufallen, ohne mich zu verletzen. Eine andere Familie waren die Hammerschmidts: Herr Hammerschmidt war Apotheker *vorm Krieg* gewesen und tat nun den ganzen Tag fast nichts, als im Haus in der Museumsstraße zu sitzen und zu dozieren. Er glaubte, man könne jeden Streit mit einem Zitat von Goethe, den er *Der Altmeister von Weimar* nannte, beilegen, und er fiel fast vom Stuhl, als ich einmal, Jahre später, nicht durch das Zitat zum Schweigen gebracht wurde, sondern sagte: "Da bin ich anderer Meinung als Goethe." Das war Blasphemie.

Seine Frau stammte aus einer sehr reichen Familie: Sie hatte Pelzmäntel und lauter teure maßgeschneiderte Kleider und handgenähte Schuhe in der Mode der 30er Jahre. Sie hatten eine Haushälterin, Irma, die ein rundes, slawisches Gesicht und hellblaue Augen hatte. Ihre Tochter Gretchen war geistig verwirrt, und ihr Sohn Hans war nicht wie andere Jungen: groß und schlaksig und in der Schule gnadenlos schikaniert. Eines Tages zündete er Vorhänge und Papier im Keller an, um das Haus niederzubrennen und so seine Mutter davon zu überzeugen, sich der Friedensbewegung anzuschließen, und brannte es beinahe nieder. Zufällig kam die Haushälterin nach Hause, entdeckte das schwelende Papier und rief die Feuerwehr. Hans wurde in Broadmoor, die Nervenheilanstalt für kriminelle Geisteskranke in Littlemore, eingewiesen. Später im Leben gelang es ihm, ein relativ normales Leben zu führen, er heiratete eine Frau namens Olga von der winzigen Insel St. Helena und arbeitete zu verschiedenen Zeiten als Müllmann und Straßenreiniger. Er hatte starke politische Ansichten, die er kopfschüttelnd und leicht lispelnd vortrug. Er bezeichnete die menschliche Rasse oft als "Ungeziefer" - wie Swift mochte er einzelne Menschen, konnte aber die menschliche Rasse nicht ausstehen.

Professor Maas arbeitete für die Oxford University Press und hatte ein Zimmer im obersten Stockwerk eines Hauses in der Beaumont Street. In allen Dingen von der reinen Vernunft geleitet, bewahrte er seinen Wasservorrat in einer großen, verbeulten Gießkanne auf, denn sein Zimmer war weit vom nächsten Wasserhahn entfernt, und er brauchte Wasser für seinen Tee und Kaffee und zum Waschen. Er hatte ein großes Fahrrad, auf das er nach einem kräftigen Anlauf mit einem dramatischen Sprung von hinten sprang, die Geschwindigkeit war notwendig für das Gleichgewicht, behauptete er. Er pflegte zu sagen: "Mein Prinzip ist, keine Prinzipien zu haben", und obwohl er ein begeisterter Gärtner war, hielt er sich von Pflanzen mit flachen Wurzeln fern, es sei denn, sie sollten gegessen werden. Rosen waren in Ordnung, da sie recht tiefe Wurzeln haben, und er verstand es, sie zu beschneiden; aber als ich ihm einmal einen Blumenstrauß brachte, warf er ihn wütend in seinen Mülleimer: "Glaubst du, ich will von diesen sterbenden Dingen umgeben sein?"

Professor Maas hatte bis April 1934 Griechisch an der Universität Königsberg (damals in Deutschland, heute in Russland und Kaliningrad genannt) gelehrt, bis die Nazis Juden aus allen akademischen Posten, dem gesamten öffentlichen Dienst und allen anderen Berufen entfernten. Es war offensichtlich unerträglich, dass ein Jude griechische und lateinische Prosodie lehrte, also war Paul Maas, damals 54 Jahre alt, gezwungen, in den Ruhestand zu gehen. Im Jahr 1935 zwangen ihn die Nürnberger Rassengesetze, sein Haus an eine Nazi-Familie abzugeben - allerdings nicht freiwillig, sondern in einem erbitterten juristischen Kampf, weil er glaubte, Deutschland sei immer noch ein *Rechtsstaat*. Er hatte immer noch etwas Geld und reiste ausgiebig. Er besuchte 1935 den alle zwei Jahre stattfindenden Internationalen Kongress für Papyrologie in Florenz, wo ein brillanter junger britischer Wissenschaftler, Enoch Powell, einen Vortrag hielt. Powell war damals erst 22 Jahre alt und bereits Stipendiat am Trinity College in Cambridge. Er und Paul Maas entdeckten gemeinsame Interessen in wissenschaftlichen Bereichen wie der Textkritik und wurden schnell Freunde. Nach einem regen Briefwechsel trafen sie sich auf dem nächsten Papyrologiekongress wieder, der 1937 in Oxford stattfand. Maas wohnte im Haus von Professor Gilbert Murray auf Boars Hill, im Elternhaus von Enoch Powell in Sussex und bei Powell am Trinity College in Cambridge. Powell beschrieb die Beziehung zwischen ihm und Maas als eine der größten intellektuellen Romanzen seines Lebens.

Professor Maas besuchte uns oft, um mit meinem Vater über klassische Themen zu diskutieren. Powell, jetzt in seiner schicken Majorsuniform, kam auch manchmal. Die drei konnten sich in klassischem Griechisch unterhalten. Das konnten nur wenige auf der Welt. Sie waren sich einig in ihrer Verehrung für die Zivilisation von Athen. Als Professor Maas - ein mittelloser Flüchtling – die Möglichkeit bekam, als Griechischlehrer Geld zu verdienen, lehnte er ab, weil der Student Afrikaner war. "Sie [die Afrikaner] müssen noch einige Generationen durchlaufen, bevor sie bereit sein werden, Griechisch zu lernen", sagte er. Diese Gelehrten waren Rassisten - wie Enoch Powell einige Zeit später mit seiner berüchtigten "Rivers of Blood"-Rede, die einen hässlichen Aufschwung des Rassismus auslöste, sehr deutlich machte. Dabei hatte er doch geholfen, Paul Maas vor den Nazis zu retten.

Beim Händedruck starrte Powell einem in die Augen und packte die Hand so fest, dass man vor Schmerz fast schrie. Maleen war ganz aus dem Häuschen wegen seiner starken Männlichkeit. Er schien von meiner Mutter fasziniert zu sein, so wie eine ganze Reihe unserer

Besucher, die um den metallenen "Anderson Shelter" herumsaßen, der als Tisch in der Küche diente und unter dem wir uns im Falle eines Luftangriffs verstecken sollten - was in Oxford nie geschah. Ich weiß noch, dass verschiedene Männer, darunter auch Powell, Mu bei ihrer Arbeit ziemlich aufmerksam beobachteten. Aber sie spielte die Rolle der traditionellen deutschen Hausfrau und forderte die Männer auf, sich im Vorderzimmer zu unterhalten, während sie ihnen den Kaffee kochte und brachte.

Professor Maas hatte eine Tochter namens Gau Maas, die ebenfalls ein Familienfreundin wurde. Sie sah aus wie ein süßer kleiner Troll mit einer rosa Baskenmütze und lebte in einem Hausboot in der Nähe von Donnington Bridge, das mit allerlei Gerümpel gefüllt war. Daneben auf dem Land lagen das Gerippe und die Saiten eines Klaviers, das sie von einer Müllkippe gerettet hatte. Sie nannte es ihr "pia-yes-or-no". Kleine Kinder sprangen darauf herum. Auf ihrem Hausboot wohnte eine Mäusekolonie, es war ein Zufluchtsort für Hausmäuse, die von Kindern zu ihr gebracht wurden.

Wenn unsere Zähne Pflege brauchten, gingen wir natürlich zu einem Flüchtlingszahnarzt: Dr. Pick, in der St. John's Street, ein kleiner Mann im weißen Kittel mit einer Lampe an einem Ring um seinen kahlen Kopf. Er bestand darauf, *English* zu sprechen - *Gut morrning, pliss tek a sit*. Sein Wort für *rinse* war eine Variante des deutschen "spülen": *Spill pliss*, sagte er. Er gab mir eine Injektion, die meine Lippen so taub machte, dass ich auf sie beißen konnte, ohne etwas zu spüren. Das habe ich oft gemacht, und es führte zu einer Entzündung im Mund, so dass ich lange, gerade zu Weihnachten, nur noch gesiebten Brei essen konnte, der den verlockenden Namen *Haferschleim* hatte.

Die alte Frau Rosenberg, Ludwigs Mutter, wohnte ebenfalls in der St. John's Street. Sie hatte es geschafft, im Rahmen des Programms nach England zu kommen, bei dem Engländer Flüchtlinge als Hausangestellte beschäftigten. Ihre Arbeitgeberin war eine Mrs. Gerrard, die Witwe eines Professors, eine angenehme, gelassene alte Seele, die in ihrer Toilette, die ein Fenster mit Blick auf den Garten hatte, eine gute Bibliothek hatte. Ich weiß das, weil ich Jahre später, als ich auf eine weiterführende Schule versetzt wurde, ein Jahr Französisch nachholen musste und Frau Rosenberg sich bereit erklärte, mich zu unterrichten. Sie war eine hochgeistige und intelligente Frau, sanftmütig und großzügig; aber sie sah aus wie eine verhärmte alte Hexe, mit einer langen lila Nase, an deren Ende gewöhnlich ein Schleimtropfen hing, weshalb wir sie immer nur *Hexchen* nannten.

Es war September 1939 und Deutschland überfiel Polen. Am 3. Oktober erklärten Großbritannien und Frankreich Deutschland den Krieg. Wir bekamen Lebensmittelkarten und mussten Verdunklungsvorhänge anbringen - manchmal klopfte abends ein Luftschutzwart an die Tür und warnte uns, dass ein Lichtspalt zu sehen sei. Wir waren nun *enemy aliens* (feindliche Ausländer) und mussten uns von Zeit zu Zeit bei einem Polizisten mit Schnauzbart melden. Wir durften nicht weiter als 5 Meilen vom Haus reisen; wenn Fe mich also sonntagmorgens zu einer Radtour aufs Land mitnahm, versteckten wir unsere Fahrräder an einem bestimmten Punkt in einer Hecke und gingen von dort aus zu Fuß durch die Umgebung von Elsfield und Woodeaton.

Wir mussten nun anfangen, zur Schule zu gehen. Peter besuchte eine Privatschule namens Saint Edwards, in der Nähe von Thorncliffe Road. Es war nicht leicht für Peter, ein Tagesschüler zu sein. Die Internatsschüler schauten auf die Tagesschüler herab, und außerdem war er ein verdammter Ausländer mit einem komischen Namen, der gebrochenes Englisch sprach, ein Jude und ein "Jerry" - ein Feind. Er wurde schikaniert und gedemütigt und reagierte darauf, indem er unglaublich hart arbeitete, um die Sprache und den Lehrplan zu meistern. Bald erhielt er Bestnoten. Aber das half ihm nicht: Jetzt wurde er als "Streber" beschimpft. Er brannte darauf, akzeptiert zu werden, und erkannte, dass sportliche Fähigkeiten das Einzige waren, was diese Jungen beeindrucken konnte. Daher war er sehr erleichtert, als er, weil er so schmächtig war, zum Steuermann eines Ruder-Achters gewählt wurde. Als er wuchs und an Gewicht zunahm, war seine Angst, seinen einzigen Halt in der Welt des Sports zu verlieren, so groß, dass er monatelang ganz bewusst hungerte. Möglicherweise war er deshalb oft krank und hatte hohes Fieber - vielleicht war es die Gelbsucht. Einige Jahre später, in der Oberstufe, wurde er mehr oder weniger von einer kleinen Bande rüpelhafter junger Männer akzeptiert, die auch Tagesschüler waren, und ging abends mit ihnen aus, um sich zu betrinken.

Zu Hause erging es Peter nicht besser, denn er befand sich in einem offenen Konflikt mit seinem Vater. Sie stritten sich über alles, sogar bei den Mahlzeiten, wenn sie beide ihre Beine unter dem Tisch ausstreckten und sich beschwerten, wenn - was unvermeidlich war - ihre Füße zusammenstießen.

Maleen und ich wurden in der Rye-St.-Antony-Schule angemeldet, weil wir nominell noch katholisch waren. Die Familie Hastings, gläubige Katholiken, nahm uns unter ihre Fittiche. Frau Hastings, eine kleine, stämmige Frau mit einer großen Nase und einer blau getönten Brille, hatte sechs Kinder - ihr Mann war meistens unterwegs, da er im diplomatischen Dienst tätig war - und die Jüngste, Susan, war in meinem Alter. Wir spielten wunderbare Spiele im Schlafzimmer, wo ein großes Schaukelpferd am Fußende des Bettes stand. Einmal spielten wir Friseur, und Susan schnitt mir die Haare ab und versteckte sie unter dem Schaukelpferd, wo das Dienstmädchen - sie hatten ein Dienstmädchen, das eine kleine weiße Schürze und eine Mütze trug - sie fand. Am Abend fuhr Mrs. Hastings in ihrem kleinen Austin mit Susan, die schluchzte und rote Augen hatte, zu uns, um sich zu entschuldigen. Aber Mu, die in die Nachrichten vertieft war, hatte kaum bemerkt, dass mein Haar aussah, als sei es von Mäusen verwüstet worden, und war überhaupt nicht verärgert, da sie ja wusste, dass es wieder wachsen würde. Im Sommer beschlossen Susan und ich, ein Aquarium einzurichten. Dafür brauchten wir eine große blaue Schale, die wir bei Woolworths kaufen wollten, damals ein *3d and 6d store*, wo nichts mehr als 3 oder 6 pfennige kostete. Susan bat ihre Mutter um einen Sixpence (Sechs Pfennige). "Nimm einen Schilling, Liebes", antwortete sie. Das war doppelt so viel, wie sie verlangt hatte! Als ich diese Worte zu Hause berichtete, konnte die Familie kaum glauben, dass wir so reiche Leute kannten.

Die Schule von Rye St. Antony befand sich damals in zwei großen Häusern in der Woodstock Road, und an unserem ersten Tag saß ich zu meiner völligen Verwirrung an einem Tisch in einem überfüllten Kellerraum, vor mir ein großes Blatt Papier und eine Frau, die ihre Hände über dem Papier kreisen ließ. Ich war fasziniert von den Ringen an ihren Fingern. Sie sagte etwas, aber das konnte ich natürlich nicht verstehen: Ich verstand nur Dänisch und Deutsch. Maleen kam mir zu Hilfe. Sie war aus dem Klassenzimmer der größeren Mädchen herbeigerufen worden und schaffte es irgendwie, die Bedeutung der englischen Worte zu erraten. Auf Dänisch sagte sie mir, die Lehrerin wolle, dass ich das ganze Papier mit einer Zeichnung bedecke. Also machte ich mich an die Arbeit und zeichnete Kühe, Pferde, Häuser und Bäume. Die Schule war für mich ziemlich sinnlos, da ich kein Wort verstand; aber ich hatte gerade gelernt, auf dem Kopf zu stehen - eine Fähigkeit, die ich unbedingt üben wollte - und so endete mein erstes Schulzeugnis mit der Bemerkung:

Gabi soll nicht auf dem Kopf stehen, wenn die Lehrerin mit ihr spricht.

Hier in der Schule war ich eine Außenseiterin, eingesperrt in der Sprachbarriere, so ähnlich wie ich bei allen Auseinandersetzungen und Diskussionen zu Hause als unbeteiligte Zuschauerin angesehen wurde, weil ich so jung war und nichts verstehen konnte.

Mu konnte auch kein Englisch, und was sie brauchte, suchte sie sich aus dem Wörterbuch zusammen, hörte die Nachrichten im Radio und studierte die Zeitung. In Dänemark hatte sie weniger Probleme gehabt, da die beiden Sprachen so nah beieinander liegen. Allerdings war es in einem Geschäft zu einem berühmten Streit gekommen, als sie nach *Gries* fragte und ein Stück Schweinefleisch bekam, denn *gris* ist das dänische Wort für Schwein. Jetzt hatte sie einen heftigen Streit mit einem Metzger, als sie etwas von seinem *Fleisch* verlangte und dabei statt dem korrekten Wort *meat* den Begriff *flesh* verwendete. In einer dunklen Ecke zwischen Gebäuden in Oxford hing ein Zettel mit der etwas seltsamen Aufschrift *Do not commit a nuisance* (Verursachen Sie kein Ärgernis). Als ich mit einem Mädchen nach Hause kam, mit dem ich mich in der Schule angefreundet hatte, fragte Mu sie: *Will you commit a nuisance?* - und deutete dabei auf die Toilettentür, wobei sie das Wort "nuuiisants" aussprach.

Fast unmerklich lernten wir die Sprache und tauschten "Flüchtlingswitze" aus - wie zum Beispiel an einem schönen Frühlingstag:

A: *Spring in the air!* (Frühling in der Luft)

B: *Why should I?* (Warum sollte ich?)

Oder die Flüchtlingsfrau im überfüllten Bus, deren Mann in das Oberdeck gegangen ist, wo er rauchen durfte, sagt zum Schaffner: *The Lord above us will pay* (Gott der Herr über uns wird bezahlen).

November, und alle Gespräche drehten sich um Finnland. Schließlich brach der gefürchtete Krieg aus: Russland, der große

Rüpel, griff das tapfere kleine Finnland an. Mu, immer leidenschaftlich auf der Seite des Schwächeren, war völlig niedergeschlagen. Schlimm genug, dass das Land von Tolstoi und Dostojewski, ja sogar von Lenin und Stalin, die sie lange Zeit verehrt hatte, einen Pakt mit Hitler geschlossen hatte: Dies war für sie unerträglich, und sie verbrachte ihre knappe Freizeit damit, bei Kälte und Regen an der Ecke der Thorncliffe Road eine Dose zu schütteln, um Geld zu sammeln, um Finnland in diesem schrecklichen Winterkrieg zu helfen. Erst im folgenden März ergaben sich die Finnen, und Mu weinte in ihre Töpfe und Waschzuber.

Maleen und ich wurden von Rye St. Antony ausgewiesen, weil wir nicht jeden Sonntag zur Messe gingen. Unsere nichtgläubigen Eltern hatten nicht begriffen, dass dies von Katholiken erwartet wurde. Und wenn wir ihnen von Miss Baileys Strafpredigten erzählten - "Ihr seid lauter Schafe: Wenn eines von ihnen über einen Graben springt, tun es alle" oder "Die heilige Teresa wäre sehr betrübt, wenn sie sehen könnte, wie einige von euch Mädchen das Treppengeländer hinunterrutschen" - konnten sie es nicht ernst nehmen. Mu gab die Geschichte über die heilige Teresa an Frau Hastings weiter, in der Erwartung, dass sie lachen würde, aber sie erklärte: "Aber es ist bekannt, dass die Heilige Teresa ein besonderes Interesse an Mädchenschulen hat." Also wurden wir umgeschult - Maleen nach Milham Ford und ich nach Saint Denys.

Jetzt drehte sich alles um die mögliche Invasion Großbritanniens, und ich begann, mich für die Nachrichten zu interessieren. Wieder einmal versicherte uns Mu, dass sie uns niemals lebendig in den Händen der Nazis lassen würde. Unser geliebtes Dänemark wurde besetzt, Norwegen auch, die Niederlande folgten, dann die Kanalinseln, die kleinen Boote überquerten den Kanal, um die Truppen aus Dünkirchen zu retten. Die Luftschlacht um England und Churchills Reden ließen uns das Herz stillstehen, und dann kam *The Blitz*, als London und andere Städte von der Luftwaffe bombardiert wurden und die Zeitungen warnende Bilder von Feuerbombe Fritz zeigten, einer wütend aussehenden menschenähnlichen deutschen Brandbombe. Fe schloss sich der ARP (Air Raid Protection) an und verbrachte kalte Nächte damit, auf der Straße zu stehen, bereit zu handeln, wenn Bomben fielen - sie fielen nie auf Oxford - und wir bekamen alle Gasmasken. Meine befand sich in einer quadratischen

Pappschachtel mit einer Schnur, die ich mir um die Schultern binden konnte, damit sie auf meinem Rücken auf und ab wippte, wenn ich die Woodstock Road von und zur Schule ging - nur habe ich sie sehr oft vergessen. Ich bemerkte es auf halbem Weg zur Schule und stand dann vor dem Dilemma, nach Hause zu gehen und sie vom Haken an der Eingangstür zu holen - und wegen Verspätung gescholten zu werden - oder ohne sie zu gehen und gescholten zu werden, weil ich sie vergessen hatte. Bis zum heutigen Tag erlebe ich gelegentlich das alte Schuldgefühl, wenn meine Hand zu meinem Rücken wandert und dort keine Gasmaske findet. Schon wieder vergessen!

Während ich viermal am Tag die Woodstock Road entlangging, begann ich über die Natur der Zeit nachzudenken. Ich konnte sie weder sehen noch fühlen oder berühren, und doch geschah nichts ohne sie. Ich schaute zum nächsten Laternenpfahl. Wie langsam ich auch gehen mochte, bald war ich dort und blickte auf diese Laterne zurück. Was war es, das alles so in die Vergangenheit schob?

Eines Nachmittags, als ich nach Hause kam, kam Mu mit der dramatischen Nachricht an die Haustür:

"Euer Vater ist im Gefängnis."

Wir Flüchtlinge waren nun *enemy aliens*. Die Erwachsenen wurden von speziellen Tribunalen verhört und in verschiedene Kategorien, A, B oder C, eingeteilt; einige Frauen und die meisten Männer, darunter auch Fe, wurden interniert. Nun hatte Mu einen neuen Grund. Sie ging davon aus, dass Fe in einem "Internierungslager" auf der Isle of Man unter schrecklichen Qualen zu leiden hatte, und schickte ihm regelmäßig Pakete mit selbstgebackenen Keksen und anderen Leckereien, die sie in die Finger bekam. In einem Paket waren Narzissenzwiebeln enthalten, um das Lager im Frühling zu verschönern. Aber Fe war nicht dankbar: Mit den Zwiebeln, die du geschickt hast, stimmte etwas nicht, schrieb er, sie schmeckten furchtbar.

Eigentlich war er in der Internierung sehr glücklich. Das "Lager" bestand hauptsächlich aus Pensionen am Meer. Er befand sich mitten unter den gelehrtesten Männern, die Deutschland hervorgebracht hatte, und sie organisierten sich sehr schnell zu einer Art Universität - einer wahrhaft "universellen", denn Professoren und Experten der verschiedensten Fachgebiete hielten einander fröhlich Vorlesungen über ihre Themen: E. F. Schumacher (*Small is Beautiful*) referierte über Wirtschaft, Paul Maas über griechische Metren, Egon Wellesz über byzantinische Musik und Fe selbst über griechisches Leben und Literatur. Die berühmten Rawicz und Landauer spielten Klavierduette, und es gab Kammermusik von den vier Musikern, die später das weltberühmte Amadeus-Quartett bildeten. Es gab gelehrte Debatten, Turnen und Schachturniere – näher war mein Vater der Welt von Sokrates und Platon nie gekommen.

Jetzt füllte Mu das Haus mit Flüchtlingen, um ihren Beitrag zu den Kriegsanstrengungen zu leisten. Im Zuge der Vorbereitungen für eine mögliche Nazi-Invasion mussten *enemy aliens* Gebiete in der Nähe der Südküste zu verlassen. Ludwig Rosenbaum war Lehrer an der Dartington Hall School in Devon gewesen, wurde nun aber interniert; seine Frau Anna und ihre beiden kleinen Kinder wurden in Fes Arbeitszimmer untergebracht. Anna erwartete ihr drittes Kind. Sie verehrte ihren etwa fünfjährigen Sohn, und als er eines Abends beim Abendessen absichtlich seinen Kakao über die weiße Tischdecke schüttete und Mu Anna bat, ihm zu sagen, er solle aufhören, sagte sie verträumt: "Nein, man darf ihn nicht aufhalten. Siehst du nicht, wie künstlerisch er ist? Er darf nicht frustriert werden!"

Ein Heim für Flüchtlingsjungen an der Küste wurde geschlossen und die Jungen in ein Heim gebracht, das von einem englischen Ehepaar geleitet wurde, das seinen einzigen Sohn verloren hatte und sich um diese *Kindertransport*-Waisen kümmerte, um ihre Trauer zu lindern. Aber dann bestand eine orthodoxe jüdische Organisation darauf, dass die Jungen nicht von Christen erzogen und indoktriniert werden sollten. Drei dieser Jungen kamen zu uns, obwohl es in unserer Familie keinerlei Religion gab, schon gar nicht das Judentum. Sie hießen Ernst, Stefan und Kurt. Sie teilten sich zu dritt ein Schlafzimmer im Obergeschoss; Kurt hatte seine Eltern verloren und wurde mein Pflegebruder und lebenslang mein Freund.

Dann kam ein jüdisches Ehepaar, aber sie blieben nicht lange: Als Mu sie fragte, was sie von Beruf seien, sagten sie ganz kühl: "Wir sind Terroristen." Mu dachte, sie hätte sich verhört, aber nein: "Wir glauben, dass Israel durch Terrorismus für die Juden gewonnen werden muss." Daraufhin forderte Mu die beiden auf, ihr Haus zu verlassen, und zwar sofort. Sie waren sehr überrascht über ihre Reaktion, gingen aber ruhig, sobald sie eine andere Bleibe gefunden hatten.

Mu kam beladen mit Säcken voller Lebensmittel vom Wochenmarkt in Oxford nach Hause und bereitete Berge von Gemüse zu, wobei sie sich mit den Ellbogen auf den Küchentisch stützte und gleichzeitig die Zeitung las, was manchmal bedeutete, dass Schalen und Schnipsel in den Kochtopf und einige der gereinigten Blätter auf den Komposthaufen wanderten. Körniger, verkochter Spinat, angebrannte Kartoffeln, lederne Spiegeleier, fettiges Fleisch landeten auf unseren Tellern, wenn wir uns um den Tisch drängten, und wehe, wenn man nicht aufaß - in China verhungerten die Menschen.

Und dann – es war wie ein Wunder - brach Hitler plötzlich seinen Pakt mit Stalin und griff die Sowjetunion an. Die befürchtete Invasion Großbritanniens kam nicht.

*

Saint Denys, eine Grundschule für Mädchen, wurde 1854 von den anglikanischen Nonnen des Holy Trinity Convent in der Woodstock Road gegründet. An meinem ersten Tag begleitete mich Mu zur Winchester Road, und ich wurde von einer großen, bebrillten Nonne mit wallendem schwarzen Schleier und Habit und gestärktem weißen Brustschild in Empfang genommen: die Oberin, Schwester Constance. Ihr Gesicht erinnerte mich an Churchill, der übrigens auf patriotischen Plakaten oft als Bulldogge dargestellt wurde.

Es gab fünf Klassenzimmer und eine Garderobe, von der aus eine schmale Treppe zum winzigen Büro von Schwester Constance hinaufführte. Die Toiletten befanden sich außerhalb in einem separaten Gebäude, das immer als "The Offices" bezeichnet wurde. Mrs. Silcox war die Lehrerin der ersten Klasse, eine dünne Frau mit hervorstehenden Augen, deren künstlerische Fähigkeiten mich sehr beeindruckten: Zu Weihnachten fertigte sie einen Fries des Heiligen Landes an und half uns, Kamele, weise Männer und Hirten auszuschneiden und auf den Fries zu kleben. Manchmal war Miss Bamwell verantwortlich, eine große, plumpe Frau, deren graues Haar im Nacken zu einer Reihe von Schnecken gedreht war. Miss Wright war eine glamouröse junge Frau, die in unseren Gesangsstunden so brillant Klavier spielte, dass sie uns den Klang des pfeifenden Windes im Moor und des galoppierenden Pferdes aus dem alten Volkslied Widecombe Fair hören ließ:

Wenn der Wind pfeift kalt auf dem Moor in der Nacht
All along, down along, out along lee

Kann man Tom Pierces alte Stute sehen, schaurig weiß,
Mit Bill Brewer, Jan Stewer, Peter Gurney, Peter Davey, Dan'l Whitten, 'Arry 'Awkes
Old Uncle Tom Cobley und alle ...

Als amerikanische Soldaten später im Krieg in großer Zahl nach Oxford kamen, wurde Miss Wright eines Abends gesehen, wie sie einen von ihnen in Friar's Entry küsste. Bald danach wurde sie nicht mehr in der Schule angetroffen. Vielleicht wurde sie durch die schüchterne junge Nonne mit vorstehenden Zähnen, Schwester Catherine, ersetzt.

Hinter der Schule gab es einen Luftschutzbunker, der "für die Dauer" (des Krieges) gebaut worden war, ein feuchtes, dunkles, fensterloses Backsteingebäude, in dem wir viele Stunden verbrachten, entweder bei einer "Luftschutzübung" oder weil die Sirenen heulten - ein deutscher Bomber hatte sich verirrt und war im Anflug auf Oxford gesehen worden, und niemand hatte das "All Clear" gehört. Hier saßen wir auf schmalen Bänken und langweilten uns sehr, und die Lehrer versuchten, uns bei Laune zu halten, indem sie endlos *Ten Green Bottles*, *One Man Went to Mow* oder *Neath the Spreading Chestnut Tree* sangen.

Es gab nie einen Luftangriff auf Oxford. Mrs. Brooks von nebenan dachte, das läge daran, dass wir dort waren und Funksprüche an unsere Landsleute in Deutschland sendeten.

In der Nähe des Bunkers gab es einen Kiesplatz, auf dem wir Leibesübungen machten, sprangen und die Arme streckten. Für mich war es besonders schwierig, da ich schwere kniehohe Stiefel trug, die ich von Peter geerbt hatte und die ich verabscheute. Aber dadurch, dass ich sah, in welche Richtung sich jeder mit ausgestreckten Armen drehte, lernte ich die Wörter für "links" und "rechts".

Denn jetzt lernte ich Englisch. Jeden Morgen wurde gebetet, und schon bald hatte ich Schwester Constances Lieblingsbibelspruch auswendig gelernt: *Seht die Lilien auf dem Felde* ... und auch das *Vaterunser.* Wir führten Theaterstücke auf: In einem hatte ich die Rolle von einer Banane in einem Obstsalat (*aber nichts ist so schön wie Obstsalat mit Sahne*); in einem anderen kam ich heulend aus der Kiste der Pandora heraus: *"Wir sind die SORGEN!"* In einem weiteren war meine beste Freundin Anne König Canute, und ich war einer ihrer schmeichelnden Höflinge. Zu diesem Zweck hatte ich mir von

Malcolm Brookes, dem Jungen von nebenan, ein Spielzeugschwert geliehen und es durch meinen Gürtel gesteckt. Aber während wir dem König schmeichelten, gipfelnd in

Selbst die Wellen des Meeres werden dir gehorchen

wurde mein Gürtel lose und mein Schwert begann zu rutschen. Als Anne sagte:

Das werden wir ja sehen! Wir treffen uns morgen am Strand!

sollten wir den Schauplatz verlassen. Ich hatte das Gefühl, dass ich die Fiktion aufrechterhalten musste, dass mein Schwert in meinem Gürtel steckte, und durfte es nicht mit der Hand halten; also klemmte ich es unauffällig zwischen meine Knie und schlich so unbeholfen weiter, dass Mu, die im Publikum saß, annahm, ich brauche die Toilette. In der nächsten Szene waren alle Mädchen, die keine Sprechrollen hatten, in Reihen vor uns gruppiert und stellten die Wellen des Meeres dar. Nach und nach rannten sie vorwärts und rückwärts, jedes Mal ein bisschen näher, genau wie die Brandung, bis sie Anne von ihrem Stuhl stießen - und entlarvten so die Schmeichelei.

Von der Schule aus gab es viele Ausflüge: zur Tumbling Bay zum Schwimmen - was ich später im Dames' Delight im Universitätspark lernte - und einmal zum Gaswerk, einem höllischen Ort mit riesigen, hässlichen Bauten, Dampf- und Rauchwolken, klirrenden und zischenden Geräuschen, knirschenden Kohle- und Kokssplittern unter den Füßen und einem durchdringenden, sauren Geruch. An dem riesigen Gasometer führte eine Metalltreppe hinauf, und ich begann, sie zu erklimmen. Nach einiger Zeit wurde ich bemerkt und ein erschrockener Lehrer bat mich, herunterzukommen. Ich verweilte. Es war ganz nett, einen Erwachsenen so zu erschrecken. Dann rannte ich hinunter und wurde "zurechtgewiesen".

Je mehr ich Englisch lernte, desto mehr vergaß ich Dänisch. Ich lag im Bett und versuchte, auf Dänisch zu zählen. Immer mehr Zahlen verschwanden. Es war, als würde man zusehen, wie Löcher im Stoff entstehen, die immer größer werden, bis alles weg ist. Zu Hause sprachen wir Deutsch. Draußen fühlte ich mich, als wäre mein Gehirn in Watte gepackt: Ich lebte in einem Nebel des Unverständnisses. Es schien unerlässlich zu sein, perfektes Englisch zu lernen. Ich sammelte Wörter und Redewendungen, als ob mein Leben davon abhinge. Ich wollte nicht, dass die Leute wussten, dass ich keine Engländerin war, und ich hatte Angst, dass ich meine Herkunft mit einem falschen Wort verraten würde. Ein Wort, das mir besondere Schwierigkeiten bereitete, war *flicker*. Das deutsche Wort für dasselbe Phänomen war *flimmern*. Oder war es das Englische? Ich habe mir das Hirn zermartert. Aber sobald mich jemand nach meinem Namen fragte, war das Spiel vorbei. "Gabbi? (oder Garbi?) Oh, das ist ein lustiger Name. Woher kommst du denn?" Und dann war das Spiel zu Ende. Natürlich machten sich die Mädchen in der Schule über meinen Namen lustig: *Gabbi's scabby*, (Gabbi ist doof), *Gabbi's got the gift of the gab* (Gabbi hat die Redegabe) oder *Garbi's garbage* (Garbi ist Müll).

Ich beneidete die echten englischen Mädchen um ihre Sprachgewandtheit, ihren natürlichen Patriotismus und ihren Hass auf die Deutschen und wünschte, sie könnten verstehen, dass ich ein Flüchtling vor denselben Deutschen war, gegen die ihre Väter und Brüder kämpften, obwohl ich selbst eine Deutsche war und ihre Sprache sprach. Ich schämte mich zutiefst für meine Deutschkenntnisse. Als ich mit einem deutschen Buch, das ich im Zug lesen wollte, in den Urlaub nach Devon fuhr, wickelte ich es in braunes Papier ein und versuchte, es vor dem freundlichen Schaffner und seinem "Was liest du denn da?" zu verstecken - voller Scham und Angst.

Auf dem asphaltierten Spielplatz von St. Denys spitzte sich eines Tages alles zu. Es gab eine Mauer, gegen die man einen Ball prallen lassen konnte.

"Rechte Hand, linke Hand, um die Welt und zurück" - also mussten wir uns an dieser Wand abwechseln. Aber Eunice Coghill und ihre Freundinnen wollten nicht von der Mauer weichen, und der Streit wurde hitzig. Plötzlich brüllte Eunice:

"Du bist nur eine dreckige kleine deutsche Ratte!"

Daraufhin schien sich unter mir eine klaffende Leere aufzutun, in die ich hilflos und tränenüberströmt stürzte, unfähig, mehr zu tun als zu keuchen.

"Und du bist eine englische Ratte!"

Dabei wurde mir klar, dass ein richtiger Engländer keine Ratte sein konnte wie ein *Jerry* (abwertender Spitzname für deutsche Soldaten), und dass ich nicht nur von den Deutschen, die mich tot sehen wollten, hinausgeworfen worden war, sondern auch für diese englischen Mädchen nicht akzeptabel war, für niemanden, nirgendwo, niemals.

Einige der älteren Mädchen rannten los, um Schwester Constance zu holen, die bald darauf auf den Schulhof stürmte, ihr Schleier wehte im Wind und sie sah Churchill ähnlicher als je zuvor; sie beorderte alle in ihre Klassenzimmer, stellte sich vor uns hin, starrte uns an, die Muskeln in ihren Kiefern zuckten, zwang mich, mich vor allen auf einen Stuhl zu setzen, und sagte:

"Ich möchte jede Einzelne von euch schlagen."

Wieder einmal wünschte ich mir sehnlichst, ich könnte aufhören zu existieren, während sie die Mädchen, von denen die meisten nichts mit dem Fall zu tun hatten, anpöbelte. Sie erteilte ihnen eine Lektion in kollektiver Verantwortung. Schließlich bestand sie darauf, dass jedes Mädchen aufstand und zu mir kam, um sich zu entschuldigen. Das war äußerst peinlich - ich fühlte mich wie ein Eindringling und hatte kein Recht auf ihre peinliche Annäherung. Nachdem alle anderen nach Hau-se gegangen waren, drückte Schwester Constance Eunice und mich, die wir beide wieder schluchzten, grob in die Arme.

"Schon gut", sagte sie. "küsst euch und schließt Freundschaft."

Was uns beiden ziemlich schwer fiel.

Als ich mit der treuen Anne und einigen anderen Mädchen nach Hause ging, sprachen wir über den Vorfall und darüber, wie schwierig es für sie gewesen war, Worte zu finden, um sich zu entschuldigen. Aber als ich meinen Eltern den Vorfall schilderte, sagten sie:

"Das ist die englische Art. Du siehst, wie gut Schwester Constance ist."

"Aber es war furchtbar! Sie war ungerecht zu den meisten von ihnen!"

"Aber weißt du, was in Deutschland passiert? Weißt du, was die deutschen Lehrer machen? Peter und Maleen mussten zur Schule gehen, aber ihre Hausaufgaben wurden nicht eingesammelt; sie durften nicht in die Schulbücher schauen; bei Schulausflügen mussten sie im Rinnstein laufen, nicht auf dem Bürgersteig; Peter, der ein gläubiger Katholik war, durfte keine Kirche betreten und musste vor der Tür stehen, wenn die Klasse über die Kreuzigung unterrichtet wurde, die als erste der vielen Sünden der Juden galt. Als die Jungen am Ende der Stunde herauskamen, sahen sie Peter mit Ekel und Abscheu an, als hätte er persönlich Jesus gekreuzigt ... Verglichen mit diesen Nazi-Lehrern ist deine Schwester Constance eine strahlende Heldin".

Die Schule war für Mu ein Albtraum, als sie noch klein war. Sie hatte Mühe, Tests zu bestehen, stotterte und kaute ihre Nägel. Ihre Eltern glaubten, dass Schläge das beste Mittel seien, um ihr bei diesen beiden Problemen zu helfen.

Aber Fe, mein Vater, war ein brillanter Schüler. Er war der Augapfel seiner Mutter. Sein Lehrer in der Schule sagte ihr einmal, dass er eigentlich keine Hausaufgaben machen müsse - er scheine schon alles zu wissen. Daraufhin versetzte sie ihn von dieser Schule auf die anspruchs-vollste und renommierteste Schule Berlins. Sie selbst studierte Griechisch, um ihm helfen zu können: Vor dem Frühstück ging sie mit ihm in einen Park, wo sie ihn drillte. Ihr Ziel für ihn war, dass er ein Gelehrter werden sollte, und er akzeptierte, dass dies das Wichtigste auf der Welt war, sein ganzes Leben lang. Und er erwartete von allen anderen, dass sie das auch akzeptierten.

Mein Vater Günther (Fe) mit Peter und Maleen

Kein Zweifel: Meine Eltern hatten eine katastrophale Ehe. Jeder war vom anderen bitter enttäuscht, nachdem der erste Anflug von Leidenschaft und Romantik verblasst war, der sie dazu gebracht hatte, sowohl ihren Eltern als auch ihrem eigenen gesunden Menschenverstand zu trotzen und an Lores 21. Geburtstag, dem 25.

Oktober 1925, zu heiraten. Sechs Monate später wurde Peter geboren. Günthers Eltern waren erbittert gegen die Heirat und drohten, ihm den finanziellen Geldhahn zuzudrehen, falls er an der Ehe festhielt. Er widersetzte sich ihnen - und sie hielten ihr Wort, was die Frischvermählten in die Armut und ein Leben mit häufigen Umzügen von einer schäbigen Mansarde zur anderen stürzte. Ihr Glück wurde zusätzlich durch einen Skiunfall getrübt, der Günthers Knie für mehr als ein Jahrzehnt schmerzhaft beschädigte.

Die Liebe war stark genug, um ihre Schwierigkeiten einige Jahre lang zu überwinden. Günther bekam eine Stelle an der Odenwaldschule, einer fortschrittlichen Privatschule im Südwesten Deutschlands, im Odenwald. Meine Schwester Maleen wurde im Januar 1927 geboren. Dieses Foto zeigt meinen Vater, der mit seinen ersten beiden Kindern glücklich im Garten sitzt und singt, das Inbild eines zufriedenen Familienvaters. Fünf Jahre später waren die Nazis an der Macht, und als seine Frau unerwartet schwanger wurde, verlangte er eine Abtreibung, da dies "keine Zeit für die Geburt eines jüdischen Kindes" sei. Aber sie widersetzte sich ihm, so wie er sich bei der Heirat seinen Eltern widersetzt hatte, und das Baby wurde am 17. Dezember 1932 geboren, fast sechs Jahre nach ihrer Schwester. So kam ich auf die Welt.

Für Lore war Günther ein überlegenes Wesen, von Natur aus elegant, intellektuell brillant, sportlich, schön - und sie war bereit, ihm zuzuhören und ihn zu bewundern und anzubeten, sehr ähnlich wie Gretchen *Faust* in Goethes Drama anbetet. Und er muss ihre ungekünstelte Intelligenz genossen haben, ihre Emotionalität, ihre Bereitschaft, von ihm zu lernen.

Für meinen Vater war das alte Griechenland fast eine Religion. Er widmete sein Leben diesen erhabenen Wesen, den Athenern, die in ihren Hainen spazierten, über Philosophie und Ethik debattierten und überhaupt der Menschheit *die* Gebiete öffnete, die heute noch mit Elementen ihrer elektrisierenden Sprache wie Psycho-, Physio-, -logie, -sophie oder -metrie bezeichnet werden. Die großen Denker. Die Erfinder der Demokratie. Die großen Künstler, Bildhauer, Architekten, Dramatiker, Dichter, Sportler ...

Ich erinnere mich vor allem an ihn, wie er gebückt an seinem großen Schreibtisch saß, vor mehreren aufgeschlagenen Büchern, Woodbines rauchend, und mühsam defekte Papyri rekonstruierte.

Anhand von unscharfen Fotografien brachte er all seine Fähigkeiten, seine Intelligenz, seine geistige Selbstdisziplin und sein Wissen über andere Texte in die Lücken und Löcher der uralten Dokumente ein, bis er sicher war, was die fehlenden Wörter waren - um so ein oder zwei Zentimeter von jenem zauberhaften Gebiet zu erschließen, das von einer überlegenen Rasse bewohnt worden war.

Dies war nicht der Streitpunkt zwischen meinen Eltern. Was Mu ihm immer wieder vorwarf, war, dass er 1933, als er wegen der Nazis seine Arbeit verloren hatte, nicht nach Griechenland gefahren war. Sie drängte ihn, zu gehen, mit einem Rucksack durch die Landschaften und zwischen den Ruinen seiner Besessenheit zu wandern. Sie würde mit den Kindern zurückbleiben, sie würde es schon irgendwie schaffen. Aber er ging nicht. Er verließ sie; aber er ging nach Dänemark, wo er mit Professor Carsten Hoeg an einer Ausgabe der Werke der Kirchenväter, dem Prophetologium, arbeitete. Hellenistisches Griechisch - nicht klassisch!

In Oxford arbeitete er als Bibliothekar für das Mansfield College - er nannte es verächtlich "Frondienst" -, kam mittags nach Hause und legte sich dann für einige Stunden ins Bett. Wir sollten uns das merken und leise nach Hause kommen, aber oft vergaßen wir das und stürmten rufend oder redend durch die Vordertür herein und rannten lärmend den Flur entlang in die Küche. Dann kam die gefürchtete Ermahnung: Die Türklinke seines Arbeitszimmers klapperte, und er kam in seinen langen Unterhosen heraus, beugte sich über das Geländer und schimpfte wie Zeus, der vom Olymp herabdonnert. Mu eilte aus der Küche, wischte sich die Hände an ihrer Schürze ab, scheuchte uns in den Garten und kehrte dann in den Kampf zurück, brüllte ihn an. Bei all diesem Lärm kam es oft vor, dass Frau Brooks von nebenan wütend gegen die Hauswand hämmerte, worauf Mu mit kräftigen Schlägen mit einem Besenstiel reagierte.

Fe fühlte sich uneingeschränkt berechtigt, absolute Ruhe zu verlangen - sogar andere Kinder, die auf der Straße spielten, wurden von seinem Fenster aus angeschrien und aufgefordert, woanders zu spielen -, weil er sich bis in die frühen Morgenstunden ganz seiner eigentlichen Arbeit, seinen Papyri und seinen griechischen Autoren, widmete.

Konnten wir alle es denn nicht begreifen, wie furchtbar es für ihn war, mit seiner Arbeit in der Bibliothek Geld zu verdienen, um uns alle zu ernähren - jeder könnte das tun -, aber seine Gaben, sein Verständnis für die Griechen, seine Einsichten - sie waren einzigartig; sie kamen ihn teuer zu stehen; wir alle sollten versuchen, ihn bei seiner hingebungs-vollen Arbeit zu unterstützen. Es kam ihm nie in den Sinn, dass seine Sichtweise nicht die einzig mögliche war; dass sein Selbstbild als bescheidener Arbeiter im Weinberg der griechischen Zivilisation anderen wie simpler Egoismus aussah.

Seine Knechtschaft bei den Griechen machte ihn penibel, er war ein Ästhet. Aber Mu war draufgängerisch, und je länger sie zusammen waren, desto mehr entzweiten sie sich. Fe verbrachte immer mehr Zeit im Badezimmer und verärgerte die anderen Mitglieder des Haushalts. Er befestigte seinen metallenen Rasierspiegel am Fenster, um das beste Licht zu bekommen, und stand auf zwei Rundholzstäben (um keine Plattfüße zu bekommen), während er sich sorgfältig rasierte. Er behauptete, er habe - im Gegensatz zu uns anderen - eine empfindliche Haut und brauche deshalb seine eigene Seife - die auch meine ebenso anspruchsvolle Schwester heimlich benutzte. Er erwischte sie, weil ein bisschen Schaum auf der Seife war, und so hatten wir noch einen Krach. Als er endlich aus dem Bad kam, glänzte sein Gesicht mit Vaseline, und er hatte eine Netzmütze auf dem Kopf, um seine Haare zu bändigen, die dazu neigten, kraus zu werden. Beim Frühstück bestand er darauf, dass seine Butterration getrennt von unserer aufbewahrt wurde, und seine Kaffeetasse musste im Ofen aufgewärmt werden, da sein Kaffee sonst zu schnell kalt wurde.

Auch Mu legte Wert auf Sauberkeit, was in ihrem Fall jedoch mit viel Muskelarbeit, Lärm und Unannehmlichkeiten verbunden war. Kleidung und Wäsche wurden gekocht, zunächst in einem Kupferbecken in einer Ecke der Spülküche, später in einer Zinkwanne auf dem Gaskocher, dann auf einem Waschbrett geschrubbt und schließlich nach oben geschleppt, um in der Badewanne gespült zu werden, wo man nicht selten feststellte, dass ein Teil davon angesengt worden war. Dann wurde es zum Trocknen im Garten aufgehängt oder bei nassem Wetter an einer Schnur, die kreuz und quer durch die Küche gespannt war. Später wurde es auf einer zusammengefalteten Decke auf dem Küchentisch gebügelt – was noch mehr Versengung mit sich brachte. Hosen waren besonders schwierig und hatten oft mehrere parallele Falten. Um Zeit zu sparen, versuchte sie manchmal, die Falten auf dem Bein zu glätten, indem sie ein Stück braunes Papier gegen die eine und das heiße Bügeleisen gegen die andere Seite drückte, während der Träger vor Angst stöhnte. Aber Teppiche wurden nicht gebügelt, sondern in der Badewanne gewaschen, aus dem Fenster geworfen und auf die Wäscheleine gehievt. Am Abend wurden Flicken genäht und Socken gestopft. Jedes Zimmer wurde täglich mit Besen, Schrubber, Kehrblech und Bürste, Unmengen von Wasser, alten Unterhemden, Zeitungen und Staubtüchern geputzt; der Müll wurde in einen Sack gesteckt, der an einem Nagel vor der Küchentür hing und regelmäßig auf dem Küchenboden ausgekippt werden musste, weil irgendein wichtiges Dokument, sogar ein Scheck, fehlte. Mein Vater war nicht amüsiert. "Furor domesticus", murmelte er, während er sich in sein Arbeitszimmer zurückzog.

Während sie arbeitete, sang sie. Sie hatte eine klare Sopranstimme und ein riesiges Repertoire an Volksweisen, Liedern, Hymnen, Chorälen, nationalsozialistischen und kommunistischen Marschliedern. Das ging Fe auf die Nerven. Das war also ein weiterer Auslöser für Streit. Das Essen war ein weiterer. Mu hielt Kochbücher und Rezepte für eine lächerliche Affektiertheit. Vermutlich hatte sie ihre einzige Erfahrung mit dem Kochen beim Wandervogel gemacht - den Jugendlichen, die in der Natur wanderten und über dem offenen Feuer kochten, was sie von zu Hause mitgebracht hatten. Was gab es Schöneres als eine große Schüssel zerkochten und leicht körnigen Spinat mit einem Stück Brot, das von einem an ihren Busen gedrückten Laib geschnitten und großzügig mit Margarine bestrichen wurde?

Man dachte nicht über das Kochen nach, man brauchte keine Rezepte, man wusste einfach, wie es geht, und so war die Soße voller Klumpen, im Grießbrei waren Ameiseneier, und die Kuchen waren kläglich und matschig, weil sie noch nie etwas von Backpulver gehört hatte. Ihre Gartenarbeit war ebenso mühsam und exzentrisch. Es wäre eine dumme Geldverschwendung, Gartengeräte zu kaufen. Ein Küchenmesser zum Unkrautjäten, eine Schere zum Schneiden des Grases, eine Einkaufstasche und eine Kohleschaufel für den Kuhmist von Port Meadow. Die Pflanzen sollten frei wachsen und sich entwickeln; ein Weinstock, der bis zum Küchenfenster reichte, wurde hereingebeten und entlang des Regals mit den Töpfen gezogen. Von Zeit zu Zeit versuchte sie, eine Brennnessel oder einen Brombeerstrauch auszureißen, wobei ihr die Tränen in die Augen stiegen: Tötete sie nicht ein unschuldiges Wesen? Ihr Apfelbaum trug selten Früchte, ihr Pflaumenbaum schon, aber nur für einige Jahre; es war eine Schande, aber man musste ihr Lebensrecht akzeptieren.

*

Meine ersten Jahre in Oxford wurden durch meine Freundschaft mit Anne erhellt. Wir lebten in einer privaten Fantasiewelt mit Schiffen und Flugzeugen und allen möglichen Abenteuern. Wir liefen von ihrem Haus in der Polstead Road über die Aristotelesbrücke zum Spielplatz, wo die Schaukeln zu den wirbelnden Propellern einer Spitfire wurden, die wir im Flug reparierten, wobei ich meine Füße anheben und mich nur mit den Händen festhalten musste, wenn sie pfiff. Leider ließ ich einmal auch die Hände los, stürzte auf die Schlacke und verletzte mich ziemlich schwer. Oder wir gingen zur Bahn und legten einen Pfennig auf die Schiene, in der Hoffnung, dass ein Zug ihn plattdrücken würde, damit er als Ausweis verwendet werden konnte (den jeder bei sich tragen sollte, aber wir hatten unseren verloren). Wir haben den plattgedrückten Pfennig nie gefunden. In der Nähe der Bahnlinie befand sich eine verlassene Deponie für Baumaterialien, wo mit Unkraut überwucherte Kieshügel ein wunderbares Terrain für spannende Versteckspiele boten, die wir mit einigen Jungen spielten. Aber als sie anfingen, Fußball zu spielen, sagte man uns, dass wir als Mädchen nicht mitspielen dürften. Wir waren außer uns vor Wut. Als wir mürrisch die Polstead Road zurückgingen, beschlossen wir, dass es irgendwann einmal einen Krieg zwischen Männern und Frauen gegeben haben musste, den die Männer gewonnen hatten, so dass sie jetzt die Herren waren. Eines Tages, so versprachen wir uns gegenseitig, würde es wieder einen Krieg geben, und dieses Mal würden wir gewinnen, und dann würden die Jungen das unterlegene Geschlecht sein. Wie froh bin ich, dass Frauenfußball heute ein anerkannter Sport ist! Gelegentlich sehe ich sogar gemischte Mannschaften - großartig! Aber für mich ist es zu spät.

Normalerweise gingen wir über die Eisenbahnbrücke und hinunter auf die Hafenwiese und erzählten uns gegenseitig Geschichten über das Königreich, das es eigentlich war, mit Kindern an der Spitze, denen die Erwachsenen gehorchen mussten. Manchmal übten wir uns im Baumklettern auf einer Weide, um uns darauf vorzubereiten, die Takelage eines großen Segelschiffs zu erklimmen. An einem windigen

Tag konnten wir hoch oben in den Ästen fast sehen, wie die Wellen des Ozeans über das Gras rollten. Einmal kam Annes zarte kleine Schwester Clare mit uns, und wir pflückten Kuckucksblumen, machten einen Kranz und krönten sie zur Maikönigin. Wenn es regnete, mussten wir im Haus bleiben. Wir beschlossen, ein Theaterstück aufzuführen. Da wir nie bemerkt hatten, dass Theaterstücke eine Handlung haben, war unser Stück einfach eine Aneinanderreihung von Ideen. Eine davon war der Satz "Der Herbst kommt pfeifend über uns!" - woraufhin ich mit ausgebreiteten Armen von einem Tisch sprang. Unsere Zuschauer - Annes Mutter, Tante und Großeltern - waren sehr höflich, aber verwirrt. Wir übten uns auch im Kochen und wollten herausfinden, was passiert, wenn man Gegensätze kocht: Zucker und Salz, Käse und Marmelade, Marmite und Honig. Das Ergebnis war so, dass ein bestimmter Geruch, der mir gelegentlich in die Nase steigt, immer noch Übelkeit hervorruft.

Jeden Morgen wartete Anne an der Ecke der Polstead Road auf mich, um nach St. Denys zu gehen. Wir gingen so langsam und hielten an, um alles zu besprechen, was wir sahen und woran wir dachten, dass wir oft zu spät kamen, wenn wir *Phil & Jim* (St. Philip und St. James' Church) erreichten, und wir fingen an, uns Ausreden auszudenken. Annes beste Ausrede war: "Die Uhren an den vier Seiten der Kirche zeigten alle eine andere Zeit an, so dass wir nicht wussten, nach welcher wir gehen sollten." Der Grund, warum sie unterschiedliche Zeiten anzeigten, war natürlich unser unglaublich langsames Vorankommen an der Kirche.

Eines Tages bat mich Schwester Constance, in ihr kleines Büro zu kommen. Dort saß eine große Frau mit einer großen Mappe voller Papiere. Schwester Constance erklärte mir, dass meine Intelligenz gemessen werden sollte. Als *enemy alien* war ich nicht berechtigt, an der Prüfung für das Stipendium teilzunehmen, das einigen Mädchen den Besuch eines Gymnasiums ermöglichte; aber dieser Test sollte die gleiche Wirkung haben. Ich musste eine große Anzahl seltsamer Fragen beantworten, wie zum Beispiel: "Passt dieses Dreieck in dieses Quadrat?" Das Ergebnis war, dass ich St. Denys verlassen und nach St. Faith's, die Schwesterschule in der Woodstock Road, gehen musste, was ich nicht gerne tat: In St. Denys ärgerten wir uns über die Mädchen von St. Faith's in ihren rosa, dunkelroten und grauen Uniformen und sagten uns gegenseitig: "Die Mädchen von St. Faith's sind eingebildet". Jetzt sollte ich zum vermeintlichen Feind überlaufen.

Viel schlimmer war die Tatsache, dass Anne Oxford verlassen musste, weil ihre Eltern sich scheiden ließen, und dass sie bei einer Tante in Twickenham leben sollte. Meine Freundschaft mit ihr hatte dazu geführt, dass die "dunklen Tage des Krieges", die Angst vor einer deutschen Invasion, die Angst vor den Nazis, mir nichts bedeutet hatten, so wie der Wandervogel meine Mutter vor einigen der Schrecken des Ersten Weltkrieges geschützt hatte. Jetzt sahen wir uns nur noch, wenn Anne in den Schulferien nach Oxford kam, und es dauerte eine ganze Weile, bis wir das Gefühl der Fremdheit überwunden hatten und wieder in unserer Symbiose schwammen.

Ich hatte aber einige Freundinnen in St. Faith's: Jocelyn, ein kleines Mädchen mit langen Zöpfen, und Joy, groß und kurzhaarig, die Jocelyn und mich einlud, uns zwischen die feuchten Mäntel in der Garderobe zu setzen und "über die Sinnlosigkeit des Lebens zu meditieren". Und ich wollte immer noch mein Englisch verbessern. Zu Beginn einer Spielstunde hörte ich, wie eine Lehrerin eine Vertrauensschülerin bat, hinauszugehen und nachzusehen, ob es regnete. Das Mädchen kam zurück und verkündete, es sei *a penetrating drizzle.* Zwei neue Wörter! Ich eilte die Treppe hinauf, um zu sehen, was ein durchdringender Nieselregen war, verfehlte eine Stufe und fiel mit dem Gesicht auf eine höhere Stufe. Ich war auf meinen Vorderzähnen gelandet, was zwei weiße Flecken auf der Stufe hinterließ, und bis heute sind diese Zähne leicht angeschlagen. Macht nichts! Ich wusste genau, was *penetrating drizzle* bedeutete.

Ich blieb nicht lange in St. Faith's. Mein Vater, der sich vielleicht an seine eigene Versetzung an eine renommiertere Schule in Berlin erinnerte, versetzte mich an die Oxford High School mit ihrer marineblauen Uniform, was ich hasste: Wir St.-Faith's-Mädchen nahmen es den High-School-Mädchen übel, die immer alle schulübergreifenden Wettbewerbe gewannen und hochnäsig waren. Wieder einmal war ich gezwungen, zum vermeintlichen Feind überzulaufen.

Mein Hauptproblem in der Schule war die Langeweile. Ich musste ausgefallene Dinge tun, um das Leben interessanter zu machen. Eines meiner Hauptziele im Leben war es immer noch, die Erwachsenen zu erschrecken, und ich erinnere mich, dass ich eine langweilige

Wartezeit auf eine Unterrichtsstunde im obersten Stockwerk des Gebäudes da-durch auflockerte, dass ich über das Geländer kletterte und über dem vierstöckigen Treppenhaus baumelte. Als eine ängstliche, wütende Lehrerin mich aufforderte, sofort zurückzukommen, neckte ich sie, indem ich meine Hände eine Weile von einem Geländer zum nächsten bewegte, bevor ich mich wieder auf die Treppe schwang. Ein anderes Mal beschlossen einige von uns, eine Oper aufzuführen. Wir sangen laut, während wir auf die Ankunft von Frau Tait, der Lateinlehrerin, warteten. Die Französischlehrerin von nebenan kam und sagte uns, wir sollten leise sein. In der nächsten Woche kam sie uns zuvor, indem sie mit Kreide eine Nachricht an die Tafel schrieb: BITTE SEID LEISE, DENN DIE KLASSE NEBENAN BEREITET SICH AUF EINE WICHTIGE PRÜFUNG VOR. Wir wischten die Nachricht ab und sangen weiter, und als die Französischlehrerin hereinstürmte und auf die Tafel zeigte und rief: "Könnt ihr nicht LESEN?", lächelten wir. Solche Vergehen bedeuteten, dass wir "zu Miss Stack geschickt" wurden. Wir Sünder stellten uns in einer Schlange vor ihrer weiß gestrichenen Tür auf und fürchteten uns, obwohl ich mir bewusst war, was passieren würde, wenn ich erst einmal drin war: "Oh Garbi, nicht schon wieder! Was ist es denn diesmal?", gefolgt von einem angenehmen Gespräch über dies und das - meine Zukunft zum Beispiel, vielleicht als Ärztin - in einem bequemen Sessel ihr gegenüber.

*

Ich war zwölf Jahre alt, als am 7. Mai der Zweite Weltkrieg in Europa endete. Peter war immer noch in der Armee, in Indien, und litt unter Langeweile und Frustration; Maleen war von der Milham Ford School wegen des Verbrechens "Männer angucken" verwiesen worden - sie war in einen Busfahrer verknallt und hielt in Carfax nach ihm Ausschau - der Busfahrer wusste wahrscheinlich nichts davon -, und ging dann auf ein fantastisches koedukatives Internat in Shropshire, das von einem Flüchtling geleitet wurde, während ich in der High School blieb. Einige der Flüchtlingsjungen hatten uns verlassen, aber einer, Kurt Iwnicki, war noch bei uns. Er war ein paar Jahre älter als ich, dünn und blass, und zeigte ein freundliches Interesse an mir (und tat dies für den Rest seines Lebens).

Nun war der Krieg endlich vorbei, und wir waren alle außer uns vor Freude. Die amerikanischen Soldaten im Clarendon Hotel in Cornmarket stellten Lautsprecher in die Fenster und spielten lauten Jazz und tanzten auf der Straße. Irgendwann waren wir in London in der riesigen Menschenmenge, die zum Buckingham Palace strömte, wo die königliche Familie und Churchill standen und lächelten und winkten. Mu ging in der Nacht hinaus, als zum ersten Mal seit Jahren die Straßenbeleuchtung eingeschaltet wurde, und bediente sich mit einem Arm voll Blüten von den Bäumen in den Vorgärten, in der Gewissheit, dass ihr an einem solchen Tag niemand etwas vorwerfen würde. Jetzt, sagte sie, wird alles besser werden, du wirst sehen. Fe wird eine richtige Stelle an der Universität bekommen, und wir werden von hier in eine größere Wohnung ziehen, und wir werden genug Geld haben, und wir werden eingebürgert werden... *We'll get onto the green branch*, drückte sie sich in Analogie zum deutschen „auf einen grünen Zweig kommen" aus.

Wie falsch sie lag.

Im September feierten Anne und ich in den Ferien in der Nähe von Cirencester, wo eine ihrer Großmütter in einem Heim für Pfarrerswitwen lebte, zusammen mit den Dorfbewohnern den *V-J Day* (Sieg-über-Japan-Tag) an einem riesigen Lagerfeuer, an dessen Spitze eine kleine menschliche Figur auf einem alten Stuhl stand.

"Das ist Hirohito", sagte man uns, aber obwohl wir schon viele Karikaturen dieses bösen kleinen Mannes mit den riesigen Zähnen gesehen hatten, konnten wir nicht jubeln, als die Flammen ihn kaputt leckten. Damals hatten wir noch nichts von Treeund Nagasaki gehört, und die schlimmsten Grausamkeiten der Japaner waren uns vorenthalten worden (obwohl einer unserer Helden Mao Tse Tung war), aber selbst wenn wir es gewusst hätten, war unsere Vorstellungskraft zu lebhaft, um uns über die Nachbildung eines verbrannten Menschen zu freuen. Später, in der Guy-Fawkes-Nacht, ging es uns genauso.

Fe bekam eine richtige Stelle an der Universität in Manchester - nicht, dass es das war, was er wirklich wollte: immer unzufrieden, fand er sich als "Griechischlehrer für die Theologiestudenten" (was Griechisch statt Klassisches Griechisch bedeutete) "und Theologie für die griechischen Studenten" - das Christentum, dieses verrückte Produkt primitiver Wüstenstämme. Aber es war ein ordentlicher Job.

Nur waren es nicht wir, mit denen er sein wohlhabenderes Leben führen würde.

Eines Tages brachte er Stella mit, um mit uns Tee zu trinken: eine Frau, die so groß und dünn war wie Mu klein und dick, viel jünger, sehr englisch, mit einem Pferdegesicht und einer Brille und einem schüchternen, aber freundlichen Lächeln. Sie war die Produzentin bei der BBC gewesen, als Fe dort einen Vortrag hielt; sie hatten viel Zeit miteinander verbracht, und nun wollten sie heiraten. Das alles schien so unwahrscheinlich, dass keiner von uns wusste, wie er reagieren sollte. Wir sollten protestieren, Mu in Schutz nehmen, Stella hassen oder verachten oder verspotten, aber es war schwer, solche Gefühle gegen jemanden zu haben, der so unbeholfen, harmlos und vernünftig war.

So kam es, dass ich eines Tages, als ich von der Schule nach Hause kam, erfahren musste, dass Fe für immer gegangen war. Mu weinte und sang ein Lied:

Für die Zeit, da du mich geliebt hast
Danke ich dir schön
Und ich hoffe, dass es anderswo
Dir *besser mög ergehen.*

Es war 1948, und ich war fünfzehn Jahre alt. Ich war vernichtet. Das Loch, das er in meinem Leben hinterließ, war so groß, dass es mich völlig verschlang. Ich bemühte mich sehr, ihn zu hassen, so wie Peter und Maleen es taten, aber ich erinnerte mich immer wieder an ihn, sehnte mich nach ihm, dachte an unsere Wanderungen in Wales und das Schwimmen in Barmouth, an die Stunden, die ich mit ihm in der Bibliothek verbracht hatte, um Bilderbücher über das alte Ägypten anzu-schauen, und danach musste ich höflich über seine ziemlich albernen Witze lachen, als wir mit dem Fahrrad nach Hause fuhren; als ich noch sehr klein war, saß ich abends mit ihm in seinem Arbeitszimmer auf seinem Schoß, während er mir die Legende von Androkles und dem Löwen erzählte; ich stürmte in sein Arbeitszimmer, um ihm etwas zu erzählen, von dem ich glaubte, dass er es wissen müsse, oder um ihm zu zeigen, dass ich auf meinem Kopf stehen konnte.

Auf unseren abendlichen Spaziergängen übte er mit mir das Einmaleins. Wir versuchten, Englisch zu sprechen - lachten über die absurden Fehler, die wir machten, und entwickelten eine Sprache, die wir "Refugese" nannten ... Es herrschte ein schrecklicher Krieg, wir waren in großer Gefahr, wir waren *enemy aliens*, er verbrachte einige Zeit auf der Isle of Man mit anderen *enemy aliens*, aber bis er uns verließ, war ich mir seiner Liebe zu mir sicher.

Bis heute verbinde ich mit ihm ein besonders schönes Stück Musik. Es ist Schuberts Impromptu in As-Dur, Opus 90, das wie ein plätschernder Bach klingt, bis eine einfache Melodie in der linken Hand auftaucht, die wie einfaches Glück, Zufriedenheit klingt. Doch dann taucht eine andere tiefe Melodie auf, voller Sehnsucht, die immer stärker und lauter wird, bis sie von einem anderen stürmischen, leidenschaftlichen Fortissimo-Thema überwältigt wird, das sich kaskadenartig nach unten ergießt und sich im plätschernden Bach wiederfindet.

Es erinnert mich an den Bach beim Torrent Walk in Brithdir in Nordwales, wo ich irgendwann in den 40er Jahren, während des Krieges, als ich etwa 10 Jahre alt war, mit ihm Urlaub machte. Nur er und ich. Ich erinnere mich, wie ich auf der Brücke zu ihm aufblickte, als ich im Wasser war und versuchte, eine Insel aus Steinen zu bauen, und wie er liebevoll lächelnd auf mich herabsah.

Ich war sein Liebling. Ich war viel jünger als die anderen und konnte manchmal die Streitereien entschärfen, die oft in einer zugeschlagenen Tür gipfelten. Ich trabte ihm die Treppe hinauf nach, und sah ihn in seinem Arbeitszimmer sitzen, den Kopf in den Händen, während ich versuchte, ihm gut zuzureden. Wir gingen zusammen spazieren und fuhren zusammen Fahrrad. Einmal kamen wir an einen tiefen Graben, den ich nicht überqueren konnte. Meine Beine waren zu kurz. Er legte sich quer darüber und sagte, ich solle ihn als Brücke benutzen - was ich auch tat. In Wales kletterten wir auf den Cader Idris - einmal geriet ich an einem steilen Geröllhang in Panik, und er wartete oben und redete auf mich ein, um mich zu beruhigen - und einmal krochen wir an den Rand einer senkrechten Klippe, legten uns flach hin und schauten auf den See weit unten: Der aufkommende Wind ließ die lose Haut auf seinen Wangen in Falten fallen.

Aber ich fühlte mich schuldig, weil ich ihn vermisste; es war unfair gegenüber Mu. Ich redete mir ein, dass ich aus seinem Leben geworfen worden war, und versuchte, Gefühle der Verbitterung gegen ihn aufzubringen. Nachdem er unser Haus verlassen hatte, sah ich ihn einmal, nur ein einziges Mal, als ich die Woodstock Road entlangging, auf der anderen Straßenseite, mit einem kleinen Lächeln auf dem Gesicht, mit federndem Schritt, ohne mich zu bemerken, und ich fragte mich, ob ich wirklich existierte. Jahrelang war ich gefühllos, kalt überzeugt, dass meine Existenz sinnlos, vielleicht abstoßend, auf jeden Fall überflüssig war. Ich sah in allem, was ich tat, keinen Sinn, und als ich mich entwickelte, hielt ich mich für fett und hässlich.

*

Neulich fand ich auf dem Dachboden ein kleines Notizbuch, in das ich das folgende Gedicht über meinen Vater geschrieben hatte:

Abwesenheit

Wir sind bleich, denn
Wir sehen uns durch
Den weißen Geist deiner Abwesenheit.
Unsere Gedanken sind bei dir
Während wir aus unseren Gefängnisfenstern starren -
Losgelöst, weiß, weit entfernt.

Aber wir wagen nicht, von dir zu sprechen -
Also haben wir nichts zu sagen
Und das Haus ist weiß mit deiner Gegenwart.
Ich habe dich sogar gesehen,
Neben dem Bett
Zitternd, weiß, in Tränen.
Etwas wurde zerstört.
Wenn ich dich nur hassen und vergessen könnte
Statt erinnern, und lieben

3. Ecole d'Humanité

Mu war beunruhigt über meinen Zustand und beriet sich mit anderen Flüchtlingsfreunden. Schließlich wurde beschlossen, dass ich ein Jahr an der Ecole d'Humanité in der Schweiz verbringen sollte. Als sie heirateten, hatten meine Eltern für kurze Zeit an der Odenwaldschule gearbeitet und gelebt, einer wunderbaren Landschule in Westdeutschland, in der die fortschrittlichsten Ideen nicht nur in Bezug auf Bildung, sondern auch auf Humanität und Philosophie gepflegt wurden: natürlich ein Gräuel für die Nazis, die die Schule schlossen und die Gebäude der Hitlerjugend überließen. Paulus und Edith Geheeb, der Gründer und seine Frau, waren mit einigen Mitarbeitern in die Schweiz geflohen - und hatten mit Hilfe einiger angesehener Schweizer diese Ecole d'Humanité aufgebaut. Mu hatte den Kontakt zu Edith gehalten.

Wie Mu es geschafft hat, das Geld zusammenzukratzen, um mich dorthin zu schicken, ist ein Rätsel. Zu dieser Zeit musste sie Anwälte einschalten, um überhaupt Geld von Fe zu bekommen. Schließlich wurden 250 Pfund abzüglich Steuern als Unterhalt festgesetzt, plus 19 Schilling und 3 Pence pro Woche für mich - meine älteren Geschwister Peter und Maleen waren nun unabhängig. Und sie arbeitete als Hausangestellte in einem Altersheim 30 Stunden pro Woche für 1 Schilling und 8 Pence pro Stunde. Doch irgendwie schaffte sie es.

Also machte ich mich auf eine lange, lange Reise in ein neues Leben - mit dem Zug nach Paddington, weiter nach Victoria, um in den Zug nach Dover zu steigen, dann mit der Fähre über den Kanal, schließlich eine lange, lange Zugfahrt durch die Nacht nach Basel und ein weiterer Zug durch sanfte Hügel - die höher und steiler wurden, mit mehr Wald und hier und da einem Zacken aus grauem Fels. Dann sah ich die schneebedeckten Gipfel mit den weichen Wolken, die sich um sie herumschlängelten. In Luzern brachte mich eine kleine Zahnradbahn sehr steil bergauf durch die grünsten Wiesen und Wälder, mit Blick auf zwei Seen, und dem Klang von Kuhglocken, wann immer der Zug anhielt. In Brünig-Hasliberg wartete der Bus nach Goldern - und warnte mit einer musikalischen Melodie andere auf der schmalen Straße, die durch schattige Wälder glitt, sich an die

Seite von Felsen klammerte, durch Tunnels und Almwiesen, wenn sie sich uneinsehbaren Kurven näherte. Und hielt in der Nähe eines großen hölzernen Chalets an - die Schule!

Es war Nachmittag, als ich ankam, und die heiße Sonne brachte einen besonderen Geruch aus den Holzwänden hervor. Eine Reihe von Kindern und Erwachsenen unterhielten sich müßig auf oder in der Nähe der hölzernen Stufen an der Seite des Haupthauses der Schule. Unter ihnen erkannte ich (von Fotos) den Gründer und Schulleiter Paul Geheeb, einen radikalen Pädagogen, der allen als Paulus bekannt war und mit seinem langen weißen Bart und den tiefliegenden Augen wie ein alttestamentarischer Prophet aussah, und seine Frau Edith, eine kräftige, freundliche Frau. Sie hatten zuvor die Odenwaldschule gegründet, in der Fe unterrichtet hatte. und Edith bat ein Mädchen in meinem Alter, Sabine, sich um mich zu kümmern. Sabine führte mich über eine kleine Wiese zum Turmhaus, einem weiteren Chalet mit einem Turm. Früher war hier ein Ferienzentrum einer evangelischen Kirche. Wir gingen hinauf zu dem Zimmer, das ich mit ihr teilen sollte, mit freiem Blick auf die Wetterhörner, die schneebedeckten Berge.

Ich stellte meinen Koffer ab, als ein Gong ertönte. Wir eilten zurück zum Haupthaus, wo ein kleiner Junge begeistert auf einen großen Gong schlug, und befanden uns mitten in der Scharm die in den Speisesaal drängte. Wir setzten uns an die Tische, die jeder *Familie* zugeteilt wurden - jeder *Mitarbeiter* hatte eine Familie, die aus drei bis sieben *Kameraden* bestand - die Worte Kinder oder Erwachsene wurden nicht verwendet; jeder, der kein *Kamerad* war, war ein *Mitarbeiter*.

Ich gehörte zu Paulus' Familie - zusammen mit Piet, dem ältesten Jungen der Schule, und seiner holländischen Liebsten Margot, Elnis aus Israel und Peter aus Deutschland - also saß ich an ihrem Tisch. Alle unterhielten sich lauthals - der Lärm war ohrenbetäubend. Als alle platzgenommen hatten, stand Paulus auf und es wurde still, während er, wie jeden Tag, einen kurzen Gedanken für den Tag vorlas. Einer, den ich mir merkte, war: "Erst wenn sich das Herz ändert, ändert sich die Welt." Kaum hatte er geendet, ging das Getümmel wieder los. Ein oder zwei *Kameraden* von jedem Tisch gingen zur Durchreiche, um das Essen zu holen, und wir konnten essen.

Paul Geheeb, bekannt als Paulus

Diese Schule war völlig anders als alle anderen, die ich zuvor besucht hatte. Zum einen war sie gemischtgeschlechtlich, und einige der Jungen kamen mir auf andere Weise nahe als die Mädchen ... Zum anderen waren die Stundenpläne anders. Es gab nur drei einstündige Unterrichtsstunden - Kurse genannt - jeden Morgen. Keine Tests, keine Noten, keine Hausaufgaben. An den Nachmittagen waren wir mit Putzen und Aufräumen und Gartenarbeit beschäftigt und hatten freie Zeit, um unseren Interessen nachzugehen; ich übte Klavierspielen - dafür musste ich mir von Lüthi, dem Musiklehrer, den Schlüssel zum Klavier holen - und versuchte, die fließenden Läufe des Impromptu hinzubekommen.

Die Gruppen waren klein, etwa ein halbes Dutzend Schüler mit einem Erwachsenen, und der Unterricht war zwanglos und äußerst anregend. Die Mathematik, die ich immer gehasst hatte, explodierte in meinem Kopf wie ein Feuerwerk, als wir uns mit der Frage beschäftigten: Gibt es eine höchste Primzahl? Nini, eine pensionierte Ballerina und Literaturlehrerin, eröffnete mir die Welt der Ideen. Sie machte uns auf zwei Seinsweisen aufmerksam, die "apollinische" und die "dionysische". Anhand zahlreicher Beispiele aus Literatur, Kunst und Philosophie zeigte sie uns, dass wir die Wahl hatten: uns dem Instinktiven, Erheiternden und Leidenschaftlichen zu unterwerfen oder uns von Vernunft und Intelligenz leiten zu lassen.

Diese Alternativen waren für mich von Bedeutung. Ich konnte sehen, dass mein Vater "apollinisch" war - intellektuell, kühl, rational - und uns in unserem emotionalen Aufruhr, der durch seine Abreise noch verschlimmert wurde, im Stich ließ - er lehnte uns als Faktoren ab, die seine innere Harmonie, seinen Dienst an Athen, störten, und umarmte stattdessen seine zweite Frau, die kühle, vernünftige, englische Stella. Jahre später, als er erfolgreich war - ein Mitglied der Royal Society - behielt er diese chirurgische Entfernung von uns aus seiner Welt bei. Er sorgte dafür, dass wir im *Who's Who* nicht erwähnt wurden - nur seine zweite Frau und ihre Kinder wurden erwähnt.

Die Schule war äußerst demokratisch - nicht im Sinne von Wahlen und Komitees - das hätte zu dominierenden Mehrheiten und unterdrückten Minderheiten geführt - nein, im Sinne der Quäker: Probleme mussten so lange diskutiert werden, bis die beste Lösung gefunden war. Von Zeit zu Zeit versammelten wir uns alle im Speisesaal - vom kleinsten Sechsjährigen bis zu Paulus - und beschlossen Regeln. Es gab nur drei: Kein Alkohol; kein Ausgehen in der Nacht; kein Feuer im Wald. An meinem sechzehnten Geburtstag, eine Woche vor Weihnachten, brach ich alle drei - und feierte mit Sabine und Andreas. Mit den gestrickten Flickendecken aus unseren Betten, Weinflaschen und Streichhölzern machten wir uns auf den Weg in den Wald.

Bald waren wir betrunken. Wir lachten, redeten Unsinn, wechselten von rührseligem Selbstmitleid zu absurdem Übermut und wieder zurück - und wurden schließlich extrem müde. Wir löschten die Reste des Feuers und machten uns auf den Heimweg durch den Wald. Ich fühlte mich sehr sicher und rief den anderen laut zu, mir zu folgen. Warum hielten sie sich zurück? Ich wusste doch, wo es lang ging! Dann stürzte ich vom Rand eines Abgrunds und flog durch die Luft.

In der Ferne hörte ich jemanden schreien. Dann landete ich auf dem Boden. Es war ein steiler Abhang, den ich hinunterrollte und schließlich am Fuß eines Baumes landete. Der Schrei kam näher, ja, er kam sogar aus meinem eigenen Mund!

Sabine und Andreas kamen auf einem längeren Umweg herunter und fanden mich schließlich wimmernd, immer noch um meinen Baumstamm gerollt. Sie brachten mich zurück in die Schule und ich wurde ins Spital nach Meiringen gefahren. Ich hatte einen gebrochenen Arm und schwer geprellte Knie. Ordnungsgemäß bandagiert und eingegipst kehrte ich am nächsten Morgen in die Schule zurück und war verblüfft, als ich eine gestrickte Flickendecke sah, die von der Spitze eines Baumes auf halber Höhe eines steilen Abhangs zu einem Felsvorsprung hing. Ich war verblüfft, wie tief ich gefallen war. Hatte ich einen Schutzengel? Wir drei gingen zurück, um die Decke zu holen, und die anderen teilten mein Gefühl der Ehrfurcht, als sie sie an diesem Baum hängen sahen. Aber Nini war außer sich vor Wut: Wie konnte ich so gedankenlos sein, mich nur wenige Tage vor einer Aufführung zu verletzen! Kannte ich meinen Text? Und was ist mit meinen geprellten Knien - als Jungfrau Maria musste ich knien!

Zu Neujahr hängten sich die einheimischen Bauern nach altem heidnischem Brauch Kuhglocken um den Hals und zogen, nur Bier trinkend, 24 Stunden lang mit ihren Glocken läutend durch die Dörfer auf dem Hasliberg, um böse Geister zu vertreiben - dann zogen sie 24 Stunden lang durch die einzelnen Höfe und Häuser; und die letzten 24

Stunden betraten sie die Häuser im Endstadium der Trunkenheit und Erschöpfung. Wir wurden gewarnt, dass sie in die Schule kommen würden und dass wir ihnen aus dem Weg gehen sollten. Wie es der Zufall wollte, duschte ich gerade im Keller des Haupthauses, als sie eintraten. Ich drehte den Wasserhahn zu, hielt die Tür verschlossen und gab keinen Laut von mir - so konnten sie mich nicht finden.

Der Schnee kam in diesem Jahr spät, und diejenigen, die Ski fahren konnten, stürzten sich ins Getümmel, als es endlich möglich war, und überließen diejenigen, die wie ich noch nie einen Ski angefasst hatten, dem Versuch, es zu schaffen ... Im Frühling und Sommer wanderten wir über die schönen Wiesen und stiegen über den Waldgürtel hinauf zu den Alpenwiesen, wo die Kühe weideten und ihre Glocken und ihr gelegentliches Muhen Musik machten.

Ninis Theaterstücke beherrschten die Schule: Die Laune des Verliebten, Goethes pastorales Versspiel, das Krippenspiel, die Orestie mit dem Tanz der Furien, Thunder Rock von Robert Ardrey, in dem ein einsamer Leuchtturmwärter die Geister einer in der Nähe ertrunkenen Familie beschwört - zwischen ihm und der Tochter entwickelt sich eine zarte tragische Liebe. Alle wurden eingesetzt, um Kostüme zu schneidern, Lichter zu basteln, die Aufführungen zu organisieren oder an ihnen teilzunehmen, Leute zum Zuschauen einzuladen - und wir bekamen viel Lob, vor allem ich, die in allen Stücken die Hauptrolle spielte. Es hat mir den Kopf verdreht, als man mir sagte, dass ich sehr talentiert sei und Schauspielerin werden sollte. Und nicht Ärztin.

Als ich am Ende des Jahres nach Hause kam, war kein Klavier mehr da. Mein Vater hatte es mit in sein neues Leben mit seiner neuen, englischen Frau genommen. So kam ich nie dazu, das Impromptu zu spielen - oder irgendetwas eigentlich.

4. Theater

Ich musste ein Jahr lang auf die Oxford High School zurückgehen und die A-Level-Prüfungen ablegen. Aber ich war fest entschlossen, auf die Bühne zu gehen, und bewarb mich um Vorsprechproben an der RADA und an der Central School of Acting und ein Platz wurde mir angeboten. Die Bildungsabteilung der Stadt Oxford wollte mir dafür kein Stipendium gewähren - aber sie wollten mir aufgrund meiner A-Level-Ergebnisse ein Stipendium für ein Universitätsstudium geben. Peter und Mu bestanden darauf, dass ich mich am Somerville College für das Fach Englisch bewerben sollte. Ich schaffte es bis zum Vorstellungsgespräch, aß dort mit einigen hochrangigen Frauen zu Mittag und bekam einen Studienplatz - allerdings nur für das Fach Moderne Sprachen. Das lehnte ich ab: Englisch oder nichts, und vorzugsweise nichts, das war von Anfang an meine Einstellung. Ich wollte SCHAUSPIELEN!

Es freute mich, dass jemand versuchte, ein *Fit-Up Rep* (ein Repertoiretheater ohne eigene Spielstätte) zu gründen, das durch die Dörfer von Oxfordshire touren sollte. Schon bald probte ich *Gaslight*, ein Melodrama im viktorianischen Stil, in dem ich die Rolle einer Ehefrau spielte, die verrückt wird, weil ihr böser Mann die Gaslampen immer wieder heller und dunkler macht. Der Ehemann wurde von Jimmy gespielt, einem lustigen irischen Busfahrer, der sehr genaue Vorstellungen davon hatte, wie die Bühne aussehen sollte. Wenn wir in den Dorfsälen, in denen wir auftreten sollten, ankamen, mussten wir einen kompletten Satz von Requisiten und viktorianische Möbel auf die schmalen Podeste zwängen. Echte Tür- und Fensterrahmen wurden an den Vorhängen an der Rückseite der Bühne befestigt. Am Ende war es so eng, dass wir uns kaum noch bewegen konnten, und wenn Jimmy sich dramatisch drehte, warf sein Mantel kleine Täfelchen ins Publikum - das selten aus mehr als einem halben Dutzend kleiner alter Damen bestand. Das *Fit-Up Rep* wurde bald aufgelöst.

Dann machte ich mich auf den Weg nach London, in das Herz der britischen Theaterwelt. Von nun an wollte ich auf eigenen Füßen stehen - schließlich war ich neunzehn. Zuerst musste ich meinen deutschen Namen loswerden - ich musste Engländerin werden! Das hieß, einen Friedensrichter zu bitten, meinen Namen von Zuntz in Henry zu ändern - den Namen, den Peter bei seiner Einberufung erhalten hatte, da es für ihn sehr gefährlich gewesen wäre, mit diesem Namen von den Deutschen gefangen genommen zu werden. Der Friedensrichter, den ich fand, war eine Frau - zu der Zeit mit Backen beschäftigt. Sie lud mich in ihre Küche ein, um die notwendigen Eide zu schwören und das erforderliche Formular auszufüllen. Danach gab ich ihr fünf Schilling und war fortan als Irene Henry oder manchmal auch als Rene Henry bekannt, und niemand brauchte zu wissen, dass ich keine richtige Britin war. Ich fand ein Zimmer in der Nähe von Paddington für 3,10 Pfund pro Woche, und als nächstes auf dem Arbeitsamt einen Job: Sandwiches für das Restaurant Dickens & Jones schneiden, für 4 Pfund pro Woche. Mit meinem ersten Gehalt bezahlte ich meine Miete und kaufte mir eine Ausgabe von *The Stage*. In einer der Anzeigen wurde ein *Student ASM - Assistant Stage Manager* gesucht - an einem Repertoiretheater in Ashford, Kent.

Eines der Studiobilder, mit denen ich versuchte,
Arbeit als Schauspielerin zu bekommen

Dieses Theater war kurz nach dem Krieg eröffnet worden. Ein Mann namens Richard Dale hatte seine Entlassungsabfindung in dieses Theater gesteckt. Er und seine Schwester Marie spielten die meisten Hauptrollen. Sie wohnten bei ihren Eltern in einiger Entfernung und kamen mit dem Auto zum Theater, also musste es eine recht wohlhabende Familie gewesen sein. Dem Theater war jedoch kein Erfolg beschieden - ebenso wenig wie vielen anderen Theatern, die im ganzen Land eröffnet wurden, als die Nachkriegswelle der Sehnsucht nach einem zivilisierten Lebensstil an der Apathie des Publikums zerbrach - und am Kino, das so viel wirtschaftlicher war als das lebendige Theater. Im Laufe der Zeit wurden diese Kinos vom Bingo ersetzt. Sechs Monate vor meiner Ankunft hatte das Ashford Theatre drei Schauspieler verloren, und außer den Dales selbst waren es nur noch zwei. Jetzt rekrutierte Richard "Student ASMs" wie mich in einem verzweifelten und leicht illegalen Versuch, sein Theater am Leben zu erhalten.

Nun erfuhr ich, was "Repertoiretheater" bedeutet. Woche für Woche wurde abends ein Stück aufgeführt, während tagsüber ein anderes geprobt wurde, als Vorbereitung für die folgende Woche. Meine Aufgabe war es, für jede neue Inszenierung riesige Plakate zu malen, alle benötigten Requisiten zusammenzustellen und dafür zu sorgen, dass sie zur richtigen Zeit an Ort und Stelle auf der Bühne waren. Außerdem war ich Souffleuse, zuständig für "Geräusche außen" und für die Beleuchtung. Und in einigen Stücken habe ich auch kleine Rollen gespielt. Das bedeutete, dass ich mir Theaterschminke und auch passende Kleidung für meine Rolle kaufen musste. Ich hatte keine freie Zeit. Sonntags und montags war es am schwersten: Das alte Bühnenbild musste abgebaut, das neue mit allen Requisiten aufgebaut werden; dann kam die Generalprobe für das neue Stück, gefolgt von der Premiere. Meine Bezahlung war miserabel, und die Wohnung, die ich mit Barbara, einer der Schauspielerinnen, teilte, war eiskalt.

Doch nach einigen Wochen teilte Richard uns die traurige Nachricht mit, dass das Theater bankrott sei und schließen müsse. Das letzte Stück war die Weltpremiere von *Western Wind* von Charlotte Frank. Niemand kannte seine Rolle, einer der Schauspieler wanderte ständig herum und merkte nicht, was die anderen sagten, so dass es überhaupt keinen Sinn ergab, und ich nicht wusste, wo ich was soufflieren sollte. Einmal sollten sie sich auf der Bühne vom Schlafanzug in Abendkleidung umziehen, während das Bett gemacht wurde; dann wartete ein Mann auf ein Mädchen, das ein seidenes Nachthemd anzog. Da er nicht wusste, was er tun sollte, während er wartete, begann er auf dem Bett auf und ab zu hüpfen ...

Ich war schockiert über den Zynismus der Schauspieler. Keiner von ihnen kümmerte sich um die Kunst des Theaters, unser Verständnis für die großen Fragen des Lebens zu wecken, dabei zufällige Nebensächlichkeiten außer Acht lassend. Das spärliche Publikum saß da wie ein Wackelpudding und reagierte nur mit Kichern, wenn es etwas Erotisches gab.

Bald war ich wieder in einem Londoner Wohnschlafzimmer, besuchte Theateragenten und kaufte *The Stage*. Eine Anzeige führte dazu, dass ich eine *Mayfair-Nixe* wurde. Einmal in der Woche trafen sich ein Dutzend Mädchen in einem öffentlichen Schwimmbad und lernten von einer älteren, recht zerstreuten, gelassenen Frau namens Thelma, wie man sich dreht und taucht, Kreise, Linien und Schleifen bildet und im Takt von Walzern und Tangos schwimmt. Anfang Juni machten sich die neun ausgewählten Mädchen, darunter ich, mit dem Zug auf den Weg nach Scarborough.

Es war ein kalter, nasser Sommer, aber wir mussten fast jeden Tag zum Training ins South Bay Bathing Pool, einem geschlossenen Abschnitt der Nordsee mit einem zehn Meter hohen Sprungturm an einem Ende. Zweimal pro Woche traten wir auf. Wir sprangen nacheinander ins Wasser und schwammen in einer Reihe, während aus den Lautsprechern die *Blaue Donau* ertönte und wir unsere Arme mehr oder weniger im Takt dazu hin und her bewegten. Dann kam *Jealousy*, ein Tango; wir schwammen auf dem Rücken und bildeten einen zackigen Kreis, und auf ein Signal von Sally, dem ältesten Mädchen, machten wir ein "Wasserrad" - verschwanden rückwärts unter Wasser und tauchten, schnaufend und schniefend, in mehr oder weniger denselben Positionen wieder auf -, woraufhin wir unsere Knie umarmten und uns im Kreis drehten: das nannte man "die Teetasse". Wir waren wirklich nicht gut darin; der Unterhaltungsleiter, ein freundlicher, onkelhafter Mann, der uns bei diesem kalten Wetter bemitleidete - "Ich habe heute lange Unterhosen an" -, sagte uns ganz fröhlich, dass wir das schlechteste Wasserballett seien, das sie je gehabt hätten.

Aber Tom Perry machte das wieder wett. Er, Thelma und ein junger Mann namens Stan vollführten erstaunliche Stunts von den Sprungbrettern. Der Höhepunkt wurde mit einem langen Trommelwirbel eingeläutet, dann übergoss Thelma ihren Geliebten mit Benzin und zündete es an, wenn er ins Wasser sprang. Bilder von Tom, wie er in Flammen herabfliegt, waren auf Plakaten, Flugblättern und an den Seiten des alten Lieferwagens zu sehen, in dem die drei lebten. Das Timing musste perfekt sein. Wenn er zu früh tauchte, entzündete sich das Benzin vielleicht nicht; wenn er es zu spät tat - nun, schreckliche Narben auf seinem Rücken zeugten von der sehr realen Gefahr, in die Thelma ihren Mann auf dem Höhepunkt jeder Show brachte.

Die Mitternachtsshows - *Night Follies* - waren für uns am besten, denn sie fanden im Nordpool statt, der beheizt war; außerdem hatte er eine Unterwasserbeleuchtung. Zu der Musik von *One Enchanted Evening* tauchten wir in flüssiges Licht ein. Als es zu *Der gläserne Berg* überging, fühlten wir uns schicksalhaft schön und glitten durch die leuchtenden Wellen, schlank wie Fische, das wilde Verderben im Schlepptau. Während der Mitternachtsshow grinsten oder zwinkerten wir uns nur selten zu. Wenn wir aus den *Night Follies* kamen, hielten sich oft ein paar junge Männer am Ausgang auf, von denen einige bierselig riefen, während andere nur starrten und sich wahrscheinlich fragten, ob diese gummiartigen Mädchen mit ihren nassen Haaren die Nymphen sein könnten, die sie angegafft hatten.

Ich wohnte bei Frau Howard in der North Street. Ich bewohnte das hintere Schlafzimmer in ihrem *Two-up-two-down*-Reihenhaus. Sie und ihre 13-jährige Tochter Ada schliefen im Doppelbett im vorderen Teil. Sie war so dick, dass beim Sitzen nur die Spitzen ihrer Knie unter ihrem Bauch hervortraten. Sie hatte das Gesicht eines Pekinesen, krauses graues Haar und eine Brille. Wenn die kleine Ada einen ihrer Weinkrämpfe bekam oder zappelig wurde, schaute Frau Howard auf das große Foto eines Feuerwehrmanns in voller Uniform und sagte weise: "Sie sorgt sich um ihren Vater." In Wirklichkeit hatte sie ihren Vater nie gekannt, denn er war bei ihrer Geburt an einem Herzinfarkt oder vielleicht an einem Schock gestorben. Schließlich waren sie beide um die 50, als sie heirateten, und hatten nie erwartet, Kinder zu bekommen. All dies erfuhr ich in den ersten zwei Tagen meines

Aufenthalts in ihrem Haus: Sie hörte nicht auf zu reden, ihr kleiner Hund hockte zitternd auf dem kleinen Platz auf dem Schoß.

Ich habe für das Hochzeitsfest gekocht und gebacken, hundertfünfzig Törtchen, zweihundert Wurstsemmeln und eine dreistöckige Torte mit allem Drum und Dran, groß genug für fast sechzig Gäste. Nun, wir hatten viele Freunde, alle beide.

Doch einige Zeit später bemerkte sie ungewohnte Empfindungen in ihrem Inneren und ging zum Arzt, der eine Blinddarmentzündung diagnostizierte und sie operierte, ohne den Fötus in einem anderen Teil des riesigen Bauches zu bemerken. Sechs Wochen später wurde Ada zum großen Erstaunen aller geboren, und der Vater, Frau Howards Liebster, fiel tot um.

Frau Howard war sehr gut zu mir. Nach der Mitternachtsvorstellung wartete sie mit Kakao und Kuchen auf mich. Eines Abends waren einige Soldaten der Nationalen Streitkräfte unter den Leuten am Ausgang des Nordbeckens, als wir herauskamen. Einer von ihnen rief: *Hi, good lookin', what's cookin'*, worauf die Antwort lautete: *Chicken* und zur Gegenfrage *Chicken! Wanna neck?* führte. - "Nicht mit euch!", kicherten einige der Meerjungfrauen. Einige der Männer folgten uns. "Schnell!", flüsterte Sally. Wir begannen zu rennen. Ich war erleichtert, als wir an meiner Abzweigung ankamen und langsamer wurden; aber nach ein paar Schritten merkte ich, dass ich verfolgt wurde. Ich bog in die erste Abzweigung ein, eine schmale Gasse, und als ich mich umdrehte, sah ich zwei der Männer in Uniform, die sich beeilten, mich einzuholen.

Warte mal!", rief einer von ihnen. "Wir wollen mit dir reden!" Sie waren offensichtlich betrunken. Ich fing an, schneller zu gehen; dann fing einer von ihnen an zu rennen - er versuchte, mich zu überholen und mir den Weg abzuschneiden. Einer von ihnen prallte gegen eine Mülltonne und fiel schreiend hin. Lichter gingen in den Fenstern an. Und ich hatte mich verirrt und die Orientierung verloren. Endlich erblickte ich einen roten Briefkasten - ja, es war der neben der Nummer 68. In Sekundenschnelle hämmerte ich an die Tür. Frau Howard öffnete sie, warf einen Blick auf die Straße, erfasste die Situation, schloss und verriegelte die Tür und nahm mich in die Arme. Oder hätte es getan, wenn ihre Arme über ihren Busen hinaus gereicht hätten. So aber hielt sie mich an den Schultern fest.

"So, jetzt brauchst du dich nicht mehr zu fürchten. Ich habe dich. Komm, setz dich hin und trink deinen Kakao. Du darfst nie mit leerem Magen ins Bett gehen, hat mein Liebster immer gesagt."

Von oben ertönte ein Wimmern.

"Jetzt haben sie unsere Ada geweckt und so", bemerkte sie grimmig. Sie stemmte sich langsam die Treppe hinauf. "Mach dir keine Sorgen, Ada, das sind nur ein paar Betrunkene. Sie werden bald Ruhe geben."

Ada stand in ihrem Nachthemd zitternd am Fenster, schluchzte und starrte die beiden Männer an, die immer noch schrien und Müll in Richtung Haus warfen.

"Und geh weg vom Fenster, Mädchen!", rief Frau Howard und zerrte das Kind zurück zum Bett. Endlich hatten die Männer genug von ihrem Geschrei und verschwanden, und wir gingen zu Bett. Während sich mein Herzschlag langsam wieder normalisierte, hörte ich, wie das Wimmern von Ada nebenan unter den knurrenden Ermahnungen ihrer Mutter verstummte.

Frau Howard lehrte mich ein Yorkshire-Sprichwort:

> *'Ear all, see all, say nowt, eat all, sup all, pay nowt; and if ivver tha dost owt fer nowt, allus do it fer thissen.*
> (Alles hören, alles sehen, nichts sagen, alles essen, alles trinken, nichts bezahlen; und wenn du etwas umsonst machst, tu es immer für dich selbst.)

"Und du tust gut daran, dir das alles zu merken, Mädchen. Kümmere dich immer um die Nummer eins. Weil unsere Ada sich so aufgeregt hat, habe ich vor lauter Sorge zwei Kilo abgenommen! Zwei Kilo! Ich hab mich neulich in Boots gewogen - ich bin runter auf vierzehn Stein! Es ist die Sorge, die einen so dünn macht."

Die Saison war vorbei, ich war wieder in London und studierte die Spalten von *The Stage*. Die einzige interessante Anzeige war für "Tanz-Hostessen" im Cabaret Club. Cabaret! Das bedeutete doch sicher brillante politische Satire von Stand-up-Komikern und *avantgardistische* Musik! Ich bewarb mich sofort und wurde zu einem Vorstellungsgespräch eingeladen. Ich fand den Nachtclub in der Nähe des Piccadilly und ging hinein. Er sah staubig, geschmacklos und heruntergekommen aus. Es gab eine Tanzfläche, umgeben von einem Ring kleiner Tische mit Stühlen; es gab Nischen mit plüschbezogenen

Bänken, ein Klavier, eine Bühne - und ein winziges Büro mit einem Schreibtisch und einem Sofa. Hier traf ich Mr. Murray, den Besitzer des Clubs: ein großer Mann, der mir halb zuhörte, als ich ihm erklärte, dass ich eigentlich Schauspielerin werden wollte, aber das Tanzen liebte und mich für das Kabarett interessierte und so weiter.

"Ja, schon gut, Sie werden genügen", sagte er schließlich, "wir haben manchmal Kunden, die reden wollen."

Ich nahm dieses "manchmal" zur Kenntnis. Was wollten sie denn normalerweise?

"Ich habe gehört", sagte ich und errötete, "dass Frauen, die in diesem Laden arbeiten, manchmal - äh -"

"Nun, es kann vorkommen, dass Ihnen ein Kunde anbietet, Sie nach Hause zu bringen. Mein Rat an Sie: Nehmen Sie solche Angebote niemals an. Nehmen Sie sich ein Taxi. OKAY?"

"OK, Mr. Murray!"

Ich besorgte mir ein Abendkleid in einem Oxfam-Shop. Nun verbrachte ich die Vormittage im Club und lernte die Tanzschritte. Die Frau, die uns diese beibrachte, war eine große Blondine, die mit Mr. Murray eng befreundet zu sein schien. Schon bald wurde ich mit Kostümen ausgestattet - knappe grüne Shorts für *Old MacDonald Had a Farm*, in denen wir auf verschiedene Weise herumtänzeln mussten, um Bauernhoftiere darzustellen; Rüschenröcke für einen Can-Can und fleischfarbene Strümpfe, die den Eindruck von Nacktheit erweckten, uns aber tatsächlich vom Hals bis zu den Knöcheln bedeckten. Nach einer Woche war ich bereit, mit der Arbeit zu beginnen.

Das bedeutete, Abendkleidung zu tragen und mit zwei oder drei anderen "Tanz-Hostessen" an einem der kleinen Tische zu sitzen und zu plaudern, bis ein Kunde einen Kellner schickte, um eine oder mehrere von uns zu sich zu rufen. Dann sollten wir uns unterhalten, Speisen und Getränke annehmen und sie dazu bringen, uns etwas zu kaufen - riesige Teddybären, Pralinenschachteln, rote Rosensträuße, schwarze Zigaretten der Marke Sobranie, die spärlich bekleidete Mädchen mit Behältern um den Hals von Zeit zu Zeit vorbeibrachten. Die meisten dieser Geschenke wurden am Ende des Abends abgegeben, um am nächsten Tag wieder verkauft zu werden. Wenn der Klavierspieler *These Foolish Things* zu spielen begann, mussten wir uns entschuldigen und hinter die Bühne gehen, um uns für die Show umzuziehen, die jeden Abend zweimal stattfand. Zuerst tanzten wir alle zusammen, dann verknotete sich eine Verrenkungskünstlerin, gefolgt von einem weiteren Gruppentanz, dann wieder Akrobatik und so weiter. Danach, wieder in unseren Abendkleidern, gesellten wir uns zu unseren Herren oder saßen plaudernd da.

Ich lernte die Frauen recht gut kennen. Sie waren im Wesentlichen Prostituierte. Jede hatte ihren eigenen Liebhaber - oder vielleicht Zuhälter - und war ihm in gewisser Weise treu, obwohl sie für Geld promiskuitiv war. Sie waren sehr an Sex interessiert. Ein Mädchen, Yvon-ne, versuchte, das Gefühl des "Kommens" - des Orgasmus - in Worte zu fassen: "Es ist, als ob etwas in dir zusammengezogen wird. Ich bekomme es nur mit meinem Joe, mit niemandem sonst." Eine andere, Iris, war sehr hübsch und eine hervorragende Tänzerin, aber völlig übersexualisiert. Sie sah in allem Sex - jede runde oder zylindrische Form, sogar Brötchen, ließen sie an Kopulation denken. Einmal beschrieb sie, wie sie und ihr Freund versuchten, ihre Wohnung zu renovieren, dabei aber kaum vorankamen, weil sie immer wieder unterbrechen mussten, um miteinander zu schlafen.

Nach ein paar Wochen rief mich Herr Murray in sein Büro. Ihm war aufgefallen, dass ich immer noch das gleiche Abendkleid trug. Warum hatte ich mir kein neues gekauft?

"Ich kann mir keins leisten - bei 4 Pfund pro Woche."

"Warum - hat man Sie nicht dafür bezahlt, mit einem der Kunden nach Hause zu gehen?"

"Herr Murray! Ich habe Ihnen versprochen, dass ich so etwas nicht tun würde!"

"Nun, wissen Sie, es ist sehr schlecht für Sie, es nicht zu tun, wenn Sie es wollen ..."

Zutiefst bestürzt kämpfte ich mich durch den letzten der berühmten Londoner Erbsensuppen-Nebel zurück zu meiner Bude. Er war dick und gelb und so dicht, dass ich mich an Mauern und Zäunen entlang tasten musste und immer noch gegen Laternenpfähle und Säulenkästen prallte. Selbst im Haus konnte ich kaum durch den Raum sehen, und wenn ich mir mit der Hand über die Stirn fuhr, waren meine Finger mit einer öligen schwarzen Substanz beschmiert. Es dauerte tagelang, und das Leben in London kam praktisch zum Stillstand, bis es endlich wieder aufhörte. Dies und mein Gefühl der Scham über das schmutzige Leben, das ich führte, veranlassten mich, eine Einladung als ASM am Tudor Theatre, Bramhall, anzunehmen, das eine Anzeige in *The Stage* geschaltet hatte.

Einige Jahre später erlangte der Cabaret Club Berühmtheit, weil eine seiner Tänzerinnen, Christine Keeler, und ihre Freundin Mandy Rice-Davies ihre Gefälligkeiten zwischen Mitgliedern des britischen Verteidigungsapparats und gleichzeitig Mitgliedern des entsprechenden russischen Establishments austauschten. Die so genannte Profumo-Affäre sorgte lange Zeit für Schlagzeilen. Aber da war ich schon woanders.

*

Heutzutage ist Bramhall ein Stadtteil von Stockport, Greater Manchester. Als ich im Januar 1953 dort ankam, war das Theater noch ein Kino. Nun wollte ein anderer Idealist, ähnlich wie Richard Dale in Ashford, den Einwohnern von Bramhall Live-Theater bieten, und die Lokalzeitung, der *Stockport Advertiser*, unterstützte ihn dabei.

Ich fand eine Bleibe und sah mir den letzten Film an, der im Kino lief - *Wuthering Heights* mit Laurence Olivier als Heathcliff. Auf dem Rückweg zu meiner Bude kam ich an einer Telefonzelle vorbei und schaute ohne mir dabei etwas zu denken in das Telefonbuch. Zuntz war immer der letzte Name auf jeder alphabetischen Liste - obwohl wir alle diesen peinlichen Namen auf die eine oder andere Weise losgeworden waren - aber ich hatte gelernt, dass der letzte Name im New Yorker Telefonbuch ZYZ war! Neugierig geworden, hatte ich es mir zur Gewohnheit gemacht, mir den letzten Namen in jeder Liste anzusehen, und das tat ich auch jetzt.

Es war Zuntz.

Spontan wählte ich die Nummer: Chinley 1. Seine Frau antwortete.

"Hallo - ich bin die Gabi."

"Garbi?", krächzte sie.

"Ja. Ich habe eure Nummer gerade im Telefonbuch entdeckt. Ich bin in Bramhall. Muss ganz in der Nähe sein."

"Warte einen Moment. Ich werde Vater holen." Sie nannte ihn immer "Vater".

Vater! Sie hatten also Kinder, und sie hatte die Angewohnheit, ihn Vater zu nennen - oder Farvi, wie ich später erfuhr -, aber für mich war er Fe.

Es gab eine lange Pause. Schließlich kam sie zurück. "Vater sagt, du könntest bitte einen Brief schreiben und erklären, wo du bist und was du tust und so weiter. Einverstanden?"

"In Ordnung."

Ich kopierte die Adresse aus dem Telefonbuch und ging zurück in meine Bude, wobei mir ganz schwindelig wurde. Ich sah ihn vor meinem geistigen Auge, wie ich ihn als Kind gesehen hatte. Ich erinnerte mich an unsere enge Beziehung - anders als die anderen im Haus. Ich wusste noch, wie ich, als ich klein war, in das Arbeitszimmer hinaufgestürmt war, wo er an dem großen Schreibtisch saß, auf dem all die Bücher standen, auf die er sich bezog, und auf seinen Schoß geklettert war, weil ich wusste, dass ich willkommen war. Ich dachte an den Bach in der Nähe von Brithdir - Torrent Walk - , wo ich einige Steine für einen kleinen Wasserfall umgeschichtet hatte, aufblickte und ihn wohlwollend lächeln sah, und wie wir gemeinsam über die Fehler gelacht hatten, wenn wir vom Deutschen ins Englische wechselten.

Und dann dieser niederschmetternde Tag, an dem er ausgezogen war und ich ihn auf der anderen Seite der Woodstock Road mit einem kleinen Lächeln auf dem Gesicht sah - und er mich ignorierte - er wollte uns verlassen, er wollte diese Engländerin heiraten und nach Manchester ziehen.

Ich konnte verstehen, warum die anderen ihn ablehnten oder sogar hassten. Sein Egoismus war außergewöhnlich. Seine wöchentliche Butterration musste von der Familienbeihilfe abgezogen und separat auf einem hohen Regal aufbewahrt werden, das niemand sonst erreichen konnte. Bei Tisch in der Küche konnte es passieren, dass seine Beine mit denen von Peter zusammenstießen, und er verlangte, dass Peter seine unter den Stuhl schob, damit er seine ausstrecken konnte. Im Vertrauen auf meine besondere Beziehung zu ihm habe ich manchmal versucht, ihn zur Vernunft zu bringen. Zu Kurt, der allein mit dem Kindertransport nach England gekommen war und bei uns lebte und mein Pflegebruder war, war er grausam. Eines Tages sagte er ohne jegliche Vorbereitung, Kurt habe lange genug bei uns gelebt und solle ausziehen. Ich folgte ihm bis in sein Arbeitszimmer und versuchte ihm klarzumachen, wie ungeheuerlich das war - Kurt konnte nirgendwo anders hin und war damals ein Teenager - und Fe kam herunter und sagte mit wippenden Füßen selbstbewusst, Kurt könne bleiben...

Heute - 70 Jahre später - frage ich mich, was ihn in seinem Egoismus so außerordentlich engstirnig gemacht hat. Kurz nach meiner Geburt waren die Nazis an die Macht gekommen - und wir waren halb jüdisch - schmutziges jüdisches Blut verunreinigte das arische Blut in unseren Adern! Und so wurden wir beleidigt und gedemütigt - und wussten, dass noch viel Schlimmeres auf uns zukommen würde: Wir mussten aus dem Land verschwinden! Wie ich bereits erwähnte, hatte Fe das Glück, nach Dänemark zu gehen, um bei einem dänischen Professor, Carsten Hoeg, an einem *Prophetologium* (einer Studie über die Worte der biblischen Propheten) zu arbeiten; aber er tat nichts, um uns - Mu und Peter, Maleen und mir - einem Baby - zur Flucht zu verhelfen: Mu musste sich irgendwie zu ihm durchschlagen und ihn bitten, mit den Behörden zu verhandeln. Später erzählte sie mir, dass er, als sie ihn - mit einigen Schwierigkeiten - ausfindig gemacht hatte, nur gesagt hatte: "Ich bin froh, dass du gekommen bist. Jetzt können wir die Scheidung einreichen." Warum war er so gefühllos?

Ich denke, er muss sich als eine Art Aristokrat betrachtet haben - als Mitglied einer intellektuellen Aristokratie. Für ihn galten also andere Verhaltensregeln. Er unterschied sich von anderen Menschen durch seinen Intellekt und sein musikalisches Talent (er spielte ausgezeichnet Klavier). Und wegen seines Einblicks in die Zivilisation der Griechen - und seiner Empathie für sie. "Wo kommen sie her, diese Griechen?", fragte er mich einmal, "mit ihren schlanken Knöcheln und Handgelenken, der Nase und der Stirn in einer glatten Form, so anders als die halbverhungerten dunklen Stammesangehörigen rund um das Mittelmeer mit ihrem Aberglauben, die um ihren Besitz kämpften - und hier waren diese hochgewachsenen, blonden arischen Griechen, die Städte gründeten und die Demokratie einführten und edle Tempel und Theater schufen - wo kommen sie her?" - "Aus dem Weltall?", schlug ich vor - und er lächelte.

Nun setzte ich mich hin, um meinen Brief zu schreiben, in dem ich ihm sagte, dass ich ihn wiedersehen wollte; dass ich nie verstanden hatte, warum er mich ohne ein Wort verlassen hatte, nachdem wir uns

so nahegestanden hatten; dass ich oft deprimiert und ratlos war ..., und dass ich für mich keine Aussicht auf Erfolg am Theater sah ...
Er antwortete schriftlich:
Ich danke Dir für Deinen Brief. Er gibt uns die Hoffnung, dass eine Begegnung mit Dir nicht in einer emotionalen Erschütterung enden muss, wie im Fall von Peter.
Peter hatte sie irgendwann einmal uneingeladen besucht und war nur widerwillig eingelassen worden, da einige andere Gäste erwartet wurden. Peter war ihnen als Freund vorgestellt worden. Niemand sollte wissen, dass Fe schon einmal verheiratet war oder eine Familie hatte; aber die Gäste bemerkten, dass Peters Aussehen dem von Fe außerordentlich ähnlich war, und so war die Katze aus dem Sack. Daraufhin verlor Peter die Beherrschung und sagte vor allen ohne Umschweife, was er von diesem Verschweigen - oder Leugnen - seiner Existenz, der von Mu und von uns allen hielt. Aber nun war ich eingeladen worden, das Wochenende seines 52. Geburtstags - den 28. Januar - mit ihnen zu verbringen ...

Ungefähr zu der Zeit, als die unvermeidliche Ankündigung kam, dass auch das Tudor Theatre bankrott war und schließen musste, machte ich mich zum ersten Mal auf den Weg über die schmale Straße - "ungeeignet für Autofahrer" - zum Dorf Chinley und dem einsamen Haus namens Newstead. Ich fand Stella vor, die nicht nur mit einem kranken Kind - ihr Sohn Carsten hatte Kinderlähmung - und einem neuen Baby zu kämpfen hatte, sondern auch mit Fes Beharren auf dem Primat seiner Bedürfnisse wie die absolute Stille, wenn er ein Nickerchen machte oder Klavier spielte, der wirklich heiße Kaffee, das wirklich gute Essen ... Einige Zeit wurde für Gespräche mit mir reserviert.

Inzwischen war ich vom Theater desillusioniert und hatte das Gefühl, dass ich etwas Positives aus meinem Leben machen sollte. Der alte Traum, ein Waisenhaus zu leiten - mit Mu - kam zurück, oder Ärztin zu werden, oder Sozialarbeiterin ... "Auf keinen Fall", sagte Fe. Sozialarbeit und so weiter war eine schöne Sache - aber Leute wie wir sollten unsere intellektuellen Gaben höheren Dingen widmen. Ich blieb ziemlich oft in Chinley, als eine Art Au-pair-Mädchen für Stella. Ich akzeptierte seine nicht enden wollenden Klagen über den Geldmangel, dass es nie für einen Urlaub reichte, über die zusätzliche Arbeit, die durch Carstens wiederkehrende Krankheit verursacht wurde, über die undankbare Aufgabe, mittelmäßige Studenten zu unterrichten und drittklassige Bücher zu rezensieren - und zwischendurch gab er mir Ratschläge. Am Ende entschied ich mich für die Universität - die Erinnerung an die griechische Fassade, die mir beim Vorbeigehen am University College London aufgefallen war, war ziemlich verlockend.

Im März war das *Tudor Theatre* eine Bingohalle, und ich war wieder in Oxford. In den folgenden Monaten und Jahren heilte mein erneuertes, aber streng begrenztes Verhältnis zu meinem Vater wohl die tiefen Wunden, die die Scheidung mir zugefügt hatte, und ich war nicht so verzweifelt wie Peter, Maleen und Mu. Ich habe versucht, ihnen Brücken zu bauen; die Vehemenz, mit der Fe sie ablehnte, erscheint außergewöhnlich. Ich hatte versuchsweise vorgeschlagen, dass er Peter eine Karte zur Geburt seiner Tochter Claire im Dezember 1953 schicken könnte. Seine Antwort –

.... Dein Vorschlag bezüglich Deines Bruders muss wohl einer plötzlichen Laune entsprungen sein, sonst hättest Du Dich an unser langes Gespräch in dieser Sache erinnert. Ich wünsche ihm und seinen Angehörigen das Beste - und dabei bleibt es. Die Sphäre der Instabilität, der Unaufrichtigkeit, des Grolls, der Grausamkeit - liegt hinter uns und wird unsere nie wieder berühren. Das ist endgültig. Sei realistisch ... Du weißt, dass Du hier willkommen bist, und zwar mehr als willkommen, um deinetwillen, und nur darum ... Wir werden nicht in etwas hineingezogen, das die Negation des Lebens und der Leben ist, die wir aufbauen.

Es scheint unglaublich, dass er sich nie der Tatsache gestellt hat, dass er selbst die Ursache für die "Instabilität" war - dass die "Grausamkeit" von ihm ausging. Kurt, mein Pflegebruder, machte sich einmal auf den Weg nach Chinley, um ihn zu besuchen - und vielleicht die Vergangenheit ruhen zu lassen - und wurde auf der Türschwelle stehen gelassen, im Regen, die Tür wurde ihm vor der Nase zugeschlagen.

Ich fühlte mich schuldig, weil ich als Einzige in seine "Sphäre" aufgenommen worden war.

Fast vierzig Jahre später, im März 1992, steckte er einen Zettel in einen Brief, den er mir schickte, auf dem in deutscher Sprache stand: "Um einem vielfach geäußerten Wunsch zu entsprechen, habe ich in meinen Nachruf für die British Academy einen Hinweis auf meine erste Ehe und meine Nachkommen aufgenommen. Dasselbe werde ich dem Who's Who hinzufügen - falls ich bis zur nächsten Ausgabe noch lange genug leben sollte, was unwahrscheinlich ist."

Tatsächlich starb er weniger als einen Monat später. Trotzdem - besser spät als nie?

5. Universität, CND, David

Ich trat also in das University College London ein - "die gottlose Institution in der Gower Street", die 1826 als erste ausdrücklich säkulare Universität Großbritanniens gegründet wurde (mit dem vollständig bekleideten Leichnam von Jeremy Bentham auf einem Stuhl am oberen Ende einer Treppe) -, um Deutsch mit Englisch als Nebenfach zu studieren. In jenen aufgeklärten Tagen musste ich keinen Pfennig für meine Studiengebühren bezahlen und erhielt sogar ein Stipendium für den Lebensunterhalt. Ich fand ein großes möbliertes Zimmer in der Mercer's Road 131 in Tufnell Park bei einer freundlichen Familie namens Stanleys, die mir, wenn ich nach Hause kam, diskret einen Teller mit selbstgebackenen Scones in mein Zimmer stellte. Und dort wohnte ich etwa fünf Jahre lang.

Während meines ersten Jahres am UCL musste ich Latein, Angelsächsisch, Mittelenglisch, Althochdeutsch und Mittelhochdeutsch lernen - und ich las Milton, Dryden, Spenser, Dr. Johnson, Shakespeare, Virgil, Sturm-und-Drang-Literatur und Bücher über Stilanalyse. Ich versuchte, mich an der Theatergruppe des Colleges zu beteiligen, und trat dem Schwimmteam bei - aber wie immer fühlte ich mich wie eine Außenseiterin, diesmal nicht, weil ich eine Deutsche an einer englischen Schule war, sondern weil ich nicht direkt von der Schule kam und etwa zwei Jahre älter war als die anderen Studenten. Ich fühlte mich auch schuldig, weil ich einen unfairen Vorteil hatte - ich war zweisprachig. Ich versuchte, meine deutsche Herkunft geheim zu halten.

Die deutsche Abteilung befand sich nicht in der Nähe des noblen griechischen Portikus, sondern in einem schmuddeligen, stillgelegten Lagerhaus namens Foster Court. Hier leitete ein charmanter Professor Forster ein Team von zumeist recht jungen Männern - darunter ein Deutscher namens Willy Schwarz, dessen Englisch fast unverständlich war - und eine respekteinflößende Frau - "die Wilk", –nach ihrem Nachnamen Wilkinson, die vor allem junge Frauen und eine winzige Minderheit männlicher Studenten unterrichtete und lehrte.

Einer von ihnen war David Gill, groß, schlank, braunäugig, eher schüchtern und unbeholfen. Er und ich teilten viele Interessen, kulturelle und politische. Unser erstes Gespräch in der Bibliothek von Foster Court drehte sich um Nietzsches Lyrik, die wir beide liebten. David schrieb selbst sehr gute Gedichte. Er war der erste Mann, dem ich begegnete, der aufrichtig und von Natur aus freundlich war - er war nicht in sein Innenleben vertieft, sondern betrachtete andere mit Interesse und Wohlwollen - und Literatur, Kunst und Politik mit sehr scharfem Blick. Und er schrieb echte Gedichte. Er war ein Jahr vor mir in der Ausbildung und verließ die Universität, um seinen Wehrdienst abzuleisten.

David spielt Flöte und zeigt seinen Sinn für Kleidung

Ich schloss mein Bachelor-Studium mit sehr gutem Erfolg ab und erhielt daraufhin ein Forschungsstipendium, das etwas großzügiger ausfiel als das Stipendium für Studienanfänger. Ich wählte ein mittelalterliches Thema und vertiefte mich in Gottfried von Straßburgs

Tristan und Isolde sowie in die Sprache und Redewendungen der höfischen Liebe. Leider war ich auch gezwungen, langweilige Bücher darüber zu lesen - von deutschen Akademikern aus dem 19. Jahrhundert - und lernte, akademische Arbeit zu verabscheuen. Man erwartete von mir, dass ich vier Kopien meiner Dissertation anfertigte - also benutzte ich Kohlepapier in meiner Schreibmaschine, eine sehr schwierige und ärgerliche Aufgabe. Zum einen war das Kohlepapier sehr schwer zu handhaben, und zum anderen stellte ich etwa alle zehn Seiten fest, dass ich das Kohlepapier falsch herum eingelegt hatte und die ganze Seite neu schreiben musste. Schließlich ließ ich drei Exemplare binden und reichte sie ordnungsgemäß ein, und zu gegebener Zeit musste ich mich vor einer Reihe von Professoren verteidigen.

"Wo sind die Fußnoten?", fragte einer von ihnen. Ich erklärte, dass ich alle Informationen in den Text aufgenommen hätte. "Was!", wandte er ein. "Ohne Fußnoten gibt es keine Dissertation." - Dann sagte ein anderer: "Dieses Literaturverzeichnis taugt nichts. Sehen Sie, hier steht das Datum der Veröffentlichung vor dem Ort der Veröffentlichung - und hier der Ort vor dem Datum! Das geht so nicht. Sie müssen es noch einmal machen. Bringen Sie Ihr Literaturverzeichnis in Ordnung. Erstellen Sie eine angemessene Menge an Fußnoten.

Also habe ich im folgenden Jahr pflichtbewusst Textstücke herausgenommen und sie als Fußnoten unten auf den Seiten eingefügt, die Bibliographie geordnet, das Ganze noch einmal abgetippt (vier Exemplare), wieder binden lassen und erneut eingereicht - und so bekam ich endlich meinen Magister. Ich nehme an, niemand hat die Arbeit je gelesen. Es war eine völlige Zeitverschwendung. Es hinterließ bei mir eine tiefe Abneigung gegen die akademische Welt.

Aber ich entdeckte etwas anderes: Ich unterrichtete gern. Ich konnte meine Studienzeit aufbessern, indem ich einer großen Gruppe von Studenten Deutschunterricht gab. Ich bereitete meinen Unterricht sorgfältig vor, so wie ich meine Rollen in der Schauspielerei vorbereitet hatte; ich baute eine Beziehung zu den Schülern auf, regte ihren Verstand an und sah, wie das Licht des Verständnisses in ihren Augen aufleuchtete. Ein wahres Vergnügen!

*

An einem Februartag im Jahr 1958 erhielt ich Briefe von meinem Vater und meinem Bruder (die nicht miteinander sprachen), die jeweils denselben Artikel von J. B. Priestley mit dem Titel *Britain and the Nuclear Bombs* aus dem *New Statesman* enthielten. Darin argumentierte Priestley, dass die monströse Gefahr, die diese Waffen für den gesamten Planeten darstellten, abgewendet werden müsse, dass die Bomben abgerüstet werden müssten und dass Großbritannien ideal geeignet sei, die Welt vor dem drohenden atomaren Holocaust zu bewahren. Verglichen mit den USA und der UdSSR war unser Atomwaffenarsenal ohnehin unbedeutend. Wir könnten es uns leisten, sie loszuwerden, ohne das "Gleichgewicht des Schreckens" zu beeinträchtigen, und darauf verweisen, dass wir ohne sie viel sicherer wären, da niemand einen "Präventivschlag" führen wollte (wie es jetzt der Fall sein könnte, um einen Angriff unsererseits zu verhindern). Außerdem könnten wir die beiden Großmächte auffordern, alle möglichen Inspektionsmethoden anzuwenden, um sich zu vergewissern, dass wir wirklich alle Atomwaffen abgebaut hätten, da die Schwierigkeit der "Verifikation" immer als Argument gegen die nukleare Abrüstung angeführt wurde.

Aber warum gab es die Bombe?

Zu Beginn des zwanzigsten Jahrhunderts begannen Wissenschaftler in vielen Ländern, die Natur des Atoms zu erforschen. Sie entdeckten, dass die Spaltung der Uranatome zu einer Freisetzung immenser Energie führt. Diese könnte nutzbar gemacht werden - Elektrizität könnte frei verfügbar werden. Aber sie könnte auch zur Zerstörung genutzt werden. In dem Glauben, dass Nazi-Deutschland eine Atomwaffe entwickelte, beschleunigten die amerikanischen Wissenschaftler ihre eigene Forschung und testeten am 16. Juli 1945 die erste Atombombe. Aber zu spät - Deutschland hatte am 8. Mai kapituliert! Hitler war tot und weg! Aber das machte nichts. Die Forschung und Entwicklung ging weiter, denn es herrschte immer noch Krieg, gegen Japan. Der nächste Test - real, live - fand am 6. August statt, als eine Uranbombe auf Hiroshima abgeworfen wurde - ein guter Ort für den Test, denn die Stadt war noch ziemlich intakt und im Gegensatz zu den meisten japanischen Städten nicht durch Brandbomben verwüstet worden, so dass man die Auswirkungen wissenschaftlich messen konnte. Und drei Tage später wurde eine

Plutoniumbombe auf Nagasaki abgeworfen: ein nützlicher Vergleich der beiden Bombentypen ... Interessant ...

Die Glücklichen waren diejenigen, die sofort getötet wurden. Andere wurden von dem Licht "heller als tausend Sonnen" geblendet -
... verbrannten in der Hitze zu Asche ...
... der Hitzeschlag verursachte sofortige Verbrennungen - die Hautschmolz - Haut und Fleisch hingen herunter ...
... bis zur Unkenntlichkeit verbrannt ...
... Haarausfall führte zur Glatze ...
... Übelkeit, Zahnfleischbluten über Monate ...
... Verwundungen durch die eingestürzten Gebäude ...
... Verdursten ...
... Krebserkrankungen, verursacht durch die Radioaktivität ...

Als wir von solchem Leid erfuhren, die die Schrecken der Konzentrationslager fast in den Schatten stellten, dachten wir, dass alle sagen würden: "Das darf nie wieder passieren!"

Aber nein. Im Gegenteil, es wurden mehr und noch schrecklichere *Massenvernichtungswaffen* entwickelt und hergestellt. Die Labour-Regierung von 1945, die den wunderbar humanen Nationalen Gesundheitsdienst schuf, begann ebenfalls mit der Herstellung grausamer Atombomben. Dann kam Frankreich dazu, Russland, China, Indien, Pakistan, Nordkorea, Israel ... und die NATO-Länder akzeptierten amerikanische Atomwaffen auf ihren Hoheitsgebieten. Und es wurden neue Möglichkeiten entwickelt, sie "abzuliefern" - Raketen, Interkontinentalraketen (ICBMs) ... Sie wurden immer als "Abschreckungsmittel" bezeichnet - "Wir haben sie nur, um sicherzustellen, dass uns niemand damit angreifen kann." Wie das? "Sofortige Vergeltung. Wenn Sie meinen Hund schlagen, schlage ich Ihren Hund. Wenn Sie das WISSEN, werden Sie ihn nicht schlagen. Oder doch? Aber Sie müssen davon überzeugt sein, dass ich es tun werde ..." Auf allen Seiten wurde immer mehr herausragende Wissenschaft und Forschung eingesetzt. Jetzt kann jeder, der über die entsprechende Ausrüstung verfügt, feststellen, ob irgendwo auf der Welt eine Atomwaffe abgefeuert wurde, und sofort - fast automatisch - wird eine der unseren auf dem Weg sein, um die Ihre zu treffen, noch bevor sie in unseren Luftraum gelangt ist! Wunderbar! Ziemlich teuer, aber die Steuerzahler waren froh, dass ihr Geld so nützlich war -

schade, dass nicht genug übrig blieb, um die Hungrigen zu ernähren, die Kranken zu heilen ...

Priestleys Artikel hatte mich völlig überzeugt. Als ich dann an einer Anschlagtafel im College einen Aushang über einen geplanten Marsch von London zum Kernwaffenforschungszentrum (Atomic Weaponry Research Establishment, kurz AWRE) in Aldermaston sah, schrieb ich David und erzählte ihm, dass ich gerne an diesem Marsch teilnehmen würde. Er leistete damals noch seinen Wehrdienst, wollte sich mir aber anschließen, auch wenn er in Schwierigkeiten geraten könnte.

Am Karfreitag 1958 schlossen wir uns also der Menschenmenge am Trafalgar Square an, und nachdem wir uns einige Reden angehört hatten, brachen wir zu dem Marsch auf. Wir kamen bis nach West London und verbrachten die erste Nacht auf dem Boden unter einem Flügel in einem Haus. Als wir am nächsten Morgen aufwachten, schneite es - das schlimmste Ostern seit Menschengedenken. Bei so einem Wetter wird niemand auf den Marsch gehen wollen, dachten wir uns, also sollten *wir* gehen. Offensichtlich dachten Hunderte von anderen Menschen dasselbe .... Während wir marschierten, wurden wir von Bands angefeuert, die am Straßenrand Jazz spielten oder sangen:

Oh when the saints, oh when the saints
Oh when the saints go marching in
I wanna be of that number
When the saints go marching in

und

Gonna lay down my sword and shield
Down by the riverside, down by the riverside
Ain't gonna study war no more

und andere Lieder, die uns sehr vertraut wurden. Wir marschierten weite Strecken, und um ehrlich zu sein, es machte keinen Spaß. Meine Füße taten weh, ich bekam Blasen, ich sehnte mich danach, zu rasten - was wir schließlich auch taten: Gute Menschen in Slough und Reading gaben uns zu essen und organisierten Schlafplätze für uns. Einmal war das in einer Grundschule: Man musste sich bücken, um die kleinen Waschbecken zu erreichen, und die winzigen Kindertoiletten waren wie offene Krokusse. Es gab einige Anfeindungen von Umstehenden, vor allem in Reading, aber im Allgemeinen sahen uns die Leute mit

Erstaunen an. Sogar die Boulevardzeitungen bewunderten uns zähneknirschend dafür, dass wir bei diesem schrecklichen Wetter - es war kalt, und der Schnee ging in Regen über - auf die Straße gegangen waren.

Auf unseren selbstgebastelten Transparenten stand:

VERBIETET DIE VERDAMMTE BOMBE!
Verwendet das Atombombengeld, um die hungernden Kinder der Welt zu ernähren!
OXFORD (zusammen mit vielen anderen Städten und Dörfern) SAGT NEIN!
EINE WELT IN FRIEDEN UND NICHT IN STÜCKEN!
1. Hiroshima. 2. Nagasaki. 3. ???
ICH WILL LEBEN!

Es gab viele andere, und einfache runde Plakate mit dem Symbol der CND – "Campaign for Nuclear Disarmament" (Kampagne für nukleare Abrüstung). Heute als universelles Friedenssymbol bekannt, basierte das Design dafür auf den Zeichen für N und D aus dem Winkeralphabet und dem Kreis drumherum für ein ungeborenes Kind ... Einige große Transparente zeigten reißerische Bilder des Atompilzes und Kindergesichter.

Stundenlang marschierten wir durch offenes Land. Von einer Buckelbrücke aus konnten wir sehen, wie sich die widerspenstige Linie des Marsches in beide Richtungen ausdehnte, wie eine riesige, schäbige Schlange, an deren Rücken Müll klebte, und sich langsam zwischen den Hecken hindurchschlängelte; eines nach dem anderen bogen die Banner um eine entfernte Kurve. Außer ein paar Vögeln war niemand da, um uns zu sehen.

Endlich, sehr müde, sehr fußkrank, erreichten wir das Dorf Aldermaston und gingen weiter, vorbei an dem riesigen Stützpunkt, dem grimmigen Sicherheitszaun, den seltsamen Gebäuden und Strukturen und Rohren, den seltsamen Hügeln und Höckern im Inneren, dem glänzenden Metall und den Reihen der Polizei, bis wir zu den Toren kamen - eine bunte, müde, schäbige Menge. Wir lasen die Warnhinweise über Polizeihunde und Elektrozäune und fühlten uns eingeschüchtert von der riesigen, unpersönlichen, effizienten Autonomie des Ganzen. Später, auf dem Falcon Field, hörten wir uns die Reden an, bevor wir uns wieder in die Annehmlichkeiten der

Zivilisation begaben. Doch als wir wieder am AWRE, dem Kernwaffenforschungszentrum, vorbeikamen, berührte David meinen Arm und zeigte auf etwas. Dort, hinter den Sicherheitszäunen, saß eine Gruppe von Kaninchen, die Gras mampften und mit den Ohren wackelten. Und wir waren beruhigt - bis zu einem gewissen Grad.

Mit David auf dem Aldermaston-Marsch 1958

Das war die erste von sehr vielen Demonstrationen. Und wir schrieben Briefe an Politiker und Zeitungen - die einfache Logik unserer Argumente würde sie sicher überzeugen. Wir gingen zu Versammlungen. Jahrelang leiteten wir Oxford CND, gaben einen Newsletter heraus, planten auffällige und bedeutende Demos und nahmen an Ausschusssitzungen teil. Aber die ganze Zeit über wurden die Dinge immer schlimmer. Frankreich bekam seine Bombe, dann

China und Israel, schließlich Indien und Pakistan. Und Großbritannien, das die Welt vom nuklearen Abgrund hätte wegführen können, hielt sein "Abschreckungsmittel" aufrecht, seine zerstörerischen Raketen immer bereit auf unseren patrouillierenden Atom-U-Booten.

David schrieb Gedichte - zum Beispiel:

Hiroshima-Baum

Es war ein plötzlicher Baum.
Leuchtende Blüten wirbelten den Himmel auf
als die Kinder mit ihren Lunchpaketen
sich auf den Weg zur Schule machten.
So einen Baum hatten sie noch nie gesehen (oder gehört)
Ihre Naturkundebücher
zeigten keinen solchen Baum:
ein Baum, dessen sich windende Wurzeln
das Herz einer Stadt herausreißen,
dessen Stamm ein Vulkan war
aus Ziegeln, Glas und Knochen,
dessen Blüten die Augen jener verflüssigten,
die sich umdrehten, um zu sehen.

1958 heirateten David und ich, und wir lebten die meiste Zeit danach mehr oder weniger glücklich. David war damals noch Christ, ich nicht, hatte aber nichts gegen ein bisschen christlichen Hokuspokus einzuwenden, wenn es ihn und seine Eltern glücklich machte. Die Kirche von Wytham in einem Dorf vor den Toren Oxfords gefiel mir, und so fuhren wir an einem Wochenende, als er mich in Oxford besuchte, mit dem Fahrrad dorthin und suchten den älteren Vikar auf. Er schien keine Erfahrung mit der Eheschließung von zwei Personen zu haben, die nicht in seiner Pfarrei wohnten; er müsse "den bischöflichen Stellvertreter für Eheschließungen" konsultieren. Bald teilte er uns mit, dass die Entscheidung lautete, dass ich drei Nächte im Dorf schlafen und einen Koffer für eine Woche zurücklassen müsse. Ich klopfte also an die Tür eines besonders schönen Bauernhauses im Dorf und fragte, ob ich dort drei Nächte schlafen dürfe. Die Bäuerin war etwas verwundert, erhob aber keine Einwände - auch nicht dagegen, dass ich einen Koffer für eine

Woche zurückließ... Dann kam der große Tag, Davids Eltern, seine Schwester, eine Schar von Onkeln und Tanten, Mu, Peter, Brenda und die kleine Claire sowie Professor Maas versammelten sich zum Gottesdienst. Ein Onkel spielte die Orgel, während seine Frau den Blasebalg bediente: Als wir uns vom Altar abwandten, um die Kirche zu verlassen, hob sich ihr Hinterteil und verschwand hinter der Brüstung der Orgelempore. Danach gab es Kuchen und Wein in Beamsend - und dann brachen wir zu unseren Flitterwochen in Wales auf.

Ein paar Jahre später wurde unser erstes Kind geboren: Thomas Paramor Gill, oder kurz Tom. Sein etwas ungewöhnlicher zweiter Vorname war unsere Art, den Mädchennamen von Davids Mutter, Marjorie *Paramor*, zu bewahren. Sie war eines von fünf Geschwistern, aber die Frauen änderten ihren Nachnamen bei der Heirat und die Männer waren kinderlos, so dass dieser alte normannische Nachname in unserer Familie vom Aussterben bedroht war. Ich hatte in einer Zeitschrift einen Artikel gelesen, in dem es hieß, dass schwangere Frauen, die rauchten, zu leichten Entbindungen neigten, und so rauchte ich weiter - eine Angewohnheit, die ich mir in meiner Kabarett-Zeit angewöhnt hatte - ohne daran zu denken, dass diese "leichten Entbindungen" durch verkümmerte Babys verursacht werden könnten. Ich habe für meine Sünden bezahlt: Tom kam zwei Wochen zu spät auf die Welt, nach drei qualvollen Tagen der Wehen, und war das schwerste Baby, das im Jahr 1960 im Portsmouth General Hospital geboren wurde.

Zu dieser Zeit hatte David eine Stelle als Lehrer in Bedales, einer fortschrittlichen Privatschule in Hampshire, bekommen, und wir wohnten in der Nähe der Schule in einem kleinen Dorf namens Steep in der Nähe von Petersfield.

Wir waren sehr glücklich - in völliger Harmonie, nicht nur über Politik, sondern über das Leben im Allgemeinen. Ich bewunderte ihn - ich erkannte, dass seine Gedichte das Wahre waren.

Meine Bewunderung wurde bestätigt, als der Verlag Chatto and Windus zwei Bände mit seinen Gedichten in ihre Reihe "Phoenix Living Poets" aufnahm. *Men Without Evenings* (Männer ohne Abende) wurde 1966 veröffentlicht, gefolgt von *The Pagoda* (Die Pagode) im Jahr 1969. Zu den anderen Dichtern der Reihe gehörten Robert Conquest, D. J. Enright, John Fuller, Norman MacCaig, Laurie

Lee, John Silkin, Edward Storey, Adrienne Rich und Ann Sexton. Als wir heirateten, stellte ich mir vor, wir würden ziemlich berühmt sein, Teil einer literarischen Elite erfolgreicher Dichter (und ihrer Partner), und von Zeit zu Zeit würden eine neue Auswahl seiner Gedichte erscheinen und in seriösen Zeitschriften besprochen werden. Aber David hat nie wieder ein Buch bei einem konventionellen Verlag veröffentlicht, obwohl er viele Gedichte in bekannten Lyrikzeitschriften publizierte. Nach einer Weile langweilten ihn die Ablehnungsbescheide, und er zog es vor, selbst eine Auswahl von Gedichten zusammenzustellen und sie in Form von kleinen Büchern oder Broschüren von unserer örtlichen Druckerei Parchments drucken zu lassen - manchmal mit Illustrationen seiner Schwester Margaret oder von Nic Cottis Frau Sally - und sie an Freunde und Verwandte zu verteilen.

6. Nyakasura

Die Hügel erstrecken sich bis zu den mächtigen Ruwenzori-Bergen. Wenn man an ihren Flanken an einem der reißenden Bäche oder Wasserfälle steht und hinunterschaut, sieht man die geschwungenen Hügel, die unten mit meterhohem Elefantengras bewachsen sind und oben vom Wind zu einem gelbbraunen Pelz geschoren wurden, und Täler wie Krater, oft mit Seen am Grund. Einst muss das ganze Land wie ein kochender Brei gebrodelt haben.

Hier und da sieht man längliche Flecken kultivierter Erde, umrahmt von Unkrauthaufen, und weiter unten gibt es endlose Bananenplantagen, deren große grüne Blätter sich im Wind bewegen. Wenn man einem der feuchten, schwarzen Pfade folgt, die wie Tunnel unter diesen grünen Flügeln verlaufen, findet man hier und da eine mit einem Mopp aus braunen Bananenfasern gedeckte Lehmhütte, in der schlammige Kinder und ihre Eltern, kreischende Ziegen, ängstliche Hühner und Kühe mit erstaunlich langen Hörnern leben. Aber wenn man weitergeht, legt sich die tiefe Stille der Bananenplantage wie grünes Gewässer über den Kopf.

Von Zeit zu Zeit wird die Plantage vom Geflüster des Windes erfüllt, der die Blätter aufwirbelt, und plötzlich prasselt der Regen mit Getöse nieder, reißt die Bananenblätter in Fetzen, ergießt sich durch die Strohdächer, peitscht den Schlamm zu Schokoladenpudding und verwandelt die Wege in plätschernde Bäche, während der Sturm über die Hügel tobt und sich an den Berghängen mit Blitzen zu Tode schüttelt.

Die Menschen fürchten sich nicht vor den Stürmen und auch nicht vor den Erdstößen, die manchmal unter ihren Füßen rumpeln. Sie fürchten die Geister jener unvergänglichen Eroberer aus längst vergangenen Zeiten, die an Felswände traten und sie spalteten, die Milch tranken, die noch immer aus den Felsenbrüsten hinter dem Wasserfall tropft, und die eines Tages in einen der Seen marschierten und am Grund eine Burg bauten, aus der sie riesige Vögel aussandten, um kleine Kinder zu stehlen. Manchmal wandern sie selbst in der Nacht umher und schreien in ihrer unverständlichen Sprache. Auch fürchten die Menschen die Geister ihrer verstorbenen Vorfahren, die plötzlich an etwas Anstoß nehmen könnten. Sie wissen nie, welche unvorsichtige Handlung, welches Wort oder welcher Gedanke diese Geister beleidigen und sie dazu veranlassen könnte, die Familie, ihre Tiere oder die Ernte mit Krankheiten zu befallen. Nur der Medizinmann kann herausfinden, wie sie beleidigt wurden. Für eine Ziege oder ähnliches spricht er seine magischen Beschwörungsformeln, versprüht seine Tränke und zieht dem Kranken mit viel Geschick eine ganze Banane aus der Haut (kein Wunder, dass er so litt!). Manchmal wird das Unglück durch einen noch lebenden Feind herbeigeführt, und dann ist Rache angesagt.

Danach kann das Leben zur Normalität zurückkehren. Die Frauen bringen viele Kinder zur Welt, binden sich das jüngste Kind auf den Rücken und verbringen die Vormittage mit der Bodenbearbeitung, die Nachmittage mit dem Kochen und die Abende damit, den Männern zuzusehen, wie sie sich um eine riesige Kanne Bananenbier versammeln, singen und tanzen. Von Zeit zu Zeit kämpfen sie gegen einen benachbarten Stamm und kehren, wenn sie Glück haben, mit neuem Vieh und neuen Frauen zurück; wenn nicht, finden einige ihrer Frauen und Rinder neue Besitzer. Alles nach den üblichen Regeln. Oft sterben Babys, und dann bricht drei Tage und Nächte lang eine Orgie trunkenen Weinens über die Nachbarschaft herein, um dann in Gesang und Frieden zu münden. Was auch immer geschieht, die Bananen treiben weiter aus und tragen ihre Früchte, und so geht das Leben weiter.

In dieses grüne ugandische Land kam vor fast 100 Jahren ein pensionierter britischer Marineoffizier namens Leutnant Ernest William Eborhard Caldwell. Die Marine hatte er aus gesundheitlichen Gründen verlassen. Er war Mitglied der Christlichen Missionsgesellschaft und unterrichtete an der Buddo-Schule in Kampala, beschloss aber, eine eigene Schule zu gründen, in der er seine eigenen Ideen verwirklichen und sein Vermögen einsetzen konnte. Mehrere Jungen in Buddo stammten aus Toro, dem Königreich im Westen Ugandas, und inspirierten ihn, dort seine Schule zu gründen. Einer von ihnen, D. K. Baguma, schrieb eine Geschichte der Schule und ihres Gründers, die Quelle für viele der folgenden Informationen. Er beschreibt Caldwell - der immer als "The Founder" bezeichnet wird - als außerordentlich begabt in allen praktischen Bereichen und in der Mathematik, aber auch als äußerst schüchtern und wortkarg, und mit einer Leidenschaft für die Arbeit.

Die von ihm im März 1926 gegründete Schule übernahm die Gebäude einer Central School, die geschlossen worden war. Der König von Toro, der *Omukama*, stellte ein ehemaliges Mühlengelände am Fluss Nyakasura zur Verfügung, und an den Wochenenden rodeten die Jungen gemeinsam mit Trägern den Busch und bauten dort Schlafsäle, Klassenzimmer, eine Kapelle und andere Gebäude aus Lehm und Flechtwerk, Palmenstämmen, Bananenfasern und Papyrusschilf. Erstaunlicherweise konnte die Schule am 14. Juli 1926 dorthin umziehen.

Als wir 1962 dort ankamen, war die Schule bereits als eine der führenden Sekundarschulen in Uganda etabliert. Der Schulleiter - er war der vierte - war Reverend Everard Perrens, ein bescheidener, frommer, geradliniger Mann; seine Frau Joan war warmherzig und praktisch veranlagt.

Warum waren wir dort?

Zum Teil, weil wir mit unserer Arbeit in Bedales, einem fortschrittlichen Internat in Hampshire, so gut zurechtkamen. Wir hatten ein kleines Haus, ein zweijähriges Kind, angenehme Nachbarn und Kollegen, Mitstreiter gegen die Bombe, in einem schönen Teil der Welt, und wir liefen Gefahr, den Rest unseres Lebens dort zu verbringen ... Aber wir mussten mehr von der Welt sehen und etwas Nützliches und Sinnvolles tun! Und als der Bericht kam, dass die atmosphärischen Atom-tests in der Nähe des Äquators die geringste Menge an nuklearem Fall-out abgaben, begannen wir nach Orten zu suchen, an denen wir und unser Sohn Tom am wenigsten gefährdet sein würden. Eine Anzeige für Lehrer in Uganda führte zu Vorstellungsgesprächen, bei denen man uns für gute Christen hielt (wir waren eigentlich Agnostiker) und uns die Adresse der Nyakasura-Schule gab, die einen Englischlehrer brauchte. Bald gingen wir an Bord der *Kenya*, einem riesigen Schiff der British India Line, wo wir eine Erste-Klasse-Kabine hatten und zum ersten Mal das Leben der Oberschicht kennenlernten ... und die Kolonialisten.

Wenn man sich dem Speisesaal der Ersten Klasse nähert, schrieb ich damals, *zieht der Oberkellner die Flügeltüren auf und man taucht in die klimatisierte Kälte ein. Die quadratischen weißen Tische sind mit viel Besteck gedeckt, und auf jedem stehen Plastikblumen. In regelmäßigen Abständen stehen die goanischen Stewards zwischen den weißen Quadraten, jeder bereit, einen Stuhl zurückzuschieben, wenn sich ein Passagier seinem Tisch nähert. Der Oberkellner - ein weißer Mann - schlendert während des gesamten Essens umher, wobei seine scharfen Augen hinter den Brillengläsern zwischen den Tellern und den Kellnern hin und her huschen - er ist offensichtlich auf ein Missgeschick aus. Beim geringsten Klappern springt er auf und hofft, dass etwas passiert ist, das seine Existenz rechtfertigt. Die hübschen braunen Kellner, sehr höflich und aufmerksam, ignorieren ihn völlig. Tom muss eine Stunde vor dem Essen der Erwachsenen in den Speisesaal für die Kinder gehen. Die beiden Stewards, die hier bedienen, sehen beide so melancholisch aus, dass wir denken, es müsse eine Strafe sein, hier zu arbeiten. Das ist nachvollziehbar, denn bei jeder Mahlzeit herrscht Chaos, weil die Mütter versuchen, ihre Kinder zum Essen zu überreden. Es gibt drei warme Mahlzeiten am Tag, und von den Kindern wird erwartet, dass sie jeweils drei Gänge essen. Kein Wunder, dass sie ihr Essen so lange auf dem Teller hin und her schieben, bis es eklig aussieht und schließlich von einem der Stewards weggenommen wird. Vielleicht schauen sie so melancholisch, wenn sie das Essen ins Meer werfen, weil sie sich an hungrige Kinder anderswo erinnern ...*

Die meisten Passagiere kehren nach ihrem Heimaturlaub zurück, "alte Hasen", und bald werden uns die Dinge erklärt. "Gib einem Afrikaner ein Hemd, und er wird nicht wissen, was er damit tun soll. Verkaufe es ihm, und sei es nur für einen Sixpence, irgendeine lächerliche Summe, dann wird er es zu schätzen wissen. Gib es ihm, und merk dir meine Worte, er wird es verkaufen. Bring ihn dazu, dir etwas dafür zu geben. Merke dir meine Worte: Gib dem Afrikaner nie etwas." Immer wieder wird uns von ‚dem Afrikaner' erzählt, einem unglaublichen Wesen, völlig amoralisch, ein Dieb, ein Einbrecher, teuflisch klug, aber gleichzeitig abgrundtief dumm, faul, kindisch - aber auch ein Schelm, gefährlich, ein Politiker. "Wenn du mit deinem Auto einen Afrikaner überfährst, halte nicht an. Fahr weiter. Gehe zur nächsten Polizeistation und kläre die Sache dort. Sonst könnte ein Mob vorbeikommen und dich, na ja, vielleicht nicht am nächsten Baum aufhängen, aber dich zusammenschlagen. Dieser Kerl fuhr vorbei und sah diesen Afrikaner, der offensichtlich überfahren worden war, also hielt er an und stieg aus - all diese Afrikaner standen einfach nur da und taten nichts - und sie verprügelten ihn. Einfach, weil er ein Europäer war und ein an-derer Europäer den Afrikaner überfahren hatte und weitergefahren war."

"Selbst wenn sie jahrelang bei dir waren, können deine eigenen Diener plötzlich zu Mau-Mau werden. Es gibt keine Dankbarkeit in ihnen." "Ich werde nicht im Lande bleiben, wenn Kenyatta an die Macht kommt. Ich denke, ich habe noch einen gewissen Stolz. Ich werde meine Steuern nicht an diesen widerlichen alten Mann zahlen. Was hat er getan? Er wurde vom Obersten Gerichtshof verurteilt, weil er mit Mau-Mau in Verbindung stand, nicht wahr? Der Mann ist ein Verbrecher. Er ist ein ekelhafter alter Mann." - "Ich hatte diesen Jungen" , sagte ein in Rhodesien lebender Südafrikaner, "oh, sie fälschen immer ihre Referenzen, oder benutzen die eines anderen, oder ihre Papiere sind gerade in einem Feuer verbrannt - also jedenfalls sagte ich, ich würde es mit ihm versuchen. Meine Güte, ich glaube, er war vorher noch nie in einem Haus gewesen! Er war schrecklich! Eines Tages aßen wir zu Abend; er hatte serviert und war hinausgegangen. Ich beschloss, dass ich noch eine Kartoffel wollte, also klingelte ich und sagte es ihm, und wissen Sie was, er streckte einfach seine Hand aus, legte eine Kartoffel auf einen Löffel, wirbelte sie durch die Luft und klatschte sie mir auf den Teller. Ich habe ihn auf der Stelle entlassen. Ach, Boys und Babys, wir reden über nichts anderes. Sie können sich nicht vorstellen, wie dumm sie sind. Eine Freundin von mir gab ein Abendessen, und zum Nachtisch gab es Pfirsiche aus der Dose, und der Junge öffnete einfach die Dose und brachte sie einfach so herein. Sie sagte ihm, er solle sie aus der Dose nehmen und auf einem Tablett hereinbringen. Also schüttete er sie einfach auf das Tablett!"

"Der Afrikaner riecht - oh, schrecklich. Das ist nicht ihre Schuld. Ich hatte mal einen Jungen, der war ganz sauber, aber er roch furchtbar, also mussten wir ihn loswerden." - "Einmal hatte ich einen, der nie an die Tür klopfte. Einmal platzte er herein, als ich ganz nackt war. Natürlich habe ich geschrien und geschrien und eine Decke um mich gelegt und gesagt, dass ich ihn umbringe, wenn er nicht anklopft. Da-nach klopfte er immer an jede Tür, durch die er kam, und das machte mich wahnsinnig ..." - "Was zahlen Sie ihnen?" - "Nun, das hängt von ihrer Erfahrung ab - zwei oder drei Pfund, und dann sagen Sie ihnen, dass Sie ihnen alle sechs Monate eine Erhöhung geben, sagen wir zehn Schillinge, bis sie vielleicht sechs Pfund im Monat verdienen. Das ist hoch. Dann sagen Sie ihnen, dass ihr Lohn nicht

mehr steigen wird, aber Sie werden ihnen alle sechs Monate eine Prämie geben; aber Sie können diese Prämie kürzen, wenn sie etwas kaputt machen oder etwas falsch machen. Es ist Ihnen gesetzlich verboten, den Lohn zu kürzen. Aber es gibt keinen gesetzlichen Mindestlohn ..."

"Es gibt einen kleinen Strand am See, wo wir wohnen. Er ist sehr angenehm. Wir gehen mit den Kindern dorthin, um zu picknicken und im Wasser zu paddeln - dort gibt es keine Bilharziose, das ist der einzige See in Rhodesien, wo es sie nicht gibt. Und plötzlich kommen diese furchtbaren Outward-Bound-Jungs und springen praktisch über unsere Köpfe hinweg ins Wasser. Der Ort ist jetzt ruiniert, weil sie ihre Boote und Sachen in der Nähe haben. Die Idee ist, sie abhärten zu lassen oder so. Das ist wirklich dumm. Sie bringen ihnen Dinge bei, die sie schon lange wussten, bevor der Weiße Mann kam. Diese kleinen Männer mit Brillen kommen aus England und legen den Afrikanern die Arme um den Hals. Natürlich rollen die Afrikaner mit den Augen und wissen nicht, was los ist ..." - "Ich hatte mal einen Direktor, eigentlich ein ganz netter Kerl, aber er versuchte, auf den nationalistischen Zug aufzuspringen. Wenn sie zum Beispiel auf Safari waren und seine Frau ein paar Sandwiches gemacht hat, hat er sie den Jungs gegeben! Sie können sich ihre Gesichter vorstellen, als sie versuchten, diese kleinen, feinen Sandwiches zu essen! Er war natürlich ziemlich abgehoben - er war Professor in England und kam direkt zu uns. Er war brillant in der Forschung, aber sie sind alle gleich, diese Leute, wie Reverend Michael Scott. Ich habe ihn einmal gehört. Ich denke, er ist wahrscheinlich ein recht guter Mann, aber jetzt unterstützt er einfach alles, was afrikanisch ist. Sehen Sie sich Hastings Banda an! Sehen Sie sich an, was er in Malawi macht! Rhodesien jetzt, es ist alles im Eimer."

Das Leben an Bord bestand aus vielen riesigen Mahlzeiten, Getränken und Gesprächen. Um 12 Uhr spielte die Band auf und wir sangen Lieder wie *She'll Be Coming Round the Mountain When She Comes ...* Ein Sportausschuss organisierte Tänze, Kostümwettbewerbe und Ähnliches. Aber eines Morgens sahen wir einen dunstigen, weiß verschmierten Berg - Gibraltar! Wir reihten uns in die lange Schlange von Passa-gieren ein, die sich wie Zahnpasta über einen steilen Steg auf einen kleinen Dampfer quetschten, der uns zum Felsen brachte, einem kolossalen grauen Pudding mit Bäumen anstelle von

Marmelade an den Seiten und kubistischen Häusern am Fuß. Wir gingen an einer kleinen Anlegestelle von Bord, wo Taxis für eine Rundfahrt warteten, aber wir gingen mit Tom in seinem Kinderwagen durch enge Gassen und vorbei an Wohnungen, die mit glänzender Wäsche dekoriert waren, die an Leinen von den Fenstern bis zur Felswand gegenüber hing. Wir streichelten einen Esel, der einen klapprigen Karren mit etwas Gemüse zog, und das knochige Tier hob die Nase und begann ohrenbetäubend zu brüllen - die Leute hielten sich die Ohren zu, und wir flohen. Es wurde immer heißer, bis wir die maurische Burg erreichten und auf die Stadt hinunterblickten.

Unser nächster Anlaufhafen sollte Port Said sein.

"In Port Said an Land gehen? Und gutes Geld an Ägypter zahlen? Niemals! Ich hoffe, Sie haben alle Ihre Briefe im Schiffskasten weit außerhalb der Drei-Meilen-Grenze aufgegeben, sonst kosten sie einen Schilling und 4 Pence statt 6 Pence, und Sie werden den angenehmen Gedanken haben, dass all dieses Geld in Nassers Tasche klimpert!"

Unser Liegeplatz befand sich an der Hauptstraße der Stadt, und Dutzende von kleinen Booten mit farbenfrohen Waren kamen auf uns zu wie Wespen auf einen Topf mit Marmelade.

"Schüttet kochendes Wasser in sie. Nein - geschmolzenes Blei, dann sinken sie auch!" Kleine braune Jungs kamen geschwommen und verbrachten die nächsten Stunden mit Wassertreten und nach Pfennigen tauchen. Boote kamen heraus und die Araber waren da! Sie verkauften große Puffs, türkische Schuhe, Plastikkamele, Schmuck, Teppiche, Holzteller mit Perlmuttereinlagen. Modelle der Königin Nofretete bildeten die Knäufe von Schwertstöcken, Fliegenklatschen und Schuh-löffeln. Junge Männer standen schreiend in ihren Booten, die Köpfe nach hinten geworfen, während ältere Männer an den Rudern die Boote der Konkurrenten lässig zur Seite schoben: "Vat you vant? Vant rockingchair? Vant shoe? Vant vallet? Vant suitcase? Vat you vant? Vant a camel? Vant a man? Vant me?" Seile wurden den potentiellen Kunden umgehängt, und schon bald wurden aufgerollte Teppiche, Kamelsitze und Hocker, jeweils mit einem Korb für das Geld, herbeigeschleppt. Dann begann das Feilschen.

"Drei Pfund."

"Dreißig Schilling."

"Vot? Is a big, is a beeg von! Hey, Mister, vait, no send back! Vot you vont a leetle one? Hier, zwei Pfund."

"Dreißig Schilling."

"Meester, is impossible, vot you vont, you vont I cut my throat? Na gut, na gut", sagte er giftig, während er seine dreißig Schillinge herunterholte.

Wir absolvierten den Spießrutenlauf am Pier ("Vant bracelet? Chip! Very chip! Bargain! Vant camel?"), und am Hafentor schloss sich uns ein melancholisch aussehender Mann an, der darauf bestand, unser Freund zu sein, und uns durch die Backstraßen führte. Er machte uns mit einem dicken, fröhlichen Mann in einem Pferdewagen bekannt, der uns eine halbe Stunde lang herumfuhr, mit Tom, Kinderwagen und allem. In gebrochenem Englisch zeigte er uns die Wohnungen, die Nasser (den er verachtete) auf den 1956 bombardierten Grundstücken hatte bauen lassen, sowie Schulen und den Basar - eine lange, schmale Straße mit beißendem Geruch. Auf Holzbalkonen aufgehängte Wäsche, Stände mit schmuddeligen Plastikwaren, von Fliegen umschwirrtes Obst, Bündel von Emaillebechern auf dem Bürgersteig, hölzerne Stuhlrahmen, die ein Mann zu polstern begann, während ein anderer auf dem Bürgersteig Matratzen stopfte. Es wimmelte von Menschen - als wir um 22 Uhr abends zurückkamen, ließen sich die Leute die Haare scheiden und fotografieren, Schaschliks wurden auf offenen Feuerstellen gebraten; Überall gab es Kinder - ein Sechsjähriger flehte einen etwas älteren Jungen an, der auf dem Bürgersteig saß und den Kopf verzweifelt in die Arme gestützt hatte; zwei stöberten in einem Müllhaufen; eine Gruppe von Jungen in einem verkrüppelten Baum sah sich ein Freiluftkino auf der anderen Seite einer hohen Mauer an. Wir sahen praktisch keine Frauen, und die, die wir sahen, waren alle schwarz gekleidet, wie Nonnen, mit Schleiern auf dem Kopf und oft auch über dem Gesicht.

Je weiter wir den Suezkanal hinunterfuhren, desto unerträglicher wurde die Hitze, und es gab nichts zu sehen außer gelbem Sand, der von rostigen Baggern, die von schmutzigen, wie Piraten aussehenden Männern bedient wurden, am Rande des Kanals aufgeschüttet wurde, um ein wenig Schatten zu spenden. Die Großen Bitterseen waren wunderschön anzusehen - ein trübes Blau mit goldenen Sandspitzen, die sich in sie hineinstreckten. Dann kam das Rote Meer, und die Hitze wurde noch intensiver - was für eine Wohltat, in die klimatisierten Speisesäle zu kommen!

Wir erreichten Aden am Abend; die Stadt war mit Lichtern geschmückt. Es ist ein Freihafen und es gab schöne Geschäfte an der Front, die Fotoausrüstungen und ähnliches verkauften, steuerfrei und daher sehr günstig. Anders als in Suez gab es keine Anwerbung; die Männer in den Geschäften waren nicht darauf bedacht, ein Geschäft zu machen. Aber weiter im Landesinneren wurden wir mit dem Elend konfrontiert. Männer und Jungen lagen auf primitiven Bettgestellen auf dem Bürgersteig - oder auf dem bloßen schmutzigen Bürgersteig - und versuchten zu schlafen; andere standen schläfrig an den Ständen und machten keine Anstalten, ihre Melonen, ihre Perlengürtel, ihre Mützen zu verkaufen - nur ein kleiner Junge zeigte etwas Verkaufstalent, indem er hinter einem Haufen Sandalen hervorlief und rief: "Sandalen, Sandalen, billig zum halben Preis!" Beim Blick in ein Haus sahen wir eine alte Frau, die allein in einem leeren Zimmer saß - man hatte sich keine Mühe gegeben, diese Häuser angenehm zu gestalten, obwohl sie elektrisches Licht und Ventilatoren hatten. Elende Ziegen, die Euter in Sackleinen verschnürt, liefen auf kaputten Hufen umher und fraßen alles, was die menschlichen Aasfresser übriggelassen hatten, was meist nichts anderes als Papier war; eine Ziegenherde drängte sich unter einem Karren; ein schönes Zicklein lag neben seiner Mutter auf dem Asphalt. Dünne Katzen streiften umher. Zwischen all diesen Tieren pirschten die Jemeniten, groß, gutaussehend, sehr dunkel, schlank und aufrecht, - wieder waren keine Frauen zu sehen; ein alter bärtiger Mann saß auf dem Boden unter einem Laternenpfahl, den Rücken gerade, ein dickes Buch auf den Knien. Jemeniten füllten die Reihen der Arbeiter in Aden.

Ich betrachtete einen jungen Adonis, der wie in Trance neben einer Kiste mit ein paar Bananen saß, als ein merkwürdiges Geräusch unsere Aufmerksamkeit erregte: Es war ein Mann, etwa einen Meter groß und mit einem übergroßen Kopf; er watschelte hinter uns her und machte ein eigenartiges Singgeräusch. Wir eilten davon, und er begann zu schimpfen - die umstehenden Jemeniten lachten und riefen dem Zwerg etwas zu. Als wir halb durch eine Gasse nach liefen, kamen uns zwei Männer entgegen, die Arme umeinander gelegt; ein Bettler saß unbeweglich am Straßenrand, einen Besenstielarm erhoben, die Hand flach, die Handfläche nach oben. Ein kleiner, hübscher Junge kam mit zwei langen Perlenschnüren auf uns zu und bat uns um einen Schilling. Wir lehnten ab, und er ging traurig davon.

Wir erfuhren, dass 2 oder 3 Meilen vom alten Aden entfernt das neue Aden liegt, mit zweispurigen Straßen, die an Blöcken mit modernen, klimatisierten Wohnungen vorbeiführen. Diese sind nur für Europäer bestimmt, d. h. für Soldaten und ihre Familien, die von der Basis in Kenia umgesiedelt werden sollten, wenn man uns aus dieser Kolonie hinauswerfen würde.

Die Temperatur sank um 10 Grad, als wir in den Indischen Ozean einfuhren; um 5 Uhr morgens trafen wir auf den Monsun, und als wir auf-wachten, sahen wir die Wellen wie kleine Hügel an uns vorbeiziehen - die Sonne fiel auf die Gischt neben dem Schiff, und Regenbögen sprangen auf und verschwanden. Das Schiff war wie ein lebendiges Wesen, das tief unter uns atmete. In einem Moment mühten wir uns bergauf, im nächsten schlitterten wir hinunter. Wenn man vorne stand, war es, als säße man auf einem langsam schaukelnden Pferd, während sich der Bug über den Horizont erhob und dann weit unter ihn sank.

Wir gingen in Mombasa von Bord, bestiegen nach einem schönen Tag am Strand den Zug nach Kampala und verbrachten die nächsten zwei Tage und Nächte mit unseren neun Gepäckstücken in einem kleinen Abteil: Das war die erste Klasse, ganz aus Keramik und Edelstahl. Tom wollte die ganze Zeit im Gang herumlaufen, so dass ich den Zug von vorne bis hinten kennenlernte. Es gab zwei öffentliche Toiletten, eine europäische und eine nichteuropäische - ein Loch im Boden. Das erste, was einem in der zweiten Klasse auffiel, war ein Geruch wie in einem Hühnerstall. Es waren alte, hölzerne Waggons, abgenutzt, aber nicht allzu schlimm. Im Gang gab es einen Wasserhahn mit Trinkwasser. Alle Fahrgäste hier waren Inder, die den ganzen Tag nichts taten und auf ihren eigenen Matratzen und Decken auf ihren Sitzen lagen. Es gab auch einen Waggon für Afrikaner, der frisch und sauber war und in dem nicht die gleiche Antriebslosigkeit herrschte wie bei den Indern.

Das Rift Valley glich eher einem riesigen Plateau als einem Tal. In einer Höhe von 7000 Fuß bestand es hauptsächlich aus sehr rauem Grasland mit kleinen Bäumen und Sträuchern; am Horizont waren Hügel und Berge zu sehen. Hier und da standen kleine runde Hütten mit kegelförmigen Strohdächern und Schuppen aus Wellblech. Entlang der Bahnstrecke gab es viele Blumen. Der Zug stieg aus dem Rift Valley und überquerte den Äquator auf 8000 Fuß Höhe. Es war kalt! Das Land sah immer noch wild und ungepflegt aus, aber die

Vegetation war üppiger, dichte Wälder kletterten die steilen Täler und Schluchten hinauf. Ich sah eine hagere Gestalt über einen Hügel schreiten, einen Sack über dem Kopf wie eine Kutte, zu einer kleinen Gruppe von Hütten, die nur durch einen sehr schmalen Lehmweg voneinander getrennt waren; Kinder, die Ziegen und Kühe hüteten; Frauen, die sich über Feuer beugten, Babys auf dem Rücken; riesige leere Flächen. Aber hier und da gab es Ortschaften, Fabriken, asphaltierte Straßen.

Dann rasten wir hinunter in das „spinatgrüne" Land Uganda.

In Kampala trafen wir Jim und Anne, das Ehepaar, das wir ablösen sollten - sie zogen in einen anderen Teil Afrikas. Sie erzählten uns ein wenig über die Schule und über das Haus, in dem wir wohnen würden: ein relativ altes Haus, etwas entfernt von den übrigen Lehrerhäusern; ziemlich groß, mit einem Wasserheizungssystem, das möglicherweise aus der Gründerzeit stammte, bestehend aus einem in eine Betonstruktur außerhalb des Hauses eingelassenen Ölfass und Rohren, von dort ins Badezimmer führten. Anne hatte außerdem einige Kinder aus der Umgebung unterrichtet, die vielleicht erwarteten, dass ich das fortführte.

Wir kauften ein Auto - einen Ford Anglia - und fuhren die 200 Meilen nach Fort Portal. Die Asphaltstraße ging bald in eine Piste aus *Murram* (ein rötlicher Lehm, Laterit) über. Von der Stadt aus fuhren wir noch etwa 5 Meilen nach Nyakasura und erreichten das Haus des Schulleiters, wo wir die erste Nacht verbringen sollten. Everard Perrens war ein schlanker Mann in den Fünfzigern, zurückhaltend und aufrichtig; seine Frau Joan war fröhlich und gastfreundlich. Am nächsten Morgen hingen sechs oder acht bescheidene Männer vor dem Haus herum, und als ich herauskam, sagten sie *Jambo* (Hallo) und wagten kaum zu sagen, dass sie einen Job wollten. Der Schulleiter sagte ihnen, sie sollten morgen wiederkommen, und wir rauschten mit dem Auto an ihnen vorbei zu unserem Haus. Am Ende hatte keiner von ihnen Glück. Joan riet uns, Petero mitzunehmen, den sie als Helfer engagiert hatte, während wir ein paar Tage bei ihr blieben.

Das Haus war ein riesiger Bungalow, mit einem kleinen Zimmer im Obergeschoss über der Garage. Jeder Schritt, jeder Atemzug hallte an der hohen Decke und in den geräumigen Nischen wieder. Der Garten war so groß wie ein Park, und bald hatten wir einen *shamba boy*, Christopher. Stunde um Stunde schob er den Rasenmäher über den hügeligen, unkrautbewachsenen Rasen, der Schweiß spritzte ihm von der Stirn, seine mächtigen Gliedmaßen waren mit Grasschnitt bedeckt, und ein breites Lächeln huschte über sein schwarzes Gesicht, wenn ich ihm zuwinkte. Wir hatten lange, ernste Gespräche.

"Christopher."

"Memsahib?"

"Dieser Baum."

"?"

"Dieser Baum, schau. Er ist tot, nicht wahr?"

"Ich verstehe nicht."

"Dieser Baum - fertig?"

"Aah! Baum fertig! Nein. Nicht fertig."

Es war eine kleiner kaputter Weihnachtsstern. Christopher rammte ihn einfach in den Boden - und er wuchs und gedieh! Wir stellten fest, dass dieses Land erstaunlich fruchtbar war.

Überquerung des Viktoriasees mit Tom, Nick und dem Ford Anglia

Wir lernten bald Fort Portal kennen, die Hauptstadt des Königreichs Toro. Der Palast des Königs, *Omukamo* genannt, lag auf einem Hügel, die anglikanische Kathedrale auf einem anderen. Die darunter liegende Stadt bestand aus drei Straßen mit kleinen einstöckigen indischen Geschäften oder *Dukas,* vor denen afrikanische Männer an Tretnähmaschinen arbeiteten - sie schnitten auf dem Boden ausgebreitete Stoffe ohne Muster zu und nähten Kleidungsstücke, die sie nach und nach zusammenstellten. Männer und Frauen, die riesige, glänzende Tücher trugen, die anmutig um sie herum drapiert waren, saßen auf kleinen Bänken gegenüber und warteten auf ihre Kleidungsstücke. Das Hauptgeschäft war Bhimjis, wie wir bald erfuhren. Bhimji hatte ein Monopol auf so ziemlich alles - Lebensmittel, Medikamente, Bodentücher, Ölfarbe, Brot, Zeitungen, Ausrüstung für Bergsteiger, die den Ruwenzori bestiegen, Transportmittel von und nach Kampala. In einiger Entfernung befand sich der Markt, auf dem Männer, Frauen und Kinder hinter Bananenbüscheln, kleinen Stapeln von Puddingäpfeln, Passionsfrüchten, Baumtomaten, bekannten Gemüsesorten wie Erbsen, Karotten und Bohnen und Früchten wie Ananas und Papaya hockten, die alle vor Ort angebaut wurden. Andern-orts bastelten zwei junge Männer, nur mit einer Blechschere, einem Lötkolben und einer Zange bewaffnet, schöne, aber rauchige Lampen aus leeren Dosen; ein anderer machte Sandalen aus alten Autoreifen; eine alte Frau fertigte kunstvolle Armbänder aus Perlen. Die Menschen trugen *Kanzus*, lange Baumwollkleider, oder zerlumpte Hemden und Röcke - und unglaublich abgenutzte Hüte.

Auf der anderen Seite der Berge lag Bundibugyo, die Hauptstadt von Bwanda. Wir fuhren eines Tages dorthin, eine kurvenreiche Straße hinunter und durch einen Teil des Ituri-Waldes, der größtenteils auf der anderen Seite der Grenze, im Kongo, liegt. Bäume, etwa 30 Fuß hoch, ziemlich dürr, dicht beieinander, waren mit Lianen behangen, die sich wie große Schlangen um die Äste schlangen und wanden; einige kleine Winden hüllten ganze Bäume in ein Zelt aus Blättern. Dann schlängelte sich die Straße wieder nach oben, und wir hatten wunderbare Ausblicke auf die endlose kongolesische Ebene, durch die sich der Semliki-Fluss wie ein leuchtendes Band schlängelte, und auf den Ituri-Wald, blau-grün-grau, fast wie das Meer. Dampf zog über die heißen Quellen und Rauch von den Grasfeuern, die seltsam geformte schwarze Flecken an den Flanken der Berge hinterließen; einige zeigten bereits das Grün des neuen Grases und des Anbaus. Kleine Häuser klebten wie Pilze an den steilen Hängen, Wasser stürzte in die Klüfte.

Bundibugyo war eine bescheidenere Stadt als Fort Portal: ein paar Zementhäuser entlang der Straße und ein indischer Ladenbesitzer mit ein paar Männern, die draußen an Tretnähmaschinen arbeiteten. - Auf dem Rückweg trafen wir am Straßenrand auf eine Gruppe von Pygmäen, hässliche kleine Menschen in schmutzigen Unterhemden, die uns ihre Pfeile und Bogen verkaufen wollten, die sie uns durch die Fenster ins Auto schoben, in unsere Gesichter.

Am ersten Tag in unserem Haus stand eine Schar von Kindern im Garten und rief im Chor "Hallo Madamu, willkommen!", als ich am Morgen auftauchtes.

"Hallo! Was wollt ihr?"

"Bitte Madamu, wir wollen *sgool*."

Das waren also die Kinder, von denen Anne uns erzählt hatte, dass sie sie unterrichtet hatte. Sie nahmen an, dass ich das auch tun würde! - Ein Schüler aus Nyakasura erschien - ein sehr angenehmer Sechstklässler namens George. Er hatte sie in den Ferien unterrichtet. Ich fragte, ob es keine Schule in der Nähe gäbe, auf die sie gehen könnten. Es gab eine, aber die war kostenpflichtig, ein paar Schillinge pro Schuljahr, und sie hatten kein Geld. Natürlich sagte ich, ich würde es versuchen. Schließlich gab es für mich nicht viel zu tun, wenn Petero die ganze Hausarbeit und Christopher den Garten machte. Das Zimmer über der Garage könnte das Schulzimmer sein. David malte eine Tafel an eine Wand.

Allerdings wusste ich gar nichts darüber, wie man Kinder unterrichtet, noch dazu in einer Fremdsprache! Also ging ich in die Buchhandlung in Fort Portal und kaufte einige Lehrerbücher - für Englisch und Rechnen. Ich studierte die Bücher, während sich den ganzen Tag über immer mehr Kinder im Garten tummelten, mit Tom und seinem Spielzeug spielten, auf den Boiler kletterten und rhythmisch trommelten. Ich lernte die Namen von einigen von ihnen. Das kleinste war nicht viel größer als Tom - Rubego, ein winziger Kerl ohne Vorderzähne, der immer klagend "Wasser, Madamu" verlangte, und darum bat, in Toms Kinderwagen mitfahren zu dürfen. Dann waren da Kajusi, ein hübsches, aufgewecktes kleines Mädchen, und ihr Bruder Bagonza - was "Liebe" bedeutet -, Sabiiti, der mit seinen riesigen Kulleraugen und den gerunzelten Augenbrauen wie Yul Brynner aussah, und der große zerlumpte, intelligente Bene, *shamba boy* Christophers jüngerer Bruder.

Ich sagte, dass ich an dem Tag, an dem David in Nyakasura zu unterrichten begann, mit dem Unterricht beginnen würde. Am Abend davor beschloss ich, Petero allein zu unterrichten und dabei einiges von dem, was ich aus den Lehrerbüchern gelernt hatte, in die Praxis umzusetzen.

"Ich bin Frau Gill, du bist Petero."

"Ich bin Mississi Gill, du bist Petero", sagte er strahlend.

"Nein. Du musst sagen, ich bin Petero", erklärte ich und zeichnete ein Diagramm.

"Ja", lächelte er. "Ich bin Petero, du - Mississi Gill."
Schweißperlen standen auf seiner Stirn, als wir zu "Diese Tasse ist blau, diese Tasse ist weiß" übergingen; schließlich machten wir eine Pause und ich fragte - mit Hilfe eines Wörterbuchs -, warum seine *omukazi* (Frau) nicht *hano* (hier) sei. Ich hatte ihn gebeten, sie mitzubringen, aber wie so oft hatte das lächelnde "Ja" völliges Unverständnis überdeckt.

Am nächsten Morgen, kurz nach acht, kamen die Kinder - Horden von ihnen, wie es schien, überall im Garten. George kam und brachte sie alle dazu, ihre Namen zu rufen. Dann haben wir Ball gespielt. Zuerst war es völlig chaotisch - sie waren so aufgeregt, dass sie den Ball kaum fangen konnten. Dann teilte ich sie in zwei Gruppen ein, A und B, und schickte die kleineren in Toms Zimmer, wo sie mit seinen Spielsachen spielten und Bilder auf Regalpapier malten, während die "Großen" mit mir nach oben kamen. Ich fragte jeden nach seinem Namen und riet die Schreibweise - Bene, Bagonza, Kajusi, Sabiti, Nyendo -, die ich an die Tafel schrieb, und dann musste jeder den Namen abschreiben, zuerst auf die Tafel, dann auf ein Kärtchen, das ich ihm anheftete. Es schien eine gute Idee zu sein, gleichzeitig herauszufinden, wie sie heißen - und ob sie lesen und schreiben können; aber Nyendo grub Löcher in ihr Kärtchen, die anderen waren kaum lesbar, nur das von Bene war richtig. Allerdings war mir nicht bewusst gewesen, dass Kinder, die keine persönliche Zuwendung bekommen, ins Chaos zurückfallen. Die Gruppe unten im Spielzimmer wurde immer wilder, bald tobten sie durch das ganze

Haus. Also schickte ich die, die ihren Ausweis trugen, nach unten und holte die "Kleinen" nach oben. Ich gab jedem von ihnen ein Stück Pappe und einen Stift und versuchte, sie dazu zu bringen, gerade Linien zu zeichnen, um ein Gitter zu bilden. Sie mussten sich mit dem Lineal abwechseln - die Wartenden rollten mit den Beinen in der Luft herum und klapperten ...

Dann sollten sie die Zahlen von 1 bis 10 in die Kästchen schreiben und dabei abschreiben, was ich an die Tafel geschrieben hatte. Sie sollten Summen bilden und dabei 1 hinzufügen. Die Antworten lauteten wie folgt:

2+1=9
13+1=9
4+1=9
5+1=28

Ich konnte einfach nicht verstehen, was in ihren Köpfen vorging. Ich verteilte Bohnen; sie sollten die richtige Anzahl von Bohnen in jedes Feld legen. Das sollte sie zum Rechnen bringen – *von drei Bohnen nehmen* wir *zwei Bohnen weg, bleiben wie viele Bohnen?* - aber es gingen ihnen immer wieder die Bohnen aus und sie fragten nach mehr - bis ich merkte, dass sie sie *aßen*. Zwei von ihnen - der kleine Robego und der große Nyakairu - waren extrem frech, rollten sich auf dem Rücken herum und sangen. Die Klasse endete im Chaos - doch die kleine Birunga hatte ihre großen leuchtenden Augen nicht von mir abgewandt und mir die richtigen Antworten ins Ohr geflüstert; und Byaruhanga hatte sich stolz vor die Klasse gestellt und die Wochentage auf Englisch aufgesagt. Jetzt sollten sie hinuntergehen und Gruppe A sollte wieder nach hochkommen. Tom kam mit ihnen, kritzelte begeistert an die Tafel und brachte alle zum Lachen, indem er mich nachahmte ...

Ich blieb eine Zeit lang hartnäckig, und es kamen immer mehr dazu. Alles, was geschah, war unerwartet. Die Kinder begannen, alles auf den Kopf zu stellen oder in Spiegelschrift zu schreiben. Um ihnen die Namen der Farben beizubringen, verteilte ich Buntstifte und forderte sie auf, Quadrate in ihren Heften auszumalen und den Namen der Farbe daneben zu schreiben. Es gab Schlachten um die Buntstifte! Ein Kind nach dem anderen schrie: "Madamu, kein Weiß!" und ich musste jedem einzelnen zeigen, dass das Papier weiß war.

Wir hatten einen Sporttag, an dem ich sie in zwei Teams einteilte, X und Y, und versuchte, sie zu einem Staffellauf zu bewegen, indem ich die Hälfte jedes Teams an das andere Ende des Rasens schickte, den Anführern einen Stock gab und versuchte, das System zu erklären. Das erste Rennen war chaotisch. Ich erklärte es noch einmal und ließ Bene übersetzen; jetzt verstanden 80 % von ihnen. Das zweite Rennen war besser, das dritte schien gut zu laufen - bis Bomero den Stock fallen ließ. Anstatt ihn aufzuheben und weiterzulaufen, wandte er sich wütend an Tibe, der ihn ihm übergeben hatte, schrie und stampfte und fuchtelte mit den Armen herum und schimpfte, während das andere Team nach Hause lief und sein eigenes ihn anbrüllte. Ich nahm Bomero zur Seite und versuchte, ihm den Teamgeist zu erklären. Er lächelte ganz schüchtern, vermutlich nicht, weil er mich verstanden hatte, sondern weil es ihm peinlich war, mir so nahe zu sein. Dann begann ich, sie zu verscheuchen, aber sie scharten sich um die Veranda, und mir wurde klar, dass sie wahrscheinlich auf Getränke warteten. Ich bat Kajusi, mir zu helfen, Becher mit Orangensaft zu füllen und sie auszuteilen - aber es reichte nur für einen von dreien. Die Küchentür war wie das Schwarze Loch von Kalkutta, mit flehenden Händen, die versuchten, die Becher aufzufangen, als wir sie an diejenigen verteilten, die Kajusi für würdig hielt. Bald gab es Schreie der Wut: Nyakairu hatte einen ganzen Becher voll getrunken. Es war nichts mehr da - nur noch ein wenig Wasser im Filter.

Schließlich dachte ich, der Schultag sei vorbei und hatte mich im Haus niedergelassen - die Kinder tummelten sich noch im Garten -, als ich einen markerschütternden Schrei hörte. Ich rannte hinaus, und da war Rubego, auf einem Bein. Er zeigte bösartig auf einen anderen Jungen. "Wo tut es weh?", fragte ich. Er überlegte einen Moment und zeigte dann auf seinen Knöchel. Ich führte ihn feierlich ins Badezimmer und tupfte ihn mit Galmei-Lotion ein - Galmei-Lotion sollte mein Heilmittel für geprellte Zehen, geblendete Augen und schluchzende Seelen sein.

Es wurde wirklich zu viel. Die Kinder waren von 7 Uhr morgens an im Garten und blieben nach dem Unterricht bis 18.30 Uhr abends. Es waren 28 von ihnen. Die Hauptattraktion - nach Tom - war der große Baum im Garten: Sie schaukelten auf den Ästen, bis Bene und Kajusi eine geniale Idee hatten: Sie brachten Streifen aus Bananenfasern mit und banden die Enden zweier Äste zusammen, damit sie darauf sitzen und schaukeln konnten. Tom stürmte zu ihnen, sehr europäisch mit seinem blonden Haar, und wurde sofort von Kajusi mitgerissen, die mit ihm schaukeln wollte - aber er wehrte sich: Den ganzen Tag über stand seine Gutmütigkeit im Konflikt mit seinem Wunsch, etwas für sich selbst zu tun.

Der Unterricht verlief recht gut, da ich nun die einzelnen Schüler und ihre Fähigkeiten und Grenzen kannte. Es war eine Freude zu sehen, wie sie auf dem Rücken lagen und jeder mit irgendetwas kämpfte: Nyindo versuchte, M zu schreiben, und George machte den großen Schritt von 109 auf 110, während Bene und John Probleme wie 1/2 + 1/4 oder 3/4 + 3/8 mit Hilfe von gefalteten Papierstreifen lösten. Aber mir wurde klar, dass sie in eine richtige Schule gehen sollten. Viele hatten eine Schulbildung - sogar Nyakairu hatte eine Menge englischer Wörter aufgeschnappt und konnte Zahlen und Buchstaben schreiben, ohne die geringste Ahnung zu haben, was sie bedeuteten. Die Mädchen - Kajusi, so hübsch, anmutig und klug, und Rose, warmherzig und freundlich, und all die anderen - machten Reigentänze, zu denen alle sangen:

Kabaina kabaina wakame wako
Ti, ti mutiti wa

und klatschten und sich in der Mitte abwechselten - "Waschen" - "Hände schütteln" - rhythmisch -, was sie wahrscheinlich in der Schule gelernt hatten. Also fragte ich mich, was passiert war - waren ihre Eltern nicht in der Lage gewesen, die Gebühren weiter zu bezahlen?

Ich sprach mich mit Herrn Rubombora, dem Schuldirektor von Toro, und erfuhr, dass viele Schulen halb leer waren, mit nur zwanzig statt vierzig Schülern in den Klassen; die Weltbank hatte vor kurzem ein Darlehen abgelehnt, weil viertausend Stellen unbesetzt waren. Ich sagte ihm, dass ich meine Kinder auf die örtlichen Schulen schicken wolle; würde es Plätze für sie geben? Ja, wenn die Eltern das Schulgeld zahlen. Könnte ich mich einer Schule anschließen und beim Unterrichten helfen, wenn ich dafür freie Plätze für die Kinder bekäme? Nein. Ich wäre als Lehrerin an einer weiterführenden Mädchenschule besser aufgehoben. Die Eltern könnten das Geld für die Ausbildung ihrer Kinder leicht aufbringen, wenn sie wollten - aber die Männer aus Batoro waren für ihre Faulheit bekannt.

Ich besuchte einige von ihnen zusammen mit Herrn Rubombora und den Kindern. Wir gingen um die Hügelkuppe herum, vorbei an einem großen Beet mit Süßkartoffeln, dann an einer jungen Bananenplantage; einer Schaf- und Ziegenherde - und einer Herde der örtlichen Ankole-Kühe mit fantastisch langen Hörnern. Wir kamen zu Roses Haus - ein Betonhaus mit Wellblechdach hinter einer Hecke aus Engelstrompeten. Ihre Schwester saß im Gras davor - eine mollige junge Frau, die eine Halskette und Armbänder und zwei Baumwollkittel trug, von denen einer zerrissen war, so dass der darunter liegende zum Vorschein kam - und vier ihrer Kinder. Ihr Mann war in Bwemba ... Ihre große, ältere Mutter kam heraus. Durch Herrn Rubombora erfuhren wir, dass sie nach Kampala gegangen war, um zu arbeiten und das Geld für den Bau dieses Hauses zu verdienen. Sie hatten nur so viel zu essen, dass die Familie davon leben konnte - mehr konnten sie nicht anbauen. Die Wildschweine zerstörten alles - Süßkartoffeln, gemahlene Nüsse. Sie hatten Gräben ausgehoben, um sie fernzuhalten, aber die schlauen Tiere füllten die Gräben auf und gingen hinüber. In zwei Jahren würden sie in der Lage sein, für Roses Schulbesuch zu bezahlen, denn dann würden die jungen Bananen Früchte tragen. Bis dahin hatten sie nichts. Das Kleid, das Rose trug, war ein Geschenk von Anne, sonst wäre sie in Lumpen gewesen – oder nackt. Balindas Vater war ein großer, kräftiger, gut aussehender junger Mann mit blutunterlaufenen Augen - er gab sein ganzes Geld für Alkohol aus. Vor kurzem hatte er seine Arbeit als Hausboy verloren. Sabitis Großvater, bescheiden, gebückt, in Lumpen gekleidet, erzählte, dass seine Tochter Sabiiti einfach bei ihm gelassen hatte, als sie mit einem anderen Mann durchgebrannt war; er hatte kein Geld, baute nur genug Essen für sie an. Begumya hatte keinen Vater.

Es schien mir also, dass die Kinder das Geld für das Schulgeld selbst aufbringen müssten. Es hatte keinen Sinn, dass ich für sie alle aufkommen sollte, da wir nur zwei Jahre hier sein würden; sie mussten sich selbst versorgen können. Es wurde dunkel; die Berge schwammen, wie es in einem Gedicht heißt, wie große Vögel auf dem Teich der Dunkelheit. Eines nach dem anderen sagten die Kinder "Auf Wiedersehen, Madamu" und schlüpften in ihre dunklen Häuser, während wir uns den Lichtern von Nyakasura näherten und das Klopfen des Generators hörten.

Am nächsten Morgen führte ich das Dosen-System ein. Ich stellte Dosen, eine für jedes Kind, beschriftet, auf ein Regal in der Speisekammer. Jedes Mal, wenn sie etwas Geld verdienten, steckte ich es in die Dose, bis genug für das Schulgeld da war. Sie konnten entweder Geld verdienen, indem sie mir Dinge verkauften, oder indem sie etwas arbeiteten. Matara brachte zwei Eier, und ich legte feierlich 50 Cent in seine Dose. Kaheru brachte ein paar Karotten mit, 20 Cent in ihre Dose. Dann begann die "Arbeit".

Die Kinder hatten ihre schlammigen Füße an den weißen Wänden des Hauses abgewischt. Jetzt ließ ich sie die Wände schrubben, mit Hilfe von Vim und Schrubbern. Ich musste sie davon abhalten, die Fenster mit Vim zu zerkratzen. Ich gab ihnen Lappen und einen Eimer mit Wasser. Bald brauchten sie mehr Wasser, also zeigte ich ihnen den Wasserhahn in der "Dienstbotenwohnung", was sie mit Staunen erfüllte.

Da ich mich an die kleinen Prozessionen erinnerte, die ich oft sah, um Wasser aus dem Bach zu holen, war ich nicht überrascht, als sie verrückt wurden und den Wasserhahn aufdrehten, obwohl kein Gefäß darunter stand - bald floss das Wasser in Kaskaden die Treppe hinunter und über den Vorplatz.

Eine Lieblingsbeschäftigung war das Reinigen des Autos; leider wurde es auch innen gereinigt, und es dauerte lange, bis die Sitze trocken waren, so dass wir uns draufsetzen konnten. Ich brachte sie dazu, ein Beet im Garten umzugraben und Gemüse aus Samen von Bhimji anzubauen. Als die Salate und Karotten groß genug waren, schickte ich sie zu den Lehrern, um sie zu verkaufen - aber wenn niemand sie kaufen wollte, kaufte ich sie schließlich alle selbst und steckte pflichtbewusst Geld in die Dosen.

Das ging einige Zeit so, bis genug für das Schulgeld da war und ich meine "Schule" für geschlossen erklärte. Ich fing an, in der örtlichen Schule für Krankenschwestern zu unterrichten, - und dann wurde unser zweites Kind, Nicholas, geboren. Ich setzte mich mit Oxfam in Verbindung und fragte, ob sie Kleidung für diese Straßenkinder liefern könnten. Bald kam eine große Kiste voll, und ich verbrachte einen Nachmittag damit, sie zu verteilen. Das deutsche Sprichwort "Kleider machen Leute" bewahrheitete sich: Alle sahen in anständiger Kleidung wunderbar aus.

Kinder erhalten Oxfam-Kleidung

Kajusi und Bagonza verbrachten viel Zeit in unserem Haus, schnitten Dinge aus Zeitungen für ein Sammelalbum aus und spielten mit Tom. Bagonza war ein schlanker, zierlicher Junge mit großen, schmelzenden Augen (der Name bedeutet Liebe), musikalisch - er konnte stundenlang auf einer kleinen *Baamba*-Harfe spielen - und er war ein guter Trommler. Er war intelligent, aber träge; er nutzte seine Intelligenz, um arbeitssparende Geräte zu finden. Er war der einzige, der das Einmaleins auf der Rückseite des Schulheftes entdeckte, was ihm beim Rechnen half. Kajusi, seine Schwester, war ein aufgewecktes, hübsches kleines Mädchen. Sie ärgerte Christopher, den großen *shamba boy*, immer - aber auf die netteste Art und Weise; sie plauderte stundenlang mit ihm, half ihm aber gleichzeitig bei seinen Aufgaben. Sie wusste, dass ich Rutoro lernen wollte, und erklärte mir Wörter und Redewendungen. Einmal habe ich einen Abfluss desinfiziert. "Was ist das, Madamu?", fragte sie. "Das", sagte ich langsam, "ist dis-in-fect-ant." - "Oh", sagte sie. "*kwa Rutoro:*

jeyes." Ich lachte, und sie lächelte, verständnislos, aber erfreut, mich amüsiert zu haben. Sie lächelte sehr viel.

Uhuru – "Freiheit" - war das Wort für die Unabhängigkeit von Großbritannien, die am 9. Oktober 1962 beginnen sollte, und Nyakasura traf Vorbereitungen, um sie zu feiern. Schilder wurden in den Nationalfarben - schwarz, gelb und rot - bemalt; Banner wurden über dem Hauptgebäude drapiert; Hunderte von Luftballons wurden aufgeblasen (und viele zerplatzten); ein Triumphbogen wurde über der Schulstraße errichtet; Lichter wurden aufgestellt; ein Freudenfeuer wurde entzündet. Fort Portal wurde mit Tausenden von Fahnen geschmückt; Straßen wurden gesperrt, da Bögen über sie gespannt wurden. Wir kauften einen Stapel kleiner Papierfähnchen, denn meine Schule sollte bei den Feierlichkeiten nicht außen vor gelassen werden. David half den Jungen, die Fahnen auf Stöcke zu kleben; ich half Kajusi und Nyindo, Toffee zu machen; die anderen Kinder liefen aufgeregt herum. Schließlich trieb ich sie hinaus und sagte ihnen, sie sollten um drei Uhr wiederkommen. Um zwei Uhr waren sie alle wieder da. David hatte sich von einem der Lehrer eine große Trommel geliehen; Bene und Sadiki saßen rittlings darauf und schlugen rhythmisch auf die beiden Enden - sie konnten ihr sechs oder sieben verschiedene Töne entlocken -, und der kleine Bagonza begann zu tanzen wie ein wilder Teufel, sein rotes Hemd flatterte um seine Knie, seine Augen blitzten, als er auf seinen dünnen Beinen herumsprang; der große Bagonza schwang sich ausgelassen, bis er bemerkte, dass ich ihn beobachtete, dann hielt er überwältigt inne und kicherte. Ich rief Kajusi und wir bereiteten das Festmahl unter dem großen Baum vor - Kuchen, Kekse, Toffee, Smarties, Bananen, Orangensaft und Milch. Plötzliche Stille, als sie sich darüber hermachten. Als die letzten Krümel aufgegessen waren, verteilte ich Luftballons - viele zerplatzten bald - und dann die Fahnen, und David ließ sie in einer Reihe aufstellen und um den Rasen herum marschieren, während er auf seiner Blockflöte *John Brown's Body* und *When the Saints Go Marching In* blies. Fremde Kinder versammelten sich am Eingang und schauten zu.

Wir haben also an der Geburt einer Nation teilgenommen.

Etwa zur gleichen Zeit hatten wir selbst eine Geburt. Unser zweites Kind wurde am 23. Juni 1963 geboren. Es war eine relativ unkomplizierte Geburt, aber erst nach einer zermürbenden dreistündigen Fahrt über holprige Straßen von Nyakasura nach Fort Portal. Es war ein Junge, und wir nannten ihn Joseph. Erst einige Monate später hatten wir plötzlich das Gefühl, dass es nicht das Richtige war - und wir benannten ihn in Nicholas Makepeace Gill um. *Makepeace* spiegelte unsere pazifistischen Ideale wider. Es war auch der zweite Vorname von William Makepeace Thackeray, einem von Davids Lieblingsschriftstellern.

*

David war sich bewusst, daß wir hier in Uganda nicht einfach wohlwollende Lehrer waren, sondern Engländer, Kolonialisten, viel reicher als die Leute in unserer Nähe. In diesem Gedicht drückt er sein Unbehagen aus.

Wir und die anderen

Sie sind hier verwurzelt. Ihr Leben ist unsicher,
verfolgt von den Vorfahren, wandeln sie unter den Blättern
außerhalb unserer Sichtweite, aber immer in Hörweite
weben unsere Nachbarn die langsamen Grasmatten
ihres dunkelgrünen, unergründlichen Lebens,

während wir in unseren trockenen, gut eingerichteten Häusern,
mit Hausjungen, die die großen Wiesen mähen,
über die herrschaftlichen Rasenflächen hinausblicken
und die roten Züge von Cannablumen unter den Bäumen
zu den fremden Hügeln, die uns nicht aufnehmen.

*

Nach unserer Rückkehr nach England im Dezember 1964 zahlten wir das Schulgeld für Kajusi, Begumya und Bene weiter und erhielten Briefe von ihnen. Kajusi schrieb:

Sehr geehrte Frau Gill,
ich freue mich sehr, dass ich kurz Zeit habe, um mit Ihnen zu sprechen, und möchte Sie zunächst einmal begrüßen. Wie geht es Tom und Nicholas? Es geht uns allen sehr gut. Ich glaube, Tom ist ein sehr guter Junge. Bitte, ich möchte Nicholas und Tom sehen, bitte kommt nach Nyakasura, oh je, ich möchte, dass ihr alle hierher zurückkommt, jeden Tag denke ich an Sie und Tom und Nicholas und Herrn Gill. Mein Schatz, lassen Sie mich hier aufhören, ich habe keine Zeit,

tschüss. Meine Mutter und meine Schwester Kakwini grüßen Sie und Ihre Kinder. Mit freundlichen Grüßen, Mary Irene Kajusi

Doch im Laufe der Jahre wurden die Nachrichten immer schlechter, vor allem für Kajusi. Sie bekam 1973 einen Sohn, aber nach seiner Geburt war sie psychisch krank. Sie schrieb am 6. Januar 1981:

Ich war sieben Jahren krank. Ich litt an einer Geisteskrankheit und wurde ins Krankenhaus von Butabika eingeliefert. Mein erster Anfall begann nach der Entbindung. Seitdem war ich in der psychiatrischen Klinik von Kabarole in Behandlung. Auch jetzt bekomme ich von dort noch Tabletten.

Mein Erstgeborener ist jetzt 8 Jahre alt; er geht in P2. Der nächste ist 4 Jahre alt, es sind beides Jungen. Meine Mutter ist diejenige, die sich um sie kümmert. Mein Bruder Bagonza ist gestorben, das ist jetzt zwei Jahre her ...

*

Etwa 30 Jahre später, im Dezember 1993, kehrten wir nach Uganda zurück.

Uganda war durch die Hölle gegangen. Der fröhliche Optimismus von *Uhuru*, den Feierlichkeiten an jenem Oktobertag, war jetzt in Verzweiflung umgeschlagen als der Bürgerkrieg ausbrach. Premierminister Milton Obote setzte die Armee ein, um seine Macht zu behaupten, beförderte einen Feldwebel namens Idi Amin zu ihrem Anführer und musste bald danach ins tansanische Exil fliehen, während Amin die Macht übernahm und Obotes Anhänger und Stammesangehörige massakrierte. Amin war von 1971 bis 1979 an der Macht; er vertrieb Tausende von Asiaten, die seit Generationen im Land gelebt hatten, und vergab ihre Geschäfte und ihren Besitz an seine Freunde, die jedoch nicht über die nötige Ausbildung und Erfahrung verfügten, um sie zu verwalten. Die Folge war eine Wirtschaftskrise mit Hyperinflation; ausländische Hilfsgelder wurden für den Kauf von Waffen verwendet. Amin träumte davon, ganz Afrika zu beherrschen, und fiel in Tansania ein. Seine Truppen wurden bald von den tansanischen Streitkräften und den ugandischen Exilanten, die mit Obote dort waren, zurückgedrängt. Amin wurde schließlich 1979 vertrieben - und in einen luxuriösen Ruhestand in Saudi-Arabien versetzt - und Obote kam durch Wahlen wieder an die

Macht. Die "Lord's Resistance Army" (Nationale Widerstandsbewegung, NRM) unter der Führung von Yoweri Museveni stellte sich ihm entgegen, und der darauffolgende Bürgerkrieg - der "Buschkrieg" - verursachte jahrelang schreckliches Leid, bis Obote 1985 gestürzt wurde und die NRM die Hauptstadt eroberte. Nun wurde Museveni als Präsident vereidigt; er versprach, die Demokratie einzuführen. Doch die ungeheure Brutalität der NRM in Norduganda widersetzte sich allen Versuchen, sie auszumerzen. Außerdem grassierte zu dieser Zeit die AIDS-Epidemie.

Museveni war seit etwa acht Jahren an der Macht, als wir beschlossen, für einen dreiwöchigen Urlaub nach Uganda zurückzukehren. Wir nahmen Kontakt zu Nyakasura auf und erhielten ermutigende Antworten vom derzeitigen Schulleiter, Henry Mehangye, und seiner Frau Idah. Wir reisten mit dem Flugzeug nach Entebbe, wo wir zum ersten Mal die Inflation zu spüren bekamen, als wir unser Geld in ugandische Schillinge tauschten: 1000 Uganda-Schillinge waren etwa 60 Pfennige wert und wurden in Bündeln von der Größe und Form von Ziegelsteinen ausgegeben ... Wir fuhren mit einem "Taxi" - einem Minibus - nach Kampala, vorbei an den Ufern des Viktoriasees und an hübschen kleinen Häusern mit ihren Bananenstauden und Gemüsebeeten, Ziegen und Babys und hart arbeitenden, bunt gekleideten Frauen und zerlumpten, faulenzenden Männern, in die Slums von Kampala und weiter zum Hotel Rena auf dem Namirembe Hill. Als wir unser Gepäck einluden, kam ein weißes Auto den Hügel hinuntergerast, dicht gefolgt von einem Polizei-Pick-up. Auf dem Rücksitz standen mehrere uniformierte Polizisten, die wild in Richtung des Autos schossen. Die Menschen auf der Straße warfen sich hinter geparkten Fahrzeugen, Mauern oder Müllhaufen, die sie finden konnten, auf den Boden und verbrachten die nächsten Minuten damit, sich gegenseitig "puh" zu sagen ...

Am nächsten Morgen fuhren wir mit dem Bus nach Fort Portal, und so kamen wir nach 30 Jahren wieder nach Nyakasura.

Was hatte sich geändert?

Alle Gebäude sahen baufällig und heruntergekommen aus, und in der Tat waren sie in den Jahren der Misswirtschaft und des Bürgerkriegs vernachlässigt worden. Fenster waren zerbrochen, Dächer undicht, Decken und Anstriche beschädigt; alles, was gestohlen werden konnte, war gestohlen worden: nicht nur Lampen, sondern auch Schalter, und die Drähte waren aus den Wänden gezogen worden. Die Gärten waren verwahrlost, überall gab es Hühner. Die frühen 60er Jahre, als wir dort waren - "Obote One", wie es oft genannt werden - wurden als eine Zeit der Flitterwochen angesehen. Noch vor den Schrecken der Amin-Jahre - auf die die Schrecken des Bürgerkriegs folgten - verschlechterte sich die Lage rapide.

"Unser" Haus stand noch immer am Ende der Jacaranda-Allee, deren blaue Blüten den Boden bedeckten. Es wurde jetzt von Ndora - einem ehemaligen Schüler, der nun stellvertretender Schulleiter war - und seiner Frau, die ebenfalls Lehrerin war, bewohnt. Sie hatten acht Kinder - eines davon eine AIDS-Waise, die sie adoptiert hatten - und die Arbeit und die große Familie ließen ihn abgekämpft erscheinen. Er war praktizierender Katholik, weigerte sich aber, mit uns einen Wasserfall und Höhlen zu besichtigen mit der Begründung, dass dort die Bachwezi, die mythischen Ureinwohner, lebten. Er erzählte, dass vor einigen Jahren einige seiner kleinen Kinder durch nächtliches Eulengeheul erschreckt worden waren und er deshalb einen Stein in die Bäume geworfen hatte, um sie zu verscheuchen. "Jetzt habe ich Diabetes", sagte er. Ich lachte, weil ich dachte, er mache Witze, aber er schüttelte verzweifelt den Kopf.

Wir waren bestrebt, möglichst viele Kinder, die wir durch meine "Schule" kennengelernt hatten, wiederzusehen, aber auch andere. Wir hatten an Bene, oder Boniface Kasaija, wie er genannt werden wollte, dem Größten und Klügsten von ihnen, geschrieben, und er hatte uns geantwortet und uns Informationen über einige der Jungen gegeben, die David unterrichtet hatte. Nun trafen wir ihn - er war sehr groß und schlank, mit ungewöhnlich schlaksigen Bewegungen: seine Beine gehorchten ihm nicht immer, infolge eines Schlaganfalls vor einigen Jahren, der seine linke Seite eine Zeit lang gelähmt hatte, und zeitweise krümmte er sich vor Schmerzen wegen eines Magengeschwürs. Er war 43 Jahre alt und Vater von zwei kleinen Mädchen, die von verschiedenen Müttern stammten, von denen eine verstorben war und die andere in der Nähe bei ihren Eltern lebte. Er wollte sie nicht heiraten - "es war nur eine flüchtige Affäre" -, aber er bezahlte das Schulgeld für beide Mädchen. Ich lernte die Jüngere kennen, Goretti, etwa 11 Jahre alt, mit der unverwechselbaren Nase von Bene in der Mitte ihres hübschen Gesichts. Anfangs war sie starr vor Schüchternheit, aber bald taute sie auf und war lebhaft, frech und lustig. Ihr Schulzeugnis war schlecht, sie schwänzte oft. Bene wollte sie in die Nyakasura-Grundschule bringen - eine relativ neue Einrichtung - und hatte vor, sie selbst zu unterrichten. Er war jetzt selbst Lehrer an einer nahe gelegenen *Senior Secondary School*, aber unqualifiziert und in Gefahr, "eingespart" zu werden - der IWF hatte beschlossen, dass es in Uganda zu viele Staatsbedienstete gab und bestand auf "Personalreduzierung". Schon jetzt war die Bezahlung der Lehrer so niedrig, dass die meisten von ihnen zwei oder drei Arbeitsstellen annahmen - was bedeutete, dass sie keine davon richtig ausführten.

Bene lebte in einer winzigen Lehmhütte mit seiner Mutter, die über 80 Jahre alt war, abgemagert, mit wenigen Zähnen, aber lebendig und interessant. Sie weigerte sich zu glauben, dass ein schwarzer Mann ein richtiger Priester oder ein richtiger Arzt sein könnte. Glücklicherweise gehörte ein amerikanischer Priester zum Personal von Nyakasura, und er war so freundlich, ihr die Beichte abzunehmen, obwohl er kaum Rutoro sprach, und ihr die heilige Kommunion zu spenden. Der nächstgelegene weiße Arzt befand sich in Virika, auf der anderen Seite von Fort Portal, und eine weitere Marotte der alten Dame war die Weigerung, in irgendein Fahrzeug einzusteigen. Die seltsamen Symptome - die sie uns schilderte, indem sie ihr Kleid über den Kopf warf, um uns ihren Bauch zu zeigen, in dem sich etwas bewegte, das sich wie ein ungeborenes Kind anfühlte, und ihre Brüste, die immer mehr wie die eines jungen Mädchens aussahen - diese seltsamen Symptome blieben also unbehandelt. Eingedenk gewisser alttestamentlicher Geschichten fragte ich Bene, ob sie möglicherweise schwanger sein könnte, aber er antwortete: "Nein. Mein Vater ist kurz nach meiner Geburt gestorben, und sie hat sich benommen."

Da ihr Haus aus einem einzigen Raum mit nur ein paar hüfthohen Trennwänden bestand, konnten sie kaum Geheimnisse voreinander haben. In der Ecke der Mutter gab es ein Bettgestell mit ein paar Matten darauf und oft ein offenes Feuer auf dem Boden, dessen Rauch durch ein unverglastes Fenster abzog. Sie saß nahe daran auf dem Boden und teilte ab dem frühen Abend ihren Platz mit den Hühnern und den Ziegen und Benes Fahrrad. In der gegenüberliegenden Ecke lagen seine Schulbücher und Papiere in glitschigen Stapeln. Die dritte Ecke war voll mit Ziegelsteinen, die überall in der Hütte aufgestapelt waren. Einer von Musevenis Plänen zur Verbesserung der Wohnverhältnisse im Land war, die Menschen dazu zu bringen, ihre eigenen Ziegel aus *Murram* (Laterit) herzustellen. Bene beschrieb die Methode enthusiastisch. Seine erste Ladung sah ziemlich bröckelig aus, aber er hatte den Dreh raus, und die letzten sahen recht gut aus. Überall, wo wir hinkamen, wurden Ziegel gebrannt, rauchten provisorische Öfen und wurden am Straßenrand zum Verkauf angeboten oder für den Hausbau verwendet. Genau das wollte Bene mit seinem Haus machen, aber er hatte mit seinem Vermieter zu kämpfen, einem Bischof der Pfingstbewegung, der in der Gegend Land gekauft hatte und versuchte, die bisherigen Pächter zu vertreiben. Er hatte Bene untersagt, sein "semi-permanentes" Haus durch ein Backsteinhaus zu ersetzen. Bene erwog, ihn zu verklagen.

Das Schicksal der "semi-permanenten" Strukturen zeigte sich am Haus seines Bruders Christopher, das nur wenige Schritte von dem von Bene und seiner Mutter entfernt war: eine erbärmliche Ruine. Christopher saß im Gefängnis und verbüßte eine achtjährige Haftstrafe wegen Vergewaltigung - Vergewaltigung einer Zehnjährigen! Bene war nicht von seiner Schuld überzeugt. Da er sich an seine Gutmütigkeit erinnerte, als er noch unser *shamba boy* war, kam ihm das seltsam vor. Die alte Mutter trauerte: Würde sie ihn noch einmal wiedersehen?

Kajusis Schicksal war so schrecklich, wie ich befürchtet hatte. In einem Brief beschrieb eine spätere Ehefrau von Nyakasura, wie sie Kajusi und auch ihren Sohn Mwesige 1988 angestellt hatte; aber nach vierzehn Tagen war Kajusi nicht mehr gekommen, und als sie sie und ihre Mutter Janey besuchte, fand sie sie auf dem Lehmboden liegend, schmutzig und an Händen und Füßen an zwei Pfähle gefesselt. Wenn sie krank war, wurde sie völlig irrational und gewalttätig, benutzte Schimpfwörter, riss sich die Kleider vom Leib, rannte wie wahnsinnig durch den Busch und musste gewaltsam ruhig gestellt werden. Sie verbrachte Jahre in der Nervenheilanstalt, schien geheilt zu sein und bekam einen zweiten Sohn von demselben Mann. Sie lebte nicht mit ihm zusammen, weil er eine andere Frau hatte - die gleiche Situation wie die ihrer Mutter -, aber sie wurde wieder verrückt, 18 Jahre lang, und an schlimmen Tagen war sie in Gefahr, sich selbst und andere zu verletzen, und musste mit Gewalt gebändigt werden. Ihr Medikament war ein starkes Beruhigungsmittel, aber es gab kaum medizinische

Hilfe für sie. Aus Briefen, die sie mir geschrieben hatte, wusste ich, dass sie phasenweise bei Verstand war. Sie war 1991 gestorben. - Wir besuchten ihre Mutter Janey in ihrem schönen, gepflegten Haus; sie erzählte mir über Bene, dass ihr Wahnsinn zum ersten Mal von einem Arzt während ihrer ersten Schwangerschaft als solcher erkannt worden war und dass sie gestorben war, weil "das Blut in ihr Gehirn gestiegen war". Sie wurde in der Nähe des Hauses begraben. Es ist schwer zu glauben, dass ein so schreckliches Schicksal auf das reizende, lebhafte, freundliche Kind wartete, das wir kannten. Könnte die Schwangerschaft die Ursache gewesen sein? War sie vergewaltigt worden?

Ein anderer, den wir unbedingt sehen wollten, war Petero, unser "Hausjunge". Wir hatten den Kontakt zu ihm aufrechterhalten, und seine Enkelin Tibananuka hatte eine tadellose englische Übersetzung seiner Worte verfasst - er war Analphabet:

Ich bin in der Tat sehr froh, dass GOTT mir diese Zeit gegeben hat, um Dir einen Brief zu schreiben ... Jedenfalls denke ich immer noch jedes Mal an Dich, jeden Tag, jede Minute ... Das Schulgeld für meine Kinder, ich habe eine Bananen-Shamba, also muss ich das Schulgeld für sie bezahlen. E. Tibananuka ist in die vierte Klasse der Grundschule versetzt worden, und ihre Arbeit ist vielversprechend, sie arbeitet hart und liebt Netball ...

So wussten wir, dass seine Frau nach unserer Abreise eine große Anzahl von Kindern bekommen hatte, dass er aber seit vielen Jahren nicht mehr für Lohn gearbeitet hatte. Wir erwarteten also Szenen großer Armut und Entbehrung.

Weit gefehlt. Wir trafen ihn auf der Straße beim Bukuku-Markt - dünn und lächelnd, leicht ergraut. Er führte uns durch Grasfelder, auf denen ein paar Ziegen und Kühe weideten, durch Bananen- und Matokefelder, die in Mischkultur mit Bohnen oder Maniok bepflanzt waren, über kleine Bäche, die Mais- und Süßkartoffelfelder voneinander trennten - und das alles war *sein* Land! Er war ein Herr! Er hatte aus dem bescheidenen Lohn, den wir ihm gezahlt hatten, gemacht. Wir kamen an mehreren kleinen Häusern vorbei: eines gehörte seinem ältesten Sohn, ein anderes seiner Schwägerin und so weiter, und hinter jedem saßen auf der sauber gekehrten schwarzen Erde kleine, friedliche Kinder mit leuchtenden Augen. Schließlich gingen wir auf einem geraden, gut gefegten Weg unter Bananenstauden und mit ein paar Blumen am Rand zu Peteros eigenem Haus: eine ordentliche Lehmhütte mit einem Wellblechdach, die durch sechs Fuß hohe Wände in Räume unterteilt ist.

An diesen Wänden waren verschiedene Botschaften in englischer Sprache angebracht. Eines davon war ein Plakat, das zeigte, wer genau in die Hölle kommt: Menschen, die in einen Bereich mit Totenköpfen stürzten, schwenkten Transparente mit der Aufschrift "Kindesmissbrauch", "Sodomie", "Schwulenrechte" und so weiter. Ein anderes war die sorgfältige Arbeit eines Grundschülers, der mit grünen und schwarzen Stiften geschrieben hatte: *Home is the Nearest to Heaven on Earth*. In der Tat, dieses Haus von Petero mit seinen gepflegten Grundstücken, mit seinen Clanmitgliedern, die alle nahe bei einander lebten und sich weitgehend selbst versorgten - das musste die afrikanische Idylle sein.

Ein ähnliches Anwesen gehörte Herrn Mwosi, der in Nyakasura als Verwalter tätig war. Auch hier war es ein langer Weg durch fruchtbare Felder, um sein Haus zu erreichen. Sein Wohnzimmer war leuchtend rosa, das Kitengi-Kleid seiner Frau hatte die gleiche Farbe. Beide brachten häufig Gebete vor - für unser Kommen, für unser Essen, für unsere Familie, für unsere Abreise, für unsere nächste Reise. "Bis ich gerettet wurde", sagte er, "hatte ich zwei Frauen, und jede von ihnen schenkte mir zehn Kinder." Die ganze große Familie schien anwesend zu sein - die jüngste Tochter im Alter von etwa 16 Jahren sang und tanzte mit ihren kleinen Neffen auf engstem Raum ein temperamentvolles Begrüßungslied: *Wel-o-come, wel-o-come, dear visitors*.

Bene hatte uns schriftlich gebeten, Bücher für die Kihembo-Schule zu spenden, in der er unterrichtete, was wir gerne taten. Die Schule, die als "Dritte-Welt-Schule" bezeichnet wurde, weil sie über keinerlei Annehmlichkeiten wie Strom oder Wasser verfügte, war mit großem Eifer von einigen Siebenten-Tags-Adventisten gegründet worden, die sie mit bloßen Händen auf einem Hügel mit einem atemberaubenden Blick auf den Kabarole-Hügel und die dahinter liegenden Ruwenzoris errichteten. (Der Anfang der 60er Jahre errichtete Rundpalast auf dem Kabarole-Hügel war geplündert und niedergebrannt worden; in der Nähe wurde ein neuer Palast mit konventionellerem Design gebaut). Der Idealismus des Direktors, Herrn Ndyanabo, seiner Lehrer und

Gouverneure war spürbar: Sie wollten Köpfe, Herzen und Hände ausbilden, genau wie Pestalozzi. Nun führte uns Henry Mehangye in die Schule, und wir waren Ehrengäste - es war ziemlich peinlich. Man zeigte uns feierlich das Laboratorium (ein bescheidenes Gebäude aus Lehm und Flechtwerk mit einigen Reagenzgläsern und Bunsenbrennern, die durch Rohre, die in Kanäle im Zementboden eingelassen waren, mit einer großen Gasflasche verbunden waren; dann die Holz- und Metallwerkstatt), einige gewöhnliche Klassenzimmer (Lehmmauern, Fenster ohne Glas), die Küche, die Bibliothek und die Krankenstation. Letztere wurde von Frau Ndyanabo verwaltet und diente nicht nur der Schule, sondern auch der örtlichen Gemeinschaft und beschäftigte sich mit Familienplanung und AIDS. Vor kurzem wurde eine Grundschule eröffnet, und die charmante Lehrerin trommelte einige ihrer kleinen Schüler zusammen, die sich in ihren rosa Uniformen aufstellten und uns ein Lied sangen, wobei sie im Takt in die Hände klatschten:

Wel-o-come, wel-o-come, wel-o-come in Kihembo school.

Ich fragte sie, ob sie *Kabaina kabaina wakame wako, ti, ti mutiti wa* singen könnten, und sie konnten und taten es - und es war so ähnlich wie bei den Kindern in unserem Garten vor 30 Jahren, dass es mir die Tränen in die Augen trieb.

Kajusi mit meinem Sohn Tom

7. Torten gegen den Vietnamkrieg

Im Dezember 1964 kehrten wir aus Uganda zurück. Alte Freunde zeigten erstaunlich wenig Interesse an unserem afrikanischen Abenteuer.

"Wo wart ihr die ganze Zeit?"

"Nun, eigentlich waren wir in Uganda."

"Wirklich? Wir waren dieses Jahr in den Ferien in Dorset."

In den nächsten sieben Jahren lebten wir im Haus meiner Mutter in der Thorncliffe Road, Oxford. David unterrichtete zunächst an der Eckersley-Sprachschule - bis er eines Tages auf einer CND-Demonstration mit Bob Stanier, dem Leiter der Magdalen College School, ins Gespräch kam, der erwähnte, dass er einen Englischlehrer suchte. David sagte, er sei ein Englischlehrer ... In den nächsten sieben Jahren war er dort ein beliebter und erfolgreicher Lehrer und unterrichtete Englisch und Deutsch. Er war auch für den "Zivildienst" für Jungen zuständig, die nicht zu den Militärkadetten gehen wollten. Ich unterrichtete Deutsch an drei Colleges in Oxford - St. Anne's, Exeter und Jesus. Tom ging in die Schule, Nick in eine Spielgruppe.

Der Vietnamkrieg war in vollem Gange - einer der "Stellvertreterkriege" zwischen der UdSSR und den USA im Kalten Krieg. Die Viet Minh, angeführt vom Kommunisten Ho Chi Minh und unterstützt vom kommunistischen China, hatten die französische Kolonialmacht besiegt, und die Japaner waren nach Hiroshima und Nagasaki abgezogen. Die Vereinigten Staaten hatten sich verpflichtet, den Kommunismus in Russland, Kuba und Vietnam zu bekämpfen. Die "Domino-Theorie" - dass, wenn man einen Staat, z. B. Vietnam, den Kommunisten überließe, andere Staaten in der Region folgen würden - führte dazu, dass mehr und mehr amerikanische "militärische Unterstützung" nach Südvietnam floss, um den kommunistischen Norden zu bekämpfen. Die Bilder dieses Krieges mit all seinen Schrecken verfolgten mich - grinsende GIs, die mit ihren Zippo-Feuerzeugen die Häuser der Bauern in Brand setzten - ein brennendes Kind mit Napalm auf dem Rücken - die Krankheiten und Missbildungen, die durch das Entlaubungsmittel Agent Orange verursacht wurden, mit dem die USA versuchten, den Dschungel zu zerstören, durch den der Vietcong zog, um den Süden anzugreifen. Ich wollte etwas tun, um den einfachen Menschen zu helfen, die zwischen den rücksichtslosen Kommunisten und den erbarmungslosen Amerikanern gefangen waren. Als ich erfuhr, dass einige andere Frauen das Gleiche fühlten - sie hatten im Radio eine Sendung über ein Krankenhaus in Qui Nhon gehört - und sich zusammenschlossen, schloss ich mich ihnen an und wir gründeten die "Oxford Aid for Children in Vietnam" (OACV).

Ich lernte einige hervorragende Frauen kennen - und auch einige unerträgliche. Ich drängte sie, keine Satzung, kein Komitee als solches und keine Wahlen zu haben - alles potentielle Quellen für endlose pingelige Streitereien. Wir sollten eine Vorsitzende, eine Schatzmeisterin und eine Sekretärin haben, und jede, die helfen wollte, sollte zu einer Sitzung kommen und mitentscheiden, was getan werden sollte. Wir sollten unpolitisch sein und Nord- und Südvietnam gleichermaßen Hilfe zukommen lassen, und wir sollten unsere Hilfe auf Kinder beschränken. Eines der Gründungsmitglieder, Ruth, war mit einem Friseur verheiratet, der über seinem Salon einen freien Raum hatte, in dem wir uns treffen konnten. Wir verfassten ein Flugblatt, in dem wir unser erstes Treffen ankündigten, und schickten es an 150 Personen. Unser erstes Treffen wurde von zwölf Personen besucht.

Joyce wurde Vorsitzende, Ruth Schatzmeisterin, und ich war Schriftführerin. Ruth war eine Kommunistin - eher langsam, nicht sehr effizient, aber aufrichtig und vertrauenswürdig. Sie war eine hoffnungslose Schatzmeisterin - ziemlich unfähig, ein Quittungsbuch zu besorgen, geschweige denn Quittungen auszufüllen und zu versenden. Ihre Rechnungen - nun ja - sie war sich überhaupt nicht im Klaren darüber, ob sie addieren oder subtrahieren sollte, ob sie dem Fonds Geld schuldete oder umgekehrt. Sie war eine Künstlerin, eine Keramikerin, eine melancholische Person mit einer niedrigen Meinung von sich selbst. Ihre beiden Kinder waren gleichzeitig verwöhnt und vernachlässigt, rebellisch und völlig abhängig. Aber sie beschloss, eine Ausbildung zur Lehrerin zu machen, und überließ Nancy, meiner Nachbarin in der Thorncliffe Road, das Amt der Schatzmeisterin. Nancy war groß: ihre Schultern waren gekrümmt, als ob sie versuchte, sich kleiner zu machen - ihr Mann war ungewöhnlich klein. Ihre auffälligste Eigenschaft war ihre Gewissenhaftigkeit. Ihr Haus war blitzsauber. Ihre beiden Kinder waren voll und ganz an ein Leben gewöhnt, in dem Sauberkeit und Ordnung an erster Stelle standen. Wenn sie in unser Haus kamen, zogen sie automatisch ihre Schuhe aus und stellten verblüffende Fragen wie: "Darf ich auf eurem Fußboden laufen?" Nancy war eine äußerst gewissenhafte Schatzmeisterin.

Joyce war sehr groß, hatte ein hübsches Gesicht und eine außerordentlich hupende Stimme. Sie war durch ein Rundschreiben von "Terre des Hommes", dem 1960 gegründeten Schweizer Kinderhilfswerk, dazu bewegt worden, mitzumachen - das war also eine der Organisationen, an die ich schrieb und fragte, welche Hilfsmaßnahmen in Vietnam wir unterstützen könnten. Aber Joyce war eine zutiefst verstörte Person. Sie erzählte mir, dass sie eine Stimme aus dem Gasofen gehört hatte, die ihr sagte, sie müsse sich umbringen, sonst würde sie ihr Baby töten! Sie wurde in das Warneford Mental Hospital eingewiesen und befand sich drei Jahre lang in einer tiefen Depression. Als sie mir dies erzählte, fragte sie mich, ob ich sie als Vorsitzende der OACV für geeignet hielte. Ich sagte, ich dächte sie wäre es, da sie warmherzig, intelligent und engagiert war.

Ich sagte ihr nicht, dass auch ich von Zeit zu Zeit in eine schwarze Verzweiflung verfiel, ein Ergebnis aus Schuldgefühlen - Wut auf mich selbst, weil ich nie etwas richtig machte - und Angst vor anderen Menschen, die ich verdächtigte, sich gegenseitig meine Laster oder Fehler zuzuflüstern, die ihnen klar waren, von denen ich aber nichts wusste. Ich hatte das Gefühl, dass mit mir etwas grundlegend falsch wäre, wie ein schlechter Geruch - ein fataler Makel, der mich unfähig zum Erfolg machte. Ich spielte mit dem Gedanken, die Leute zu *fragen*, warum sie mich nicht mochten, aber ich tat es nie, weil ich wusste, dass sie darauf bestehen würden, dass es nicht so war. Ich hatte eine große Sehnsucht, *erfolgreich* zu sein, einen Bestseller zu schreiben, Geld zu verdienen, berühmt zu sein, einen Liebhaber zu haben, der mich verstand und bewunderte, aber akzeptierte, dass er mich aus der Ferne lieben musste - so schlitterte ich vom Hochgefühl in die Verzweiflung ... Zweifellos ging das auf meine Kindheit zurück, als ich ein *enemy alien* war, ein *Jerry*, eine *dreckige kleine deutsche Ratte*; als ich wusste, dass die Deutschen mich tot sehen wollten, weil ich halb jüdisch war, und die Engländer mich tot sehen wollten, weil ich deutsch war.

Wir organisierten jeden Samstag einen Kuchenverkauf im Saal der Presbyterianischen Kirche, der eine Menge Geld einbrachte. Wir verkauften auch gebrauchte Kleidung und Spielzeug. David organisierte ein Benefizkonzert in der Magdalen College School. Und ich erfuhr mehr über die Schrecken der amerikanischen Aktionen in Vietnam und auch über die Arbeit verschiedener Hilfsorganisationen. Aber unsere monatlichen Treffen waren ein Alptraum. Jedes Mal erschienen andere Leute, von denen einige wenig über unsere Bemühungen wussten und die man erst einmal ins Bild setzen musste.

Und dann war da noch Elizabeth.

Nach zwei Jahren übergab ich das Amt der Sekretärin an Thea. Und sie erkannte, dass "die Hauptaufgabe der Sekretärin darin besteht, sich um Elizabeth zu kümmern." Es war Elizabeth, die die Sitzungen dominierte - und ruinierte. Fett, schlaff und rosa, mit blitzenden falschen Zähnen, unterbrach sie jede Diskussion, um etwas zu krächzen wie: "Ich habe die schrecklichsten Rückenschmerzen, aber keine Sorge, sage ich immer, schließlich habe ich noch meine beiden Hände, und solange ich gut arbeiten kann, werde ich das tun. Mein Mann sagt, warum lässt du es nicht ruhiger angehen und lässt zur Abwechslung mal die anderen etwas tun? Ich sage dann, es ist sinnlos, so zu reden, Charles. Es tut sonst niemand etwas. Sieh dir die Leute in Nord-Oxford an, sie tauchen fast nie auf. Also was sein muss, muss sein, sag ich immer, solange ich noch Atem in meinem Körper habe - außerdem bin ich so, weißt du. Das war schon immer so. Ich muss immer etwas für andere tun. Sonst bin ich einfach nicht glücklich. Fünfzehn Decken habe ich letzte Woche genäht, fünfzehn, am Ende waren meine Finger so steif, dass ich sie kaum noch biegen konnte, und ich war so müde von der dunklen Wolle, dass ich Flecken vor meinen Augen sah, ich war, buchstäblich -"

Und so weiter. Das wäre normal. Am Ende können wir vielleicht das Protokoll der letzten Sitzung lesen, unterbrochen von ihrem lauten Flüstern zu ihrem Sitznachbarn: "Hast du gesehen, wo das kleine Mädchen - nun, die Mutter ist schuld, sage ich immer, manche Menschen sind nicht geeignet, Mütter zu sein. Als meine Tochter noch klein war, habe ich sie überallhin mitgenommen, nein, es tut mir leid, habe ich gesagt, ich lasse sie nirgendwo zurück, ich bin für sie verantwortlich, aber so bin ich eben. Als ich in der Kantine des Roten Kreuzes arbeitete, hatte ich fünfzehn Mädchen unter mir, und als ich fertig war, war sie immer bei mir, das war sehr lustig, aber sie hat nie Ärger gemacht, weil sie richtig erzogen wurde -"

Ich versuchte, das Thema des nächsten Kuchenverkauf anzusprechen.

"Ich möchte etwas dazu sagen, meine Liebe, wenn ich darf, ich war ja da, ich bin immer da, wenn es jemanden gibt, der immer da ist, dann bin ich es, nicht wahr, es sei denn, ich bin wirklich krank, aber ich *kann die* Stimme einer bestimmten Person einfach *nicht* mehr ertragen, es tut mir leid, ich kann sie einfach nicht ertragen, ich habe solche Kopfschmerzen bekommen, dass ich dachte, mein Kopf würde zerspringen, wirklich."

Joyce: "Es tut mir leid, dass ich ..."

Elizabeth: "Oh, entschuldige dich nicht, entschuldige dich nicht, niemand von uns ist perfekt und wir können nichts dafür, wie wir geboren wurden. Aber was ich nicht verstehe, ist folgendes: Warum redest du *die ganze Zeit*? Es gibt viele Dinge, die du tun könntest - *ich* rede nicht, ich bin viel zu beschäftigt, außer natürlich, um meine Kunden zu bedienen und mit meinen Alten zu plaudern - meine Alten lieben es, mit mir zu plaudern, weißt du, ich kann mit diesen Leuten reden, ich weiß, was ich sagen muss, ich weiß, dass der Mann der alten Mrs. Pringle einen Schlaganfall hatte, also frage ich nach ihm, und Miss Smith hat ein neues Hörgerät bekommen - sie sagen mir diese Dinge, weil sie Vertrauen in mich haben - weil sie sehen, dass ich mich kümmere - "

Joyce: "Ja, das stimmt, das habe ich auch immer gedacht, der Kuchenverkauf gibt den Leuten die Möglichkeit zu reden."

Elisabeth: "Ah, aber es gibt Gespräche und Gespräche, nicht wahr ..."

So ging es immer weiter und weiter, während die anderen 8 oder 9 Anwesenden reden wollten, aber befürchteten, dass alles, was sie sagten, ein Auslöser für einen weiteren wütenden, selbstgerechten Ausbruch sein könnte. Schließlich wagte Nancy zu sagen: "Ich habe vergessen, wo wir waren - ach ja, wir waren dabei, einen Dienstplan für den nächsten Verkauf aufzustellen. Nun, ich kann gleich morgen früh kommen und aufmachen, wenn ihr wollt -"

Bei diesen Worten erhob sich Elisabeth und stand zitternd da wie ein Gelee.

"Oh nein, das wirst du nicht, Nancy. Oh nein, da werden andere noch ein Wörtchen mitzureden haben. Was - *du* machst auf? Hast *du* den Schlüssel? Und warum solltest du, wenn ich fragen darf? Wo warst du das letzte Mal? *Ich* war da, ich hatte mit diesen dreckigen katholischen Frauen zu tun, ich bin überrascht, daβ du das schon vergessen hast."

(Nancy war selbst Katholikin.)

"Aber ich habe nur -"

"Es ist immer das gleiche mit euch. Das war schon von Anfang an so. Lasst Elizabeth die Arbeit machen - aber versteckt sie hinter der Tür, lasst niemanden sie sehen."

(Tränen von Elizabeth, Schreie von "Oh nein!")

Aber Elizabeth war in vollem Aufruhr. "Macht es wirklich etwas aus, wenn ich in einem *kleineren* Haus wohne als der Rest von euch? Wenn mein Mann Küchenchef in einem der *kleineren* Colleges ist?

Joyce: "Würde mir bitte jemand sagen, worüber wir hier reden?"

Elizabeth (zitternd, mit pochender Stimme): "Rene. Ich frage dich. Sag mir eines: Wusstest du jemals, dass ich dich hasse?"

Ich: "Ja, ich wusste es, weil du es mir gesagt hast."

Elisabeth: "Ich meine, die ganze Zeit, bevor ich es dir gesagt habe? Denn das habe ich, weißt du. Das habe ich, aber ich habe es mir nicht anmerken lassen. Ich habe genauso bereitwillig für dich gearbeitet wie für Thea. Ich habe meine eigenen Gefühle beiseitegeschoben und das Komitee an die erste Stelle gesetzt."

Ich: "Es ist nicht das Komitee, wofür wir arbeiten –"

Nancy: "Können wir *bitte* zum Thema zurückkommen?“

Elizabeth (explodiert): "Wie kannst du es wagen - wie kannst du es wagen, so mit mir zu sprechen? Du kannst ja nicht einmal zusammenrechnen! Du weißt nie, wie viel Geld wir haben oder nicht haben! Eine richtige Schatzmeisterin hätte alles zur Hand, aber du - du fummelst in deinen Zetteln herum, du bist nie fertig - du bist nutzlos!"

Nancy: "Also gut, wenn ich nutzlos bin, trete ich gerne zurück."

Sie stand auf - und wir alle riefen: "Nein, nein! Bitte bleib!"

Wir waren alle auf den Beinen, und Elizabeth, die sah, wie das Rampenlicht von ihr abfiel, verkündete:

"Nein, *ich* bin diejenige, die nicht erwünscht ist. *Ich* gehe", wankte und schwankte und setzte sich hin. Thea eilte fürsorglich zu ihr hinüber und holte ihr ein Glas Wasser ...

Nancy und ich lachten darüber, als wir nach Hause radelten, aber in

Wirklichkeit war Nancy zutiefst verletzt, und ich war wütend. Immer mehr Leute stiegen aus; am Ende waren es nur noch Elizabeth und Thea, die eine Quäkerin war und Elizabeth bereitwillig zu Diensten war. Ich war bald in eine andere Sache vertieft - und übergab alle meine Informationen an "Medical Aid for Vietnam" (das Komitee für Medizinische Hilfe in Vietnam), das immer noch existiert und sich in medizinische und wissenschaftliche Hilfe für Vietnam, Laos und Kambodscha erweitert hat, und das ich immer noch unterstütze.

8. Kinder

Tom und Nick besuchten in den späten 60er Jahren beide die Bishop Kirk Church of England Primary School in Summertown, North Oxford. Ich brachte sie von Beamsend aus zur Schule, die Stratfield Road und den Middle Way entlang, vorbei an der Kuchenfabrik Oliver & Gurden mit ihren verführerischen Düften. Manchmal kauften wir am Freitagnachmittag Plastiktüten mit zerbrochenen Kuchenstücken zu einem Schnäppchenpreis.

Die Kuchenfabrik schloss am letzten Tag des Jahres 1975, und die Schule wurde 1990 geschlossen und abgerissen, um einem Wohnblock Platz zu machen. Aber wir hatten Oxford 1972 verlassen.

Tom war gut in der Schule, war sehr gut in Mathe und bestand alle Tests und Prüfungen. Nur einmal, als er etwa neun Jahre alt war, stockte er in seinen Studien. Er schob die Schuld auf die Lehrer an der Bishop Kirk Schule und beschwerte sich, dass sie billige Kreide benutzten, die auf der Tafel nur verschwommen zu sehen war. Nach einigen Monaten kamen wir schließlich auf die Idee, seine Augen prüfen zu lassen. Er war ziemlich stark kurzsichtig. An dem Tag, an dem er seine erste kleine runde John-Lennon-Brille von National Health erhielt, war er wirklich erstaunt, wie nah und klar seine Welt plötzlich geworden war. Und er war wieder klug.

Allerdings war er sehr zerstreut. Eines Tages kam er versehentlich zur Mittagszeit von der Schule nach Hause, weil er dachte, die Schule sei für heute zu Ende. Als Mu nach Hause kam, saß er missmutig auf der Treppe des Hauses und fragte, wo alle waren. Er hatte keinen Schlüssel. Mu brachte ihn freundlicherweise zurück in die Schule, und seine Lehrerin, die strenge, aber freundliche Barbara Harvey, war in versöhnlicher Stimmung. "Er ist halt ein kleiner zerstreuter Professor", sagte sie. Und in der Tat wurde er später im Leben ein richtiger zerstreuter Professor.

Nick hatte es schwer - er schien meinen Komplex geerbt zu haben und fühlte sich anders, unbeliebt und von den anderen Kindern verspottet. Er hatte einen schrecklichen Lehrer, Mr. Hood, der ein ungesundes Interesse an den kleinen Mädchen in seiner Klasse zeigte und Nick und die anderen Jungen hinten sitzen ließ, um aus dem

Fenster zu starren. Mr. Hood gab ihm nie einen einzigen *house point* (das *House-point*-System wird an britischen Schulen zur Förderung der Gruppenzusammengehörigkeit angewandt), nicht einmal für sein Dinosaurier-Projekt, das eine Liebeserklärung war.

Und Nick war Legastheniker. Wir fragten uns, ob das etwas mit den holprigen ugandischen Straßen auf dem Weg von Nyakasura nach Fort Portal zu tun hatte. Wir versuchten, ihm zu Hause mit allen möglichen Spielen und besonderen Büchern beim Lesen zu helfen, aber je mehr Zeit verging und je mehr interessantes Lese- und Schreibmaterial die anderen Schüler der Klasse bekamen, desto mehr fühlte er sich entfremdet. Ich fragte in der Schule nach, ob es Hilfe gäbe, und wurde an den psychiatrischen Dienst der Gemeinde verwiesen. Dies führte dazu, dass bei Nick - im Alter von 7 Jahren - ein EEG, mit Elektroden an seinem Kopf, gemacht wurde, das ihm Angst machte, und ein Intelligenztest. Schließlich wurde ich von einem Mann namens Ounstead befragt - ein großer Mann, der eine dicke Kieselsteinbrille trug und hinter einem Schreibtisch saß. Er sagte mir, dass er und ich zwar ziemlich intelligent seien, Nicks IQ aber so hoch sei, dass er "aus dem Rahmen falle". *Ich* sei die Ursache für seine Schwierigkeiten - seine Legasthenie -, weil ich nicht erkannt hätte, dass er ein Genie ist. Und ich war übermäßig beschützend. Er machte keine hilfreichen Vorschläge. Nick *würde* lesen lernen, er würde ein "intellektueller Überflieger" werden. Man musste ihm nur sein Selbstvertrauen zurückgeben. "Und wie?", fragte ich. Ounstead starrte mich an, als wäre ich ein Idiot, so eine Frage zu stellen. Ähnlich starrte er mich an, als ich ihn nach dem EEG fragte, das für Nick so ein Alptraum gewesen war. Er mochte mir nicht davon erzählen. "Sie verstehen nicht", sagte er. "Sie können das nicht verstehen. Ich werde mit Ihrem Mann sprechen müssen."

Doch dann vermittelte die Schule Nick einen "Lesetherapeuten" - einen Herrn Haines - während der Schulzeit, und dieser unscheinbare kleine Mann brachte Nicks Lesealter innerhalb weniger Wochen von 5 auf 14 Jahre hoch. Ich suchte ihn auf und fragte ihn, welchen Zauber er angewandt hatte. "Ich fasse das Thema Lesen zunächst nicht an. Diese Kinder haben eine Phobie entwickelt. Also heiße ich sie einfach willkommen, unterhalte mich mit ihnen, spiele mit ihnen - und wenn sie erst einmal gerne herkommen, dann ist es egal, welche Methode ich anwende." Noch Jahre später erinnerte sich Nick liebevoll an

Herrn Haines.

Nick hatte ein außerordentliches musikalisches Talent - das hatte sich schon als Baby in Uganda gezeigt: Wenn ich mitten in einer Melodie aufhörte, setzte er die nächste Note ein. Jetzt musste er also ein Instrument lernen. Das Naheliegendste war das Klavier, da wir eines im Haus hatten, und ich besorgte ihm Klavierunterricht - und sagte ihm, er müsse mindestens 20 Minuten am Tag üben. Allerdings kam er mit den verschiedenen Klavierlehrern nicht gut zurecht. Als ich ihn von der ersten Lehrerin abholte, saß er auf dem Bürgersteig vor ihrem Haus und sah böse aus. Er wollte nie wieder zu ihr gehen. Was war geschehen? Gar nichts. Sie hatte nichts gesagt. Später fragte ich sie, warum sie nichts gesagt hatte. "Es gab nichts zu sagen. Er war perfekt".

Jahre später entdeckte Nick den Jazz, und als er Ende 20 war, bezahlten wir ihm einen Aufenthalt bei einem alten Freund aus UCL-Zeiten, Nic Cottis. Nic war arm wie eine Kirchenmaus, lebte von der Sozialhilfe in einer Hütte am Ende des Gartens eines Architekten, hatte ein Klavier auf dem Rücksitz eines Lieferwagens und spielte in Art-déco-Bistros und Hotels. Schließlich wurde auch Nick ein professioneller Jazzpianist. Stark beeinflusst von Nic Cottis, spezialisierte er sich auf klassischen Jazz und Ragtime.

Tom hatte auch Klavierunterricht, und irgendwann wurden beide Brüder von einer Miss Bertrand unterrichtet. Tom, der damals vielleicht zehn Jahre alt war, schwärmte für Miss Bertrand, aber er konnte ihr nie gefallen, da sie ihm immer wieder Stücke vorspielte, die für ihn viel zu schwierig waren. Er zeigte keine musikalische Begabung und gab das Klavierspielen bald auf, weil er in seinem Stolz verletzt war *und* ein gebrochenes Herz hatte. Nick hatte auch mit Miss Bertrand zu kämpfen, aber dann fand ich eine neue Klavierlehrerin für ihn - Jackie Cannel, die Tochter meiner Freundin Pat Cannel, einer Kollegin an der Lady Verney School. Jetzt kam er viel besser voran, und dies war der Anfang seiner Entwickelung zu einem professionellen Pianisten.

*

Eines Nachts hörte ich David im Schlaf reden: "Du, ich und unser kleines Mädchen."

Wir hatten über die Bevölkerungsexplosion gesprochen. Da wir zwei Kinder hatten, trugen wir im Moment nicht zu diesem großen globalen Problem bei. Aber wenn wir mehr als zwei Kinder hätten, dann *wären* wir schuldig. Aber David wollte natürlich eine Tochter! Und es gab keine Möglichkeit, dafür zu sorgen, dass ein drittes Kind ein Mädchen sein würde - es sei denn, wir bekämen ein fertiges Kind - durch Adoption! Damit wären wir auch im Hinblick auf die Bevölkerungsexplosion entlastet.

Also wandten wir uns an das Adoptionskomitee, und zu gegebener Zeit erschien eine Miss Pollard, um zu sehen, ob wir für die Adoption eines Kindes geeignet waren. Wir zeigten ihr das Haus und das kleine Zimmer - das "Schachtelzimmer" -, das für das Adoptivkind vorgesehen war. Als wir in die Küche zurückkehrten, setzten wir uns, und ich bot ihr eine Tasse Tee an, die sie dankend annahm. Sie behielt ihren Hut auf, während sie die gestellten Fragen durchging. Sie wollte wissen, wie es um unsere finanzielle Situation bestellt war - unsere Einnahmen und Ausgaben - sowie etwaige Ersparnisse oder Investitionen. Das Haus war all die Jahre seit 1945 von einer Frau Moss gemietet worden, die es nun verkaufen wollte. Meine Mutter musste es kaufen und hatte eine Hypothek, für die wir die Zinsen zahlten, solange wir dort wohnten. So konnte Mu ihre Stelle im Osmond House, einem Altersheim in London, aufgeben (was sie gerne tat) und bei uns wohnen. Auch sie musste interviewt werden.

Unsere einzige Bedingung war, dass wir ein Mädchen wollten, so jung wie möglich. Gab es irgendeine Rasse oder Nationalität, die wir ablehnen würden? Nein, aber nachdem wir einige Kinder in Uganda kennen und mögen gelernt hatten, würden wir uns besonders freuen, wenn sie Afrikanerin wäre. Gab es viele Kinder, die zur Adoption freigegeben waren, fragten wir. Oh ja, sehr viele, und die verschiedenen lokalen Adoptionsagenturen kommunizierten miteinander, so dass wir am Ende vielleicht ein Kind aus einem anderen Teil des Landes bekommen würden. Wie bald, fragten wir. "Nun, wir werden uns *für Sie umsehen* ... man weiß nie, wann sich etwas ergibt."

Wir dachten, sie würde nun zurück ins Büro gehen, um ihren Bericht abzugeben - aber sie blieb sitzen, und in meiner Verzweiflung, weil mir nichts anderes einfiel, holte ich ein Fotoalbum, um es ihr zu zeigen. Beim Anblick eines Schnappschusses von mir rief sie aus: "Das sind doch nicht Sie, oder?" - "Doch, das bin ich - vor ein paar Jahren, natürlich." "Ja", rief sie - "aber manche Leute *profitieren* vom

Alter, nicht wahr!"

Schließlich teilte man uns mit, dass in Blackpool ein Baby zur Verfügung wäre, also gingen wir zum Sozialamt. Ich weiß noch, dass wir in einem großen, fast leeren Raum mit einem Schreibtisch saßen, an dem uns verschiedene Fragen gestellt wurden und wir verschiedene Dokumente ausfüllen und unterschreiben mussten. Hatten wir noch weitere Fragen? Nun - könnten wir das Baby sehen? Ach ja, da drüben ist es. Wir hatten die Babytragetasche am Fenster nicht bemerkt und sahen sie nun zum ersten Mal - sehr klein, braun, mit wuscheligen Haaren ... fest schlafend. Können wir sie jetzt mitnehmen? Nein - es gab noch einige Formalitäten zu erledigen - rechtliche Dokumente zur Adoption, und die leibliche Mutter musste die Möglichkeit haben, ihre Meinung zu ändern. Wir haben diese sehr junge Frau nie kennen gelernt. Sie war mit einem jungen Mann verlobt, der gesagt hatte, er würde das Kind wie sein eigenes behandeln, wenn es so aussähe, als ob er der Vater sein könnte ... Ich habe all diese Dokumente jahrelang aufbewahrt. Ich sagte Jackie, wenn sie wolle, würde ich ihr helfen, ihre leibliche Mutter zu kontaktieren, wenn sie 16 sei. Aber das wollte sie nie.

Also haben wir gewartet. David schrieb darüber ein Gedicht:

Adoption

Diese schwangeren Tage vergehen mit einem Stich in der Seite
wird nun ohne neuen Schmerz für uns geboren werden.
Wir arbeiten für dich, Mutter und Vater,
dunkles Baby meines Sonetts ohne Reim:
diese Arme, die dich einst in dem grauen Raum hielten
werden jetzt für dich zu einer Wiege verarbeitet,
und diese weißen Gesichter, über die deine Zungenspitze spottete
sind noch in dieser Welt, werden wiederkommen,
auch wenn sie verloren sind wie versunkene Sterne am Mittag.
Unter den Akten und dreifach gefalteten Dokumenten
Gottes Stellvertreter verfügen über dich, über uns -
und für deine Wiege schaukeln ein unerledigtes Fach.

In den nächsten Wochen und Monaten wurde sie von einer professionellen Pflegemutter betreut, die sie Jacqueline oder kurz Jackie nannte. Diese Frau glaubte, dass "farbige Babys mehr essen als weiße", also verdoppelte sie die Menge des Milchpulvers in den

Flaschen, die sie für sie vorbereitete, und vergrößerte das Loch im Sauger, damit diese dicke Substanz hindurchgehen konnte. Als wir sie schließlich abholten, war sie viel größer als bei unserem letzten Besuch.

Tom und Nick wissen noch, wie sie von der Schule nach Hause kamen und in das große Vorderzimmer (das Fes Arbeitszimmer war) geschickt wurden. Mitten im Zimmer stand eine blaue Tragetasche, und ein Lichtstrahl der Abendsonne, in dem kleine Staubkörner tanzten, fiel auf das braune Baby, das darin schlief. Es war ein fast mystischer Moment.

Wir wollten sie Jenny nennen, aber Tom machte einen Riesenwirbel. Jenny war nicht ihr *richtiger* Name, also akzeptierten wir den Namen der Pflegemutter – Jackie -, änderten ihn aber offiziell von Jacqueline auf Jacquetta, zu Ehren von Jacquetta Hawkes, der Archäologin und Friedensaktivistin, die CND gegründet hatte. Als zweiten Vornamen wählten wir Margaret - den Namen von Davids Schwester. Wie schon bei Nick hat es eine Weile gedauert, bis wir den richtigen Namen für sie gefunden hatten.

Mit Tom, Jackie und Nick

Mu war begeistert von diesem braunen Baby. Als sie sich entwickelte und wuchs, verbrachte Jackie immer mehr Zeit mit Mu. Mittwochs schob sie den Kinderwagen zum Viehmarkt, wo es Stände von Lebensmittelhändlern und Gemüsehändlern gab, kaufte einen Wochenvorrat und stapelte alles in den Kinderwagen, wobei Jackies Kopf über den Kohlköpfen und Äpfeln auftauchte. Mus Küche war nicht besonders raffiniert. Sie breitete eine Zeitung auf dem Tisch aus und begann, Gemüse zu schneiden und in einen großen Topf zu werfen - aber es konnte passieren, dass sie sich in einen Zeitungsartikel vertiefte und das Mittagessen verspätet wurde ... oder verkochte ... oder verbrannte .... Aber wenn sich jemand beschwerte, erwiderte sie: "Niemand ist jemals durch meine Kochkünste vergiftet worden" oder "in China verhungern die Menschen". Darüber schrieb Nick ein Gedicht:

Apfelkrapfen

Sie waren die Spezialität meiner Großmutter -
Kochäpfel aus dem Garten in Scheiben geschnitten
Und in Teig getaucht
In eine mittelalterliche Pfanne mit schwarzer Kruste gekippt
Zum Knistern und Spucken in kochendem Öl.
Flüchtling aus wohlhabenden Berliner Verhältnissen
Die Zivilisation hatte ihr keine Rezepte beigebracht
Aber kein Koch oder Diener jetzt
Für sie, die den Krieg überlebt hatte
Grimmiges Märchen von teutonischen Öfen.

Sie schwebt in der Erinnerung.
Blaue Rauchwolken verdunkeln
Ihre gebeugte, entschlossene Gestalt.
Bruchstücke von verbranntem Krapfen kommen an,
Mit Zucker und Marmelade aufgeweicht.

*

Abends wusch ich Jackie und legte sie in ihr Bettchen mit Spielzeug und anderen Dingen, die sie anschauen konnte, und sagte ihr ernsthaft, dass sie nicht schlafen, aber in ihrem Bettchen bleiben sollte. Aber wenn ich Mu gute Nacht sagen wollte, fand ich Jackie oft auf ihrem Tisch sitzend vor, wo sie Süßigkeiten aß und sich mit deutschen Liedern und den Bildern in dem großen Band von *Grimms Märchen* unterhielt, den wir aus Deutschland mitgebracht hatten. Nachts ging sie zu den Betten der Kinder und legte ihnen "etwas Nettes" - Bonbons oder Pralinen - hin, das sie beim Aufwachen finden sollten. (Natürlich wussten sie in der Regel, dass sie kam, und hielten sich die Augen zu, bis sie weg war, um dann "das Nette" zu verzehren). Manchmal war das "etwas Nettes" auch ein kleines Spielzeug. Einmal bekamen Tom und Nick jeweils einen Flugzeugträger aus Plastik, komplett mit kleinen Plastikflugzeugen, die in kleine Löcher auf dem Flugzeugdeck passten. Beide waren oben weiß, aber Toms Träger hatte einen blauen Rumpf und Flugzeuge, während Nicks Träger rot war. Daran können sie sich bis heute lebhaft erinnern.

Mu war den Kindern von Peter und Brenda, die die meisten ihrer Ferien in Beamsend verbrachten, ebenso zugetan. Das war der Name, den Mu dem Haus gegeben hatte - abgeleitet von dem nautischen Begriff *to be at one's beam ends* (am Ende seiner Kräfte sein) - wie ein Schiff, das zu kentern droht, also "in einer verzweifelten Lage". Sie hatte den Ausdruck von einem Mann, der bei starkem Regen auf der Straße Streichhölzer verkaufen wollte. Er hatte ein Pappschild mit der Aufschrift: "I'm at my beam ends". Mu dachte: "Ich weiß nicht, was das bedeutet, aber was auch immer es bedeutet, das bin ich auch." Und irgendwie wurde aus *beam ends* "Beamsend". Sie unternahm lange Spaziergänge mit ihren Enkeln - entlang der Flüsse und des Kanals oder durch Wiesen und Wälder - und erinnerte sich zweifellos an die Wanderungen, die sie in der Nähe von Berlin genossen hatte, als sie dem "Wandervogel" angehörte - der deutschen Jugendbewegung, die größtenteils von Jugendlichen geführt und organisiert wurde, die an den Wochenenden mit Rucksäcken aus den Städten aufbrachen, durch die Landschaft wanderten, über offenem Feuer kochten, zusammensaßen, redeten und Volkslieder sangen - und in einer Scheune oder im Freien schliefen.

Eines Tages stellten wir mit Schrecken fest, dass Jackie, damals etwa drei Jahre alt, herumstolperte und gegen Wände stieß. Wir riefen einen Arzt, der sie als betrunken diagnostizierte. Sie hatte irgendwie meine Sherryflasche erwischt und alles ausgetrunken. (Damals war es bei mir üblich, um 18 Uhr ein Glas Sherry zu trinken und eine Zigarette zu rauchen, während ich die Nachrichten im Fernsehen sah. Viele Jahre später habe ich es endlich geschafft, mit dem Rauchen aufzuhören, und heute begnüge ich mich mit einem Glas Wein und einer kleinen Schale Nüsse oder Crisps).

Auf der anderen Straßenseite von Beamsend stand das Haus des alten Harold Danter, einem katholischen Priester im Ruhestand. David nahm uns manchmal mit, um ihn zu besuchen. Er war ziemlich gebrechlich und hatte sein prächtiges Himmelbett in seinem Wohnzimmer stehen. Manchmal trafen wir ihn im Bett an, wo er eine schöne viktorianische Nachtmütze mit Bommel trug. Er hatte schneeweißes Haar und einen gepflegten Ziegenbart. An den Wänden hingen in Öl gemalte, kunstvoll gerahmte Porträts englischer Könige, die durch Mr. Danters jahrzehntelanges Zigarrenrauchen eine bräunliche Farbe angenommen hatten. In der Mitte des Raumes stand ein sechseckiger Tisch mit einer großen Messingschale. Darin lagen Tausende von Briefmarken, die bis in die Zeit von Edward zurückreichten. Herr Danter hatte kein Briefmarkenalbum, aber sein ganzes Leben lang hatte er nie eine Briefmarke weggeworfen. Tom besaß ein Album, und Herr Danter ließ ihn sich aus der Messingschale bedienen. Tom sammelte einen kompletten Satz edwardianischer Marken und war ganz begeistert.

Bei einer anderen Gelegenheit erzählte David Tom, dass Mr. Danter mit ihm Schach spielen wollte. Tom war schockiert. In seinem ersten Jahr in der Grundschule war er im Schachklub, und die älteren Kinder waren viel besser als er. Herr Danter war *so* viel älter, dass er absolut unbesiegbar sein musste. Erst als Herr Danter versuchte, seinen Springer wie einen Läufer zu bewegen, wurde Tom klar, dass das Altern nicht immer so funktioniert.

Die Kinder wünschten sich ein Haustier, und schließlich nahm ich Tom und Nick zu einem Katzenasyl mit, wo wir ein kleines schwarzes Kätzchen auswählten, das wir Tinkle nannten - es war nicht sehr originell, wir entlehnten den Namen einfach von einem schwarzen Kätzchen in einem Kinderbuch namens *Orlando the Marmalade Cat* von Kathleen Hale. (Wie es der Zufall will, hatte Jackie später, als sie etwa 20 Jahre alt war, einen kleinen Job als Putzfrau im Haus von Kathleen Hale in der Nähe von Wheatley). Es war bereits dunkel, als wir mit Tinkle in einem Träger hinten auf meinem Fahrrad nach Hause radelten. Irgendwann rief Tom mir zu, ich solle anhalten - er konnte Tinkles grüne Augen im Licht der Fahrradlampe leuchten sehen, als er versuchte, sich aus der Enge zu befreien. Aber wir brachten ihn schließlich sicher nach Hause, und er wuchs heran, um ein fettes und faules Leben zu genießen. Wir hatten auch eine Schildkröte, die erstaunlich gut darin war, auszubrechen, und die wir mehr als einmal aus den Gärten anderer Leute herausholen mussten.

Meine Schwester Maleen und ihr amerikanischer Ehemann Bob lebten längere Zeit in Beamsend, manchmal mit einigen ihrer Kinder, vor allem als Bob gezwungen war, seine Stelle an der American Community School in Beirut zu verlassen, als 1975 der schreckliche Bürgerkrieg ausbrach. Bob war ein glühender Verfechter der palästinensischen Sache und ein Feind des Staates Israel, während Mu überglücklich war, dass die Juden endlich in ihre Heimat zurückkehren konnten, wenngleich sie sehr unglücklich war, wenn Israel Angriffe auf die Palästinenser und andere verübte. Sie stritten sich heftig über die Politik des Nahen Ostens, und Bob hatte ein bösartiges Vergnügen daran, Zeitungsausschnitte über israelische Gräueltaten unter Mu's Schlafzimmertür zu schieben, damit sie sie morgens als erstes sehen konnte. Zwischen diesen politischen Kämpfen zeigten sie jedoch eine echte gegenseitige Zuneigung.

Es waren im Allgemeinen glückliche Tage, die wir in Oxford und mit unserer jungen Familie verbrachten, zusammengefasst im Titelgedicht von Davids zweiter veröffentlichter Sammlung, *The Pagoda*:

Die Pagode

Laut, seine Stimme weit wie die Wiesen,
über die Hecken springend, weiter,
wie Fliegen die Ohren der Kühe, die am Horizont dampfen, kitzelnd,
Dick wie Diebe mit den flinken Schwalben
tieffliegend mit Spitzen für seine Ohren,
mit tausendfachem Schwung unterschreibt
seinen Vertrag für den Sommer, mein Sohn,
reitet hoch auf dem Gipfel seiner Stimme,
aussichtsreich, Kopf und Schultern über meinem Kopf
und Schultern, die Hände tief vergraben
in den verknoteten Zügeln meines Haares.

Wie er an meinem Nacken rüttelt, weiß ich noch
meinen Ritt auf meinem Vater Christopher

furchtlos, thronend ohne Halt,
über vergleichbare Felder, über Pfähle,
unter umkippenden Ästen hindurch.

Vielleicht gibt es Fotos, die zeigen
meinen Vater hoch zu Ross
auf den Schultern eines Finanziers
zwischen edwardianischen Wolken.

Wie die umlaufenden Dächer
einer Pagode, eines auf dem anderen sitzend
reiten wir Kinder mit Augen für die Schwalben:

Auch wir galoppieren wie Väter,
Rösser für die Eroberung des Sommers,
und tragen über uns die Rufe der Nachkommenden.

Stehend, geschwollen, sehe ich
dass die Kraft meiner Pagode
die Stärke meiner Pagode liegt, vorletztes Stockwerk - denn ich

erinnere mich an die Legende der Gründung,
überdachte Epochen des Wachstums, während mein Sohn
nicht gelernt hat, sich zu erinnern und vom Himmel überdacht ist.

*

1972 ging David vom Klassenunterricht zur Lehrerausbildung am New-land Park, das bald in das Buckinghamshire College of Higher Education integriert wurde, und spezialisierte sich auf Kommunikationsstudien. Es war ein hübscher, ländlicher Campus in dem Buckinghamshire-Dorf Chalfont Saint Giles. Zusammen mit seiner Kollegin Bridget Adams veröffentlichte er das Buch *The ABC of Communication Studies*, das viele Jahre lang ein Standardwerk zur Einführung in dieses Fachgebiet war. Jahre später, im Jahr 1985, veröffentlichte er ein weiteres einflussreiches Buch, *One Potato, Two Potato: Action Poetry for Children"* (Aktionspoesie für Kinder), diesmal gemeinsam mit Dorothy 'Dot' Clancy verfasst. Es wird noch heute in Klassenzimmern verwendet. Dot, eine große blonde Frau mit einem wilden, schallenden Lachen, wurde eine gute Freundin der Familie. Nach ihrer Pensionierung zog sie nach Cornwall, und wir besuchten sie ein paar Mal in den Sommerferien.

Wir zogen nach High Wycombe und wohnten in der Melbourne Road Nr. 32. Die andere Hälfte unseres Doppelhauses gehörte Ray Gough, einem freundlichen alten Mann aus der Arbeiterklasse, und seiner Frau. Auf der anderen Seite wohnte ein konservatives Mittelklasse-Ehepaar, die Orchards. Sie hatten auch eine schwarze Katze. Er hieß Domino und hatte die bedauerliche Angewohnheit, sein Hinterbein wie ein Hund zu heben und einen kräftigen Strahl Urin zu verspritzen, meist auf die Socken oder Hosenbeine der anderen.

Ich bekam eine Stelle als Deutschlehrerin an der Lady Verney High School for Girls, die mir viel Spaß machte. Eine meiner besten Schülerinnen, Moira Laidlaw, wurde eine lebenslange Freundin, und auch mit Julia Bishop und Sally Brocklehurst (geborene Jervis) habe ich Jahrzehnte nach meinem Ausscheiden aus der Schule noch einmal Bekanntschaft gemacht. Von Sally erfuhr ich zu meiner Überraschung, dass ich unter den Lehrern als radikal galt, weil ich die erste Lehrerin war, die Hosen statt Röcke trug. Was Moira betrifft, so überraschte sie mich mit der folgenden Antwort auf eine Anfrage von Tom über die Zeit, als ich sie in Lady Verney unterrichtete:

Ihre Mutter war ein frischer Wind im Klassenzimmer, nachdem andere Lehrer jahrelang sehr eintönig und restriktiv "unterrichtet" hatten. Ich war fasziniert von ihrer Begeisterung für Literatur, insbesondere für Goethe und Schiller, und ich erinnere mich noch lebhaft daran, wie Hazel, Rosemary und ich (ihre drei Oberstufenschülerinnen) Schillers "Der Taucher" studierten. Sie ließ uns den Text laut vorlesen und bestand darauf, dass wir ihn dramatisch lasen. Mit ihrer Begeisterung und ihren leuchtenden Augen half sie uns, den Text zu erleben. Als angehende Lehrerin habe ich wirklich viel von ihrem Unterrichtsstil gelernt. Ich weiß noch, dass sie ziemlich förmlich gekleidet war, aber ihre Art war alles andere als das. Sie liebte das, was sie im Klassenzimmer tat, und das sah man auch. Sie war eine der wenigen Lehrerinnen und Lehrer, bei denen das Lernen so viel Spaß machte und sich so sehr lohnte. Ich musste mir nie die Frage stellen, warum wir das, was wir taten, lernten, denn sie machte es in Bezug auf seine Relevanz und seine Bedeutung für das Leben lebendig.

Sie hatte eine Präsenz. Ich erinnere mich, dass sie für eine Schiller-Zeile schwärmte und so sehr darin vertieft war, dass sie nicht auf ihre zerzausten Haare achtete, ihre Gesten oder ihr Stöbern in Büchern, um genau das zu finden, was sie suchte. Sie brachte kein Ego mit ins Klassenzimmer, sie brachte Staunen und Freude und Strenge und hohe Ansprüche mit. Sie erwartete von uns, dass wir immer unser Bestes gaben, und das taten wir auch. Sie interessierte sich für ihre Schüler. Sie kümmerte sich um ihr Fach, aber sie ließ nie zu, dass die Sorge um den Unterrichtsgegenstand ihre Sorge um den Einzelnen überwog. Sie war jemand, mit dem die Schüler reden konnten.

Ich erinnere mich noch lebhaft daran, wie viel sie mir als sehr unglücklicher 17-Jähriger bedeutete. Ich besuchte sie manchmal zu Hause, und sie zeigte mir nichts als Freundlichkeit und Wohlwollen. Sie lobte mich sehr, vor allem in Bezug auf mein gesprochenes Deutsch und meine musikalischen Fähigkeiten. Sie war die erste Lehrerin, eigentlich die erste Person, die das je getan hat. Sie sah in mir einen echten Menschen, eine viel zu seltene Eigenschaft bei einem Lehrer. Sie hat meine eigene Entwicklung als Mensch tiefgreifend beeinflusst, und ich weiß, dass ich einige meiner Lehrmethoden - genaues Zuhören, dem Einzelnen Chancen bieten, jeden mit Respekt behandeln - von ihr gelernt habe.

Sie kümmerte sich leidenschaftlich um Menschen und erzählte uns in der Schule manchmal von ihren eigenen Erfahrungen mit dem Menschsein aufgrund ihres jüdischen Hintergrunds. Ich weiß noch, dass ich gebannt zuhörte und mich wunderte, wie jemand mit solchen Erfahrungen im Klassenzimmer so menschlich sein konnte. Wann immer ich mit Schülern darüber spreche, was guter Unterricht ist, beziehe ich mich auf sie. Manchmal werden Menschen zu Ikonen für einen heranwachsenden Menschen, und in gewissem Sinne ist sie das für mich, obwohl ich jetzt viel älter bin. Sie hat mich bei Verstand gehalten und mich in die Lage versetzt, mit meinen familiären Umständen fertig zu werden. Das ist sehr selten - und wertvoll.

Die Kinder gingen in eine freundliche kleine Grundschule namens Micklefield. Der Schulleiter war ein großer, freundlicher Mann namens Mr. Kelloway. Tom war damals ein sehr militaristischer kleiner Junge - er hatte eine Keksdose voller winziger Plastiksoldaten, die er gerne mit Streichhölzern aus einer winzigen Metallhaubitze abfeuerte. Er ging in die Bibliothek von Summertown und saß dort stundenlang und zeichnete Diagramme von Kampfflugzeugen und Bombern des Zweiten Weltkriegs. Während der Schulzeit saß er auf der kleinen Mauer um den Spielplatz und las Kriegscomics. Er träumte davon, Spitfire-Pilot zu werden, und es war ein Schlag für ihn, als er feststellte, dass die RAF keine Spitfires mehr einsetzte und im Allgemeinen ohnehin keine sehr kurzsichtigen Jungen als Piloten einstellte. David und ich ließen ihn trotz unserer pazifistischen Prinzipien gewähren und nahmen ihn sogar in den Film *The Battle of Britain* mit. Der Film war sehr realistisch und der Anblick blutüberströmter Piloten, denen die Eingeweide herausgeschossen wurden, machte es für ihn eindeutig weniger schmerzhaft, seinen Wunsch, "einer der Wenigen" zu werden, aufzugeben.

Eines Tages machte Nick seine Radfahrprüfung, bei der es unter anderem um eine weiße Linie auf dem asphaltierten Spielplatz ging: Die Kinder sollten in der Nähe der Linie fahren, sie aber nicht überqueren. Nick verstand das falsch: Er dachte, er müsse auf der Linie fahren, was er auch tat, und zwar sehr geschickt - und er war der einzige Junge, der *keinen* Leistungsnachweis erhielt ... Er kam tief deprimiert nach Hause.

An einem anderen Tag kam Jackie von der Schule nach Hause und schockierte uns mit der Feststellung, dass sie "keine Nigger mag". Was war aus unserem Traum geworden, Großbritannien zu einer toleranten, multiethnischen Gesellschaft zu verhelfen? Als wir sie befragten, wurde schnell klar, dass sie wegen ihrer hellbraunen Haut schikaniert wurde. Ihre Antwort darauf war, dass sie sich Kinder mit dunklerer Hautfarbe suchte, die sie ihrerseits schikanieren konnte - denn es ist eine traurige, aber unbestreitbare Tatsache, dass die meisten kleinen Kinder lieber andere schikanieren als selbst schikaniert zu werden. Glücklicherweise erwies sich dies nur als eine kurze vorübergehende Phase in Jackies Entwicklung.

Die Kinder waren im Allgemeinen nett zu allen - außer zu einander. Jackie stachelte Nick gnadenlos an, bis er eines Tages so wütend wurde, dass *er* sie tatsächlich einen Nigger nannte. Heute gibt Jackie sich selbst fröhlich die Schuld an diesem Vorfall. Sie war oft ungezogen, und gelegentlich bekam sie sogar von meinem sanftmütigen Mann David eine Tracht Prügel. Aber obwohl er aufrichtig wütend zu sein schien, lag keine wirkliche Kraft in seinen Händen, und Jackie musste ein Grinsen unterdrücken, als sie gezüchtigt wurde.

Bei einer anderen Gelegenheit, wieder in Oxford, gerieten Tom und Nick in der Badewanne in einen heftigen Streit über die brennende

Frage, ob es fünf oder sechs Thunderbirds in dem gleichnamigen Fernsehspiel gab. Nick bestand darauf, dass es sich bei *The Mole* um Thunderbird 6 handelte, da er im Verzeichnis direkt nach Thunderbird 5 auftauchte, während Tom darauf hinwies, dass auf der Seite *The Mole* keine Nummer 6 stand und es in der Familie Tracey nur fünf Brüder gab, die die Maschinen betrieben. Diese Debatte eskalierte in einer Badewannenschlacht, die das Badezimmer überflutete und die Decke des darunter liegenden Raums beschädigte.

Eines Tages bekamen wir einen zweiten Kater. Er war schwarz-weiß und wir nannten ihn Blotch. Er verstand sich gut mit Tinkle, obwohl beide Katzen anfällig für Zecken waren. Diese Zecken bohrten sich mit ihrem Stechrüssel in die Haut und saugten sich mit Blut voll, bis sie anschwollen und fast aufplatzten. Es machte den Kindern viel Spaß, sie zu zerstechen.

Später, nachdem wir nach Maidenhead gezogen waren, retteten Nick und Jackie eine weitere schwarz-weiße Katze, diesmal langhaarig, die sie in unserer Garage versteckt fanden. Sie war offenbar misshandelt worden - sie hatte einen beschädigten Schwanz, der mit blauer Farbe beschmiert war, und war sehr dünn. Wir nannten ihn *Scruffkin*, eine schmuddelige Version von *Snufkin* aus den Mumin-Geschichten. Traurigerweise wurden sowohl Blotch als auch Scruffkin von Autos überfahren und getötet. Nur Tinkle überlebte bis ins hohe Alter.

Als wir noch in High Wycombe wohnten, freundete sich Nick mit einem Mann mittleren Alters mit Down-Syndrom namens Paul an, den er eines Tages im Park traf. Paul war ein kleiner, gebückter Mann mit nur ein paar Strähnen fettigen schwarzen Haars und einem komischen Geruch. Mit seinen Lippen war etwas nicht in Ordnung, sie waren gummiartig und etwas verdreht. Das und seine wässrigen Augen, die durch eine Brille vergrößert wurden, ließen ihn ständig traurig aussehen. Er lebte bei seiner Mutter, die den ganzen Tag mit einer Lavalampe neben dem Sofa vor dem Fernseher saß. Einmal küsste Paul Nick auf die Stirn und wurde heftig gescholten, als er es seiner Mutter erzählte. Als er Nick das nächste Mal sah, entschuldigte er sich aufrichtig und unter Tränen. Er wusste nicht, dass man für so etwas verhaftet werden kann. Paul hatte keine Familie, die ihm emotionale Wärme gegeben hätte, aber er wurde von der Gemeinde der Elim-Pfingstkirche betreut, die ihn unter ihre Fittiche nahm. Leider starb seine Mutter jedoch nicht lange nachdem wir High Wycombe verlassen hatten. Paul wurde in einem Heim in Milton Keynes untergebracht. Nick besuchte ihn einmal, aber Paul wusste nicht, wer er war.

Die Bildung der Kinder wurde zu einem immer dringlicheren Thema. Damals gab es im Vereinigten Königreich noch ein selektives Schulsystem, d. h. Kinder ab 11 Jahren mussten eine Prüfung ablegen, die 11+ hieß. Diejenigen, die sie bestanden, gingen auf Gymnasien, diejenigen, die anderen besuchten weiterführende Schulen (*secmods*). Die Regierung behauptete, dass dies eben eine Möglichkeit sei, jedem Kind eine angemessene Bildung zukommen zu lassen - aber in Wirklichkeit bedeutete es, dass 80 % der Kinder im Alter von 11 Jahren als Versager abgestempelt wurden. Tom hatte die 11+-Prüfung kurz bevor wir Oxford verließen an der Bishop Kirk School in Summertown abgelegt, und als wir in Wycombe ankamen, erfuhr er, dass er sie bestanden hatte - zusammen mit über zwanzig seiner Klassenkameraden. Von seinen neuen Mitschülern in Micklefield hatten jedoch nur zwei bestanden. Die beiden Schülergruppen schienen sich ziemlich ähnlich zu sein - aber in Bishop Kirk mussten die Schüler viele Übungstests absolvieren, in Micklefield hingegen nicht. Dies war ein anschauliches Beispiel für die Ungerechtigkeit des selektiven Systems.

Tom ging auf die Royal Grammar School High Wycombe. Die 1562 gegründete Schule war wie eine Privatschule, mit Lehrern in Talaren, Latein und Griechisch und sogar Kriegsspielen in Uniform. An der RGS gab es auch körperliche Züchtigungen, und Tom wurde von Jock Learmonth, dem faschistischen schottischen Sportlehrer, mit einem Turnschuh auf die Rückseite seiner Waden geschlagen, weil er sein Sportzeug vergessen hatte. Die RGS befand sich auf der Spitze eines langen, steilen Hügels namens Hicks Farm Rise. Symbolischerweise befand sich die örtliche Realschule, Hatters Lane, am unteren Ende von Hicks Farm Rise. Jeden Morgen musste Tom sein Fahrrad am Eingang der Hatters-Lane-Schule vorbeischieben und den Hügel hinauf. Seine lächerliche magentafarbene Schuluniform machte ihn zur offensichtlichen Zielscheibe für den Spott der Kinder aus der Hatters-Lane-Schule und manchmal auch für Steine und Spucke. Es war fast eine Karikatur des britischen Klassensystems - ein

System, das durch die Eliteschulen, die wir verabscheuten, aufrechterhalten und verstärkt wurde.

Obwohl auch Nick die 11+ bestanden hatte, beschlossen wir 1974 schließlich, drastische Maßnahmen zu ergreifen. In jenem Jahr besiegte Harold Wilson Ted Heath in zwei Wahlen knapp und bildete eine Labour-Regierung, die sich verpflichtete, die 11+ abzuschaffen und das britische Bildungssystem von einem selektiven zu einem Gesamtschulsystem umzuwandeln - d. h. Kinder mit unterschiedlichen Fähigkeiten und unterschiedlichem Klassenhintergrund in lokalen Schulen zusammenzulegen, um Klassenschranken abzubauen und die Demütigung der Mehrheit der Kinder der Nation zu vermeiden. High Wycombe lag jedoch in Buckinghamshire, einem der von den Konservativen kontrollierten "Rebellenbezirke", die sich der Regierung widersetzten und sich weigerten, das Schulsystem auf Gesamtschulen umzustellen. Während Tausende von Familien in die rebellischen Grafschaften zogen, in der Hoffnung, eine privilegierte gymnasiale Ausbildung für ihre Kinder zu erhalten, zogen wir in die entgegengesetzte Richtung, von High Wycombe nach Maidenhead. Maidenhead war nur zehn Meilen entfernt, lag aber jenseits der Grafschaftsgrenze in Berkshire, das sich der nationalen Regierung unterwarf.

Tom - damals 14 Jahre alt - hielt das für eine ausgezeichnete Idee. Er war bereits ein begeisterter Anhänger der Labour Party und half uns bei den beiden Wahlen von 1974, für den Labour-Kandidaten in High Wycombe zu werben. Sein Name war Bill Back, und auf den Plakaten und Flugblättern, die wir verteilten, stand BACK BILL BACK. (Er hat-te keine Chance - Wycombe war eine Tory-Hochburg, ebenso wie Maidenhead.) Der Umzug war eine große Belastung - er bedeutete zum Beispiel, dass wir ein zweites Auto kaufen mussten, da sowohl David als auch ich zu den Arbeitsplätzen in Buckinghamshire fahren mussten - und natürlich mussten wir unser Haus verkaufen und ein neues kaufen. Aber all das für ein politisches Ideal zu tun - Tom fand das großartig.

Nick war drei Jahre jünger und vertrat eine andere Meinung. Auch er unterstützte die Labour Party und die Gesamtschule, aber nicht so sehr, dass er umziehen wollte. Es war erst drei Jahre her, dass wir von Oxford nach High Wycombe gezogen waren, und nun sollten wir erneut entwurzelt werden, gerade als er sich endlich an den letzten

Umzug gewöhnt und in High Wycombe ein paar Freunde gefunden hatte. Warum sollte man das Glück seiner Kinder für ein abstraktes Stück Ideologie opfern? In einem verzweifelten Versuch, den Umzug abzuwenden, riss er das ZU-VERKAUFEN-Schild vor unserem Haus aus und vergrub es unter dem Komposthaufen im hinteren Teil des Gartens. Als das Verschwinden des Schildes bemerkt wurde, versuchte er zunächst, die Schuld auf Jackie zu schieben, die ganz offensichtlich zu klein war, um eine solche Tat zu vollbringen. Schließlich *wurde* das Haus verkauft und wir zogen nach 25 Redriff Close in Maidenhead. Es war eine ruhige kleine Sackgasse. Auf der einen Seite wohnte ein schwerhöriges Ehepaar, dessen Fernseher immer auf maximale Lautstärke eingestellt war, so dass der Ton durch die Wand kam. Auf der anderen Seite wohnte eine freundliche Arbeiterfamilie namens Palmer aus Manchester. Jackie freundete sich eng mit deren Tochter Gillian an. Ein exzentrischer italienischer Teenager namens Luigi streifte durch die Straßen von Redriff Close. Er sprach ständig von seinem Fahrrad und bat manchmal um eine Fahrradpumpe, obwohl wir ihn nie tatsächlich auf einem Fahrrad sahen. In der Nähe wohnte auch ein Mann indigener amerikanischer Abstammung, der einen blauen Lieferwagen mit Aufklebern hatte, auf denen in roten Großbuchstaben auf weißem Hintergrund stand: REMEMBER WOUNDED KNEE und WANT TO LOSE WEIGHT? MOVE TO A RESERVATION.

Tom und Nick gingen schließlich auf die Desborough School, die frühere Maidenhead County Boys' School. Durch einen unglaublichen Zufall hatten David, seine Mutter und seine Schwester während des Krieges als Evakuierte aus Chislehurst am Rande Londons im Haus des Schulleiters gewohnt, und er hatte gute Erinnerungen an diesen Ort. Es war ein Gymnasium, das allmählich zur Gesamtschule wurde. Tom war in der letzten Klasse des Gymnasiums und Nick in der zweiten Klasse der Gesamtschule. Es war eine reine Jungenschule. Jackie ging auf die Altwood School, eine gemischte Sekundarschule, die ebenfalls zur Gesamtschule wurde. Nach und nach wurde uns klar, dass sich die Beziehung zwischen Desborough und Altwood nur geringfügig von der Beziehung zwischen der Royal Grammar School und Hatter's Lane unterschied. Ob sich der Umzug gelohnt hat, sei dahingestellt.

Jackie entwickelte sich schnell zu einem sehr lebhaften und frechen Mädchen - eine ständige Explosion von Energie, mit einem starken Drang zu dominieren. Wenn sie mit David spazieren ging, wies sie ihm den Weg zum Süßwarenladen - wo sie auch ihr Taschengeld ausgab. Als sie in die Schule kam, war sie bald Mitglied einer kleinen Bande lebhafter Mädchen, die mit Jungen flirteten oder so taten, als ob sie es täten, und ihre Schularbeiten nicht ernst nahmen. Ihre wichtigste Komplizin war ein rothaariges Mädchen namens Georgina, von ihren Freunden *Jaws* genannt.

Alle unsere Kinder hatten Schwierigkeiten in der Schule. Als Tom auf der RGS in High Wycombe war, strickte Mu ihm einen Pullover für die Schule. Er war grau - wie in der Schulordnung vorgeschrieben - aber er hatte einen Rollkragen, und die Schulordnung verlangte einen V-Ausschnitt, damit die Schulkrawatte gut sichtbar war. Er wurde dem Schulleiter und dem stellvertretenden Schulleiter vorgeführt und beschuldigt, ein Anhänger des radikalen Pädagogen A. S. Neill zu sein. David und ich unterstützten Tom nachdrücklich und schrieben einen Brief an den Schuldirektor, aber dieser Vorfall war ein weiterer Grund, warum Tom froh war, Wycombe zu verlassen. Als er und Nick an der Desborough School waren, bekamen sie beide Ärger, weil sie den "Oberstufeneingang" benutzt hatten. Das war ein Hintereingang zur Schule, der zufällig der erste war, den man betrat, wenn man aus Richtung unseres Hauses kam. In der Schulordnung war willkürlich festgelegt, dass dieser Eingang nur von Oberstufenschülern benutzt werden durfte. Weder Tom noch Nick sahen darin einen Sinn und verstießen wiederholt gegen diese Regel. Tom hörte schließlich nach der dritten Verwarnung auf, aber Nick war aus härterem Holz geschnitzt und widersetzte sich weiterhin der Regel, so dass er mehrmals nachsitzen musste. Schlimmer noch, er bekam von Mr. Stanley, dem Lehrer, den meine beiden Söhne am meisten verabscheuten, "eine aufs Dach". Nick empfand Desborough als äußerst unangenehm und wechselte zum Windsor College of Further Education, um dort sein Abitur zu machen. Aber es gab in Desborough auch einige nette Lehrer - eine von ihnen, Joyce Kohn, die die Förderklasse unterrichtete, wurde eine gute Freundin der Familie. Sie war eine Irin, die mit einem polnischen Mann verheiratet war und ihre Polnischkenntnisse nutzte, um Tom Russisch für die Oberstufe beizubringen.

Was Jackie betrifft, so hatte sie in Altwood ständig Ärger, wie sie freudig zugibt, weil sie rauchte, trank und überhaupt nicht lernte.

Tom wurde Schüleraktivist und war ein Jahr im Exekutivausschuss der "National Union of School Students" (NUSS). An den Wochenenden fuhr er nach London und nahm an heftigen Debatten mit jugendlichen Mitgliedern der Socialist Workers Party, der International Marxist Group, der Workers Socialist League, den Spartacists und anderen teil. Nach der Schule stand er vor dem Eingangstor und verkaufte für 10 Pence Exemplare der NUSS-Zeitschrift BLOT. Heute versucht er, seine Anthropologie-Bücher auf Konferenzen zu verkaufen. Ein Aktivist und Akademiker, aber vor allem ein *Geschäftsmann.*

Alle meine Kinder litten unter den berüchtigten britischen Schulmahlzeiten. Das verkochte Gemüse und die Berge von Kartoffelpüree waren schon schlimm genug, aber Tom und Nick hassten vor allem die Desserts - Milchreis, Tapioka, Grießbrei ... So viele verschiedene Namen für den weißen Brei, in dem matschiger Reis oder Froschaugen schwammen. In Bishop Kirk wurde Tom manchmal zurückbehalten, nachdem alle anderen Kinder mit dem Mittagessen fertig waren, weil er sich abmühte, sein Tapioka mit so winzigen Bissen zu essen, dass er es nicht schmecken konnte. Da ich von seinem Leiden wusste, begann ich, ihm Lunchpakete zu machen, als er aufs Gymnasium ging - und er erinnert sich noch heute an die Erleichterung, als er auf Käsesandwiches, einen Apfel und einen Pinguin-Keks umsteigen konnte. Es kann erstaunlich einfach sein, Kinder glücklich zu machen - oder unglücklich.

Da sowohl David als auch ich Vollzeit arbeiteten, konnten wir uns ein größeres Haus leisten. Diesmal war es ein sehr kleiner Umzug - ein paar hundert Meter den Hügel hinauf von Redriff Close zur Boyn Hill Road. Zum ersten Mal in unserem Leben wohnten wir in einem freistehenden Haus - und, ein sicheres Zeichen für den Status der oberen Mittelschicht, unser Haus hatte einen Namen, keine Nummer. Es war ein durchaus begehrenswertes Haus namens Wingates.

Respektabilität der Mittelschicht in Maidenhead

Während unserer Zeit in High Wycombe und Maidenhead wurde die Familie nach und nach zu Vegetariern. Nick war der erste. Er hatte eine tiefe Liebe zu Tieren und konnte den Gedanken nicht ertragen, dass sie getötet und gegessen wurden. Ich respektierte seine Entscheidung und bereitete eine Zeit lang spezielle Mahlzeiten für ihn zu, wenn Fleisch oder Fisch auf dem Speiseplan standen. Aber es fiel ihm auch nicht leicht, andere Menschen beim Essen von Fleisch zu beobachten. Bei einem Weihnachtsfest weigerte er sich, mit uns zu Mittag zu essen, aus Protest gegen den Mord an einem Huhn (oder war es ein Truthahn?), das wir essen wollten. Er verließ das Haus, und da es kalt regnete, verbrachte er das Weihnachtsessen zusammengekauert in einer Telefonzelle. (Nicks Idealismus kam in der Weihnachtszeit wirklich zum Vorschein. Jahrelang schickte Fe den Kindern zu Weihnachten Büchergutscheine im Wert von 50 Pence. Die Kinder mussten Dankesbriefe schreiben, was immer eine enorme Arbeit war, und eines Jahres schrieb Nick an Fe, dass er seine Büchergutscheine an seine Eltern verkauft und das Geld an Oxfam gespendet hatte. Danach hat keines der Kinder je wieder ein Weihnachtsgeschenk von meinem Vater bekommen).

Ich selbst war als Teenager Vegetarierin, aber ich gab es auf, als ich David heiratete - er liebte seine Würstchen, und ich war bestrebt, mich seinen Gewohnheiten anzupassen. Aber eines Tages fuhr ich nach High Wycombe zu meiner Arbeit in der Lady Verney, als ich in einen Stau geriet, hinter einem riesigen Lastwagen, der mit Ferkeln vollgestopft war. Diejenigen, die dazu in der Lage waren, streckten ihre Nasen an den Seiten heraus, neugierige, lebhafte Junge, die sich offensichtlich fragten, wohin sie gehen würden. "Ich weiß, wohin ihr geht", dachte ich, und mir kam das Bild eines Schlachthofs in den Sinn. Mit einem Schreck wurde mir klar, dass ich gerade gedacht hatte: "Ich darf nicht vergessen, Speck zu kaufen", und ich dachte: NEIN! Nie wieder! Als ich nach Hause kam, sagte ich David, dass ich nie wieder Fleisch kaufen oder kochen würde - wenn er es wollte, müsste er es selbst tun. Danach schlich er sich gelegentlich in den Laden um die Ecke, um für sich und unsere beiden verbliebenen "fleischfressenden" Kinder ein paar Würste zu kaufen. Doch eines Tages sahen wir im Fernsehen einen Dokumentarfilm über eine Hühnerfabrik, in der eine furchterregende Maschine mit wirbelnden Klingen Dutzende von lebenden Hühnern pro Minute enthauptete. David fand das sehr beunruhigend, und bald danach wurde auch er Vegetarier.

Damit blieben nur noch Tom und Jackie übrig. Tom hatte nie zum Vegetarismus geneigt. Jackie versuchte es zwar, hielt es aber nicht lange durch. Es stand im Widerspruch zu ihrem Berufswunsch, bei McDonald's zu arbeiten. Nachdem sie mit 16 Jahren die Schule verlassen hatte, erreichte sie dieses Ziel, fand es aber bald langweilig und kündigte. Schließlich beugte sie sich unserem Drängen, eine Ausbildung in der Gastronomie zu machen. Sie hat eine erfolgreiche Karriere im Gastgewerbe gemacht. Tom studierte an der Universität Cambridge Englische Literatur und arbeitete dann als Lehrer in Japan, später wurde er Journalist und dann Professor für Sozialanthropologie. Nick studierte Filmwissenschaften an der Universität Warwick und wurde nach verschiedenen Jobs, darunter Bibliothekar, Dachdecker und stellvertretender Schleusenwärter, schließlich Pianist.

Das Nest war leer, und David und ich waren in unseren Fünfzigern. Wir beschlossen, beide in den Vorruhestand zu gehen, etwas von der Welt zu sehen und uns als Englischlehrer zu verdingen. Wir begannen, internationale Schüler in Wingates aufzunehmen. Wir dachten, dass wir vielleicht nach Uganda zurückkehren oder nach Japan reisen könnten, wo Tom sich niedergelassen hatte, oder nach Portugal, wo wir einen Familienurlaub gemacht hatten. Inzwischen gab es nichts mehr, was uns in Maidenhead hielt, also zogen wir zurück nach Oxford. Wir gaben unser schönes Einfamilienhaus auf und ließen uns in 95 Harefields nieder, einem schäbigen dreistöckigen Stadthaus in einem eher schäbigen Außenbezirk von Nord-Oxford, gleich außerhalb der Ringstraße. Einige Jahre später zogen wir erneut um, und zwar nach 32 Yarnells Hill, in ein frei-stehendes Haus in Botley im Westen Oxfords, wo wir ein Vierteljahrhundert lang wohnten und von wo aus wir viele Jahre lang unsere eigene kleine Sprachschule, Oxford Residential English, betrieben.

Mit David, der den Dalai Lama bei einem Besuch in Oxford trifft

Anfang 2011 hatten wir einen Notfall in Yarnells Hill. Seit ich ein kleines Mädchen war, hatte ich mich daran gewöhnt, einen echten Weihnachtsbaum zu haben - keinen dieser falschen Plastikbäume - mit echten Kerzen, nicht diesen schrecklichen elektrischen. Es war die Zwölfte Nacht, und wir hatten ein paar Nachbarn auf Glühwein eingeladen, während wir die Kerzen ein letztes Mal anzündeten, bevor der Baum abgebaut wurde. Tom war bei uns, da er in diesem Jahr ein

Sabbatical einlegte. Während wir mit den Gläsern in der Hand dastanden, kippte plötzlich eine der Kerzen um und setzte den Baum in Brand. Die Tannennadeln waren trocken, aber voll mit Öl. Zuerst war da eine winzige Flamme, im nächsten Moment stand der ganze Baum in Flammen, und ein schwarzer Fleck breitete sich rasch an der Decke aus. Der Raum war gesäumt von hölzernen Bücherregalen voll mit alten Büchern. Zum Glück erinnerte sich David an den Feuerlöscher, der schon seit ein oder zwei Jahrzehnten unbeachtet in der Küche stand. Er rannte in die Küche, ergriff ihn mit zitternden Händen und drückte ihn Tom in die Hand. Tom zitterte genauso stark, schaffte es aber, den Sicherungsstift zu entfernen und den Abzug zu betätigen. Es gab einen Schwall von weißem Pulver, und schon war das Feuer aus. Noch eine Minute, und das ganze Haus hätte abbrennen können, und vielleicht noch ein paar andere mitgerissen.

Heutzutage habe ich immer noch gerne einen Weihnachtsbaum, aber ich mache mir nicht die Mühe mit den Kerzen.

Wir versuchten, uns unter die Nachbarn zu mischen, und David war einige Jahre lang Leiter der örtlichen Nachbarschaftswache, aber ich hatte nie das Gefühl, dass wir wirklich akzeptiert wurden. Wir luden Leute zu Drinks ein, aber sie luden uns selten zurück. Nach Davids Tod im Jahr 2017 zog ich auf die andere Seite von Oxford, nach Risinghurst. Die Menschen dort waren weniger wohlhabend als die in Botley, aber etwas freundlicher.

9. Haushilfe

Unser Traum, die Welt zu bereisen, bedeutete, dass wir eine Qualifikation in TEFL - *Teaching English as a Foreign Language* - erwerben mussten. Während wir auf unsere TEFL-Qualifikationen warteten, beschloss ich, mir als Haushaltshilfe etwas Geld zu verdienen. Dazu musste ich mit dem Fahrrad zum Sozialdienst fahren, der in einigen bescheidenen Gebäuden auf dem Brachland hinter dem Krankenhaus untergebracht war. Die Empfangsdame saß hinter Glas und einer Schalttafel.

"Bitte warten Sie dort drüben. Miss Tinker wird gleich kommen." Und das tat sie! Ich hatte kaum Zeit gehabt, die Aushänge über "Ash" (die Anonymen Alkoholiker) und die Geburtsvorbereitungskurse zu lesen. Miss Tinker war ein übergroßes Schulmädchen in den Vierzigern, mit dichten blonden Locken und Haarnadeln auf beiden Seiten ihres großen, bebrillten Gesichts.

"Wie haben Sie von uns gehört?", fragt sie lächelnd. Wir sitzen in einem leeren Büro.

"Oh, ich habe schon immer von "Home Helps" gewusst. Ein Freund von mir war vor Jahren dort, also ..."

"Ich verstehe. Nun denn -" Sie breitet einige Papiere auf dem Tisch aus. Sie sieht aus wie der Kapitän eines Hockeyteams oder eine Pfadfinderin, die ein neues Mitglied willkommen heißt, fröhlich nach meinem Namen fragt und mir zeigt, wo es lang geht ...

"Natürlich bekommen Sie nur 1,88 Pfund pro Stunde, das ist Ihnen klar. *Sie* zahlen 2,50 Pfund, WENN sie es sich leisten können. Wenn sie einen Zuschlag erhalten, zahlen sie nichts - aber einige von ihnen können. Der Bezirk behält einen Teil davon für die Verwaltung - das bin ich, verstehen Sie, ich muss bezahlt werden!" Sie lacht schelmisch und nimmt mich ins Vertrauen. Strahlend sagt sie: "Aber es ist nicht wie beim Putzen. Als Putzfrau kann man mehr bekommen. Aber als Haushaltshilfe können Sie sicher sein, dass Sie ein echtes Bedürfnis befriedigen. Es ist ja nicht so, dass man für jemanden wie mich den Haushalt macht, wenn ich das selbst perfekt kann. Diese Menschen brauchen Sie wirklich. Viele von ihnen müssten in ein Heim gehen, wenn wir nicht da wären. *Sie müssen* also absolut vertrauenswürdig sein, weil Sie vielleicht mit Geld und so weiter hantieren. Jetzt lassen Sie mich mal sehen."

Sie klappte einen großen Computerausdruck auf.

"Mrs. Moody kann ein bisschen anstrengend sein. Und sie wird langsam taub. Aber gehen Sie dienstags morgens um 9.30 Uhr dorthin und klopfen Sie einfach immer wieder an die Tür. Sie ist sicher da, weil wir dienstags immer dorthin gegangen sind. Dann ist da noch Miss King. Sie ist gerade aus dem Krankenhaus gekommen. Es geht ihr gut, sie ist nur etwas desorientiert, also möchte ich, dass Sie eine Zeit lang jeden Tag zu ihr gehen. Sie hat eine gute Nachbarin nebenan, wenn Sie also einmal nicht reinkommen oder es Probleme gibt, sollten Sie es bei ihr versuchen - Mrs. Hughes heißt sie, und sie hat einen Schlüssel. Oh, und Frau Moodys Tochter und Schwiegersohn wohnen gleich um die Ecke. Sie sind sehr gut zu ihr, aber es gehört zu unserer Aufgabe, Familien zu unterstützen, wenn sie einen älteren Angehörigen haben. Das kann eine große Belastung sein. Das bringt uns zu Mrs. Proctor."

Sie seufzte. "Mrs. Proctor ist Russin, und sie ist sehr, *sehr* schwierig." Sie seufzt erneut. "Sehr. Ein Teil des Problems ist, dass ihr Englisch nicht sehr gut ist und dass sie einen kleinen Schlaganfall hatte, der ihre Sprache etwas undeutlich gemacht hat. Es ist also sehr schwer sie zu verstehen. Sie könnten damit überfordert sein. Die letzte Person, die wir zu ihr schickten, verließ sie nach einer Stunde tränenüberströmt."

"Warum?"

"Nun, das ist schwer zu erklären. Sie erwartet, dass die Sockelleisten mit einer Zahnbürste geputzt werden - so etwas in der Art. Ich nehme an, das war sie von früher gewohnt, als sie noch Bedienstete hatte. Sie war früher Pianistin, und als ich sie das erste Mal besuchte, spielte sie Klavier für mich und das war wunderbar. Aber das könnte das letzte Mal gewesen sein, dass sie gespielt hat. Traurig, nicht wahr? Sie macht sich nicht mehr die Mühe, sich anzuziehen - sie schlendert nur noch in ihrem Morgenmantel herum. Sie ist so dünn wie dies" - sie hielt ihren kleinen Finger hoch -, "aber sie kocht für sich selbst. Was auch immer es ist, es riecht irgendwie kontinental. Aber Sie müssen nicht für sie kochen. Sie hat Freunde, die sie besuchen kommen, aber sie vertreibt sie mit ihren Forderungen und Wutausbrüchen. Sie sagt immer, niemand hätte sie besucht. Also, was meinen Sie, wollen Sie es mal versuchen? Um zu sehen, wie Sie zurechtkommen?"

"Natürlich will ich das".

Ich bekam einen Overall und einen Stundenzettel - und jetzt bin ich also eine Haushaltshilfe.

Mrs. Proctor wohnt im Erdgeschoss eines großen viktorianischen Hauses, eines der letzten, das den Spekulanten widerstanden hat, die die meisten Gebäude dieses Typs abgerissen und durch Wohnblocks ersetzt haben. Sie ist groß, hat graublaue Augen und ein langes Gesicht. Die rechte Seite ihres Mundes und ihr rechtes Auge hängen leicht herunter, ein Beweis für den Schlaganfall.

Ich beschließe, einen meiner wenigen Brocken Russisch zu benutzen.

"Dos vidanya!" sage ich fröhlich.

Sie starrt mich an.

"Seet there!", bellt sie plötzlich und zeigt mit einem langen Finger auf einen Klappstuhl, der die Küchentür ständig offenhält. Plötzlich fasst sie sich an die Wange, beugt sich vor und stöhnt: "Such bain! Ees abscess!" Langsam richtet sie sich wieder auf, berührt mit ihren langen Fingern eine Gemüseschale, eine Schüssel, einen Kochtopf, versucht sich zu erinnern, was sie gerade getan hat; dann schaut sie mich mit einem scharfen, luchsartigen Blick an, die lange Oberlippe zuckt, und sie überlegt, wie sie mich benutzen kann.

Sie sagt etwas. Ich verstehe kein einziges Wort. Sie wiederholt es mit dem Mund, starrt mich mit großen Augen an, angespannt, nach vorne gelehnt.

"You go in die Stadt. Ees pharmacie. You buy blaster." Sie streckt ihren Daumen aus, um mir einen Schnitt zu zeigen.

"Oh! Sie wollen Heftpflaster aus der Apotheke."

Ich stehe auf.

"Warten! Seet!"

Ich setze mich wieder. Als würde sie eine taube Person ansprechen, die von den Lippen ablesen muss, spricht sie die Worte "Reformhaus" aus.

Ich wiederhole die Worte, und sie nickt und schließt die Augen. Nach einer langen Pause kommen die Worte heraus: Vollkornbrot. Und dann: Müsli. Kekse.

Wieder eine lange Pause. Wieder stehe ich auf. Wieder schreit sie wütend: "Warten! Seet!" und murmelt einige unverständliche Worte. Endlich, nach hektischen Handbewegungen, schnappt sie zu: "Gegenüber!"

"Gegenüber?"

"Pap. Martell. Für Mrs. Proctor."

"Sie wollen Martell Brandy? Aus dem Pub gegenüber dem Bioladen?"

Sie nickt.

"Werden Sie mir das Geld geben?"

"Geld."

Langsam, auf den Tisch gestützt und sich am Türpfosten festhaltend, geht sie ins Schlafzimmer und lässt sich auf das Bett fallen. Sie gibt mir etwas von dem Geld, das zwischen den vielen Dingen liegt, die auf dem Bett verstreut sind, und ich gehe endlich los, um diese Dinge zu besorgen.

Sie scheint ganz zufrieden zu sein, als ich zurückkomme und ihr die Pflaster, das Brot, die Kekse und das Kleingeld gebe. Aber dann bellt sie: "Martell?"

"Die Kneipe ist um diese Zeit geschlossen."

"Wie spät ist?"

"Zehn Uhr."

Ich ziehe meinen Mantel aus und ziehe meinen Overall an. "Was soll ich tun?"

Sie lehnt an dem rosafarbenen Seidenkopfteil ihres Bettes und sieht sehr krank aus. Nach einer langen Pause, während ein Countertenor im Radio eine Arie singt, öffnet sie die Augen und spricht. Nach einer Weile erkenne ich das Wort für Staubsauger und schaue mich danach um. Ich finde ein kleines Handmodell mit einem Drei-Zoll-Kopf unter dem Flurtisch und nehme es mit ins Wohnzimmer.

Es ist ein schönes Zimmer. Das fahle Licht des großen Fensters mit Netzvorhang fällt sanft auf den weißen Leinenbezug eines zweisitzigen Sofas und üppige grüne Pflanzen auf einem niedrigen Tisch. Neben dem offenen Klavier - einem Bechstein - mit Noten auf der Ablage steht eine Stehlampe, deren Schirm mit einem weißen Spitzentuch drapiert ist und ein weiches, einladendes Licht auf den weißen Klavierhocker wirft, auf dem fünf winzige glänzende Figuren wie Spielzeugsoldaten liegen. Auf dem Klavier und auf den kleinen

Tischen stehen Fotos, abgeschlagener, zerbrochener Nippes, ungeschickt zusammengeklebt: Embleme eines Flüchtlingsdaseins, Erinnerungen an eine ferne Vergangenheit, wie dieser ganze Raum, dieser weiße, helle Salon. Ein alter Perserteppich fügt seine leuchtenden Rottöne dem blassen, muschelartigen Interieur hinzu.

Mrs. Proctor taumelt langsam herein. Sie beginnt, mit ihrem Gehstock unter einer großen Mahagonitruhe herumzustochern.

"Warum helfen Sie mir nicht?"

Ich knie mich hin und ziehe eine Flex mit einem Adapter heraus.

"Nein! Nein! Schwarz! SCHWARZ!"

Ich fasse noch einmal unter die Truhe, aber es gibt kein anderes Kabel. Eine Tischlampe ist in den weißen Adapter eingesteckt. Ich ziehe sie heraus.

"Was Sie machen?", schreit sie.

Ich schließe den Staubsauger an und schalte ihn ein. Ihr Gesicht erhellt sich mit einem Lächeln.

"Gut, gut! Ich glaube ist schwarz."

Ich bücke mich und beginne, den Teppich zu saugen. Sie schaut mir zu.

"Das! Das!", raunt sie und zeigt mit ihrem Stock auf ein Stück Papier. "Aufheben! Aufheben! In Tasche stecken! Sonst Apparat kaputt. Ist teuer!"

Ich spüre, wie der Groll in mir aufsteigt, während ich mit der dummen kleinen Maschine herumkrieche, während sie mich herumkommandiert. Ich bin nur noch eine halbe Stunde hier, sage ich mir, aber ich spüre, wie ich mich in eine mürrische Dienerin verwandle. Alles, was ich tue, ist falsch. Ich soll eine Matte aufheben, aber sie muss mir zeigen, wie man sie an den vier Ecken festhält, wobei sie sich gefährlich bückt und stöhnt. Ich soll sie in den Garten tragen und sie schütteln. Ich bringe sie zurück und lege sie hin. Aber nein, ich mache es schon wieder falsch: diese Ecke muss einen Viertelzoll weiter rüber, diese Seite muss einen halben Zoll weitergezogen werden: sie ist außer sich vor Wut. Dann soll ihr Bett gemacht werden: aber streiche ich das Laken auch richtig glatt? Wütend stößt sie mich beiseite und streicht es selbst glatt, wobei sie keucht. Dann gehen wir ins Bad. Sie kann mir nicht sagen, was sie will; sie muss es mir zeigen. Die Tür ist mit einem alten Gürtel zurückgebunden. Dahinter steht ein Stapel alter Lederkoffer, drapiert in einer weißen Pelzdecke, und zwischen den Koffern und der Tür ist ein Bügelbrett eingekeilt. Offensichtlich will sie es herausholen, und ich nehme es in die Hand. Es verfängt sich im Gürtel.

"Idiot!", schimpft sie, stößt mich beiseite und holt es selbst heraus. Schweigend zeigt sie auf die Stelle in der Eingangshalle, wo es stehen soll. Ich stelle es auf. "Nicht in meinem Salon!", schreit sie plötzlich und schlägt wütend mit ihrem Stock auf das Bügelbrett ein. Seine Beine ragen ein paar Zentimeter über die Schwelle des Salons hinaus. Ich schiebe es weg, und sie nickt beschwichtigend. Dann zeigt sie auf das Nachthemd und ein paar Lumpen, die ich bügeln soll, und taumelt zurück ins Bett. Ich finde das Bügeleisen in einem Küchenschrank, schließe es an und beginne zu bügeln. Sie liegt da und beobachtet jede meiner Bewegungen.

"Zu heiß!", schreit sie plötzlich, setzt sich auf und streckt mir ihre Hand entgegen, die Augen starr vor Schreck. "Nein, es ist nicht sehr heiß", sage ich. Ihr Gesicht verzieht sich, sie dreht den Kopf, legt die Hand um ihr Ohr. "Nicht heiß!", rufe ich. Aber sie hat es immer noch nicht gehört und klopft wütend mit dem Stock auf das Bett. Ich gehe hinüber und spreche ihr ins Ohr. "Es ist nicht sehr heiß." Dann lächelt sie, erfreut, tätschelt meinen Arm, entspannt sich.

Meine eineinhalb Stunden sind um. Ich räume alles weg und wecke sie aus dem Dämmerzustand, um mich zu verabschieden. Sie starrt mich an.

"Wo ist mein Mittagessen?"

"Mittagessen? Es ist erst halb elf."

Ihr Gesicht drückt Bestürzung aus.

"Mir wurde gesagt, dass Sie Ihr eigenes Mittagessen haben."

Jetzt mimt sie Unverständnis. Ich versuche den Satz auf Deutsch - und sie versteht, schüttelt resigniert den Kopf, bittet mich, nur den Herd zu fegen, nur die Küche zu putzen, nur Kaffee zu kochen. Ich erkläre ihr, dass ich eine andere alte Dame besuchen muss.

"Wo?", fragt sie misstrauisch. Ich sage es ihr. Sie lässt mich gehen.

*

Ich klopfe an die Tür von Miss Kings kleinem Reihenhaus und warte. Die Straße ist ruhig. In dem winzigen Vorgarten sprießen bereits die Narzissen. Ich klopfe erneut. Die Vorhänge im Wohnzimmer sind fast zugezogen. Zwischen ihrem Garten und dem von nebenan wächst sich etwas Liguster. Ich klopfe nochmals. Diesmal höre ich ein Geräusch und sehe dann eine blaue Gestalt durch die Buntglasscheiben in der Tür. Eine gurrende Stimme, die sich entschuldigt. Verschwommene Hände tasten hinter dem Glas. Endlich findet sie die Türklinke und lässt mich eintreten.

Sie hat ein attraktives, bewegliches Gesicht mit braunen Augen und rosigen Wangen. Ihr schütteres graues Haar ist in der Mitte gescheitelt und hinten zu einem lockeren Dutt gezwirbelt. Ihre Sprache und ihr Benehmen verraten eine sorgfältige Erziehung; nur wenn sie aufgeregt ist, lässt sie die Achseln fallen und sagt *done* für *did*.

Sie bittet mich in das Hinterzimmer. Die Wände sind in einem matten Ockerton gehalten, der Boden ist mit braunem Linoleum mit einem Muster aus kleinen Blumen an den Rändern ausgelegt, und in der Mitte liegt ein abgenutzter und fadenscheiniger Teppich. Das Zimmer ist vollgestopft mit Möbeln: ein Tisch in der Mitte, ein weiterer an einer Wand mit einem Radio im Stil der dreißiger Jahre, ein Bücherregal mit Glasfront, vier Esszimmerstühle, ein Windsor-Stuhl in einer Ecke, ein Bett und eine Toilette; und neben der Tür, durch die wir eingetreten sind, gibt es eine weitere zur Küche. Das Licht ist schummrig, das Fenster blickt auf einen schmalen Gang und einen Garten. In der grauen Decke ist ein grobes Loch, aus dem eine neue elektrische Lampe herabhängt. Und es gibt ein neues elektrisches Feuer im Kamin.

"Das ist schon Jahre her", erzählt sie mir. "Bis dahin hatte ich nur Gaslicht und ein Kohlefeuer."

"Wirklich?"

"Ja. Man sagt, ich sei die letzte Person in der Gegend, die Strom bekommen hat. Ich ging weg und blieb bei meinem Neffen, während sie die Arbeit erledigten. Jetzt wünschte ich, ich wäre hiergeblieben. Was diese Männer angestellt haben, weiß ich nicht. Aber ich glaube, sie standen auf meinen Stühlen, anstatt eine Leiter zu benutzen. Sehen Sie."

Es sind viktorianische Stühle, sehr schön geschnitzt, aber die Sitze aus Wachstuch hängen, und das Gurtband darunter ist kaputt.

"Sie sind ziemlich alt, nicht wahr?"

"Nun, meine Mutter bekam sie, als sie heirateten. Und ich wurde 1898 geboren, als meine Mutter zweiundvierzig war. Also ja, sie sind alt. Aber sie waren völlig in Ordnung, als ich zu meinem Neffen ging. Aber als ich nach Hause kam -" sie breitet ihre Hände aus.

"Wohnen Sie schon lange in diesem Haus?"

"Seit 1917. Mein Vater betrieb eine Molkerei im Norden von London, in Islington. Denn sein Bruder betrieb die Farm in der Nähe von Aylesbury, und mein Vater verkaufte die Milch von der Farm, wissen Sie. Aber der Krieg machte all dem ein Ende. Mein Vater wurde einberufen, und meine beiden Brüder auch, obwohl meine Mutter blind war."

"Warum war sie blind? Wurde sie blind geboren?"

Miss King holt tief Luft: Ich habe sie auf eine andere ihrer Erzählungen verwiesen.

"Meine Mutter hat mich nie gesehen. Ich wurde fünf Jahre nachdem sie ihr Augenlicht verloren hatte geboren. Atrophie des Sehnervs", sagt sie vorsichtig. Sie seufzt und kehrt zum vorherigen Thema zurück. "Natürlich konnte sie das Geschäft nicht mehr führen, aber *ihnen* machte das nichts aus. Beide Jungen wurden einberufen, ebenso wie mein Vater, und so mussten wir natürlich die Molkerei aufgeben und kamen hierher, um in der Nähe meiner Tante zu sein, die den Laden an der Straße hatte."

"Der pakistanische?"

"Jawohl, meine Liebe. Das gehörte einst meiner Tante. Als der Krieg zu Ende war, schien es sinnlos, nach London zurückzukehren - was auch gut so war, denn so mussten wir nicht unter dem Blitzkrieg und all dem leiden, verstehst du? Mein Vater war ein Invalide - also blieben wir hier. Mein Verlobter wurde im Krieg getötet. Ich zeige Ihnen sein Foto, wenn Sie wollen."

Sie führt mich in das vordere Zimmer. Es ist winzig. Und der Traum eines Antiquitätenhändlers. Es ist voll mit kleinen Tischen und Gobelinstühlen, einem verzierten Klavier, zwei Chaiselongues, und der Kamin hat einen deckenhohen Kaminsims mit kleinen Regalen und Spiegeln. Jede horizontale Fläche ist mit Nippes und gerahmten Fotos bedeckt, und an den Wänden hängen große gerahmte Bilder. Alle Vasen, Kerzenständer, Kästchen und Schalen sind in einem tadellosen Zustand, sauber und staubfrei - Erinnerungsstücke an ein geregeltes Leben. Aber die verblichene Blumentapete hat auf beiden Seiten des Mantels kreisrunde Löcher, wo die Gaslampen herausgerissen wurden; eine nackte Glühbirne baumelt von einer weißen Flex in der Decke.

In der Ecke gegenüber der Tür, auf einem Bambustisch, steht eine Puppe. Sie steht unter einer Glaskuppel. Sie ist mindestens ein Meter groß, hat ein rosafarbenes, pummeliges Gesicht, blonde Locken, ein weißes Rüschenkleid, einen Feenstab in der einen Hand und Lametta-Flügel auf dem Rücken. Sie sieht ganz neu aus. Sie erinnert mich an meine dänische Puppe, Karen.

"Sie wurde mir bei einer Weihnachtsfeier der Sonntagsschule geschenkt, als ich acht Jahre alt war. Ich dachte, ich bekäme nichts. Die Namen aller anderen Kinder wurden aufgerufen, und sie gingen nach oben, um ihre Geschenke zu bekommen, alle außer mir. In ihrem Gesicht spiegelt sich das Elend dieses Augenblicks. "Dann stellten sie eine Leiter neben den Weihnachtsbaum und sagten: Florence King! Also ging ich hinauf, und sie gaben mir die Puppenfee von der Spitze des Weihnachtsbaums!" Sie fasst sich an die Hände. "Sie war zu groß für mich, um sie selbst zu tragen, und mein Bruder Tom, der fünf Jahre älter war als ich, musste sie für mich nach Hause bringen. Einige Leute auf der Straße lachten ihn aus und sagten: Seht euch den Jungen an, der eine Puppe trägt! Und mein Bruder Tom drehte sich um und sagte: Kümmert euch um euren eigenen Kram!" Sie schmunzelt über diesen Trotz, der zwei Weltkriege zurückliegt. "Kümmert euch um eure eigenen Angelegenheiten", wiederholt sie, dreht den Kopf in Nachahmung ihres Bruders und schaut finster drein. Da ich schon sieben Puppen hatte, mit denen ich spielen konnte, sagte mein Vater: 'Die hier behalten wir, und mit der kann dein kleines Mädchen eines Tages spielen.' Aber es kam nicht dazu."

Sie hebt ein Foto vom Klavier auf. "Das war mein Verlobter, bei seinem letzten Urlaub." Ein stämmiger junger Mann, der in einem Vorstadtgarten steht. "Oh, der Krieg ist so grausam!", ruft sie mit plötzlicher Leidenschaft aus. "Grausam, böse, sinnlos ist er, der Krieg! Hinterher sitzen sie alle am Konferenztisch - warum also nicht vorher, anstatt all diese jungen Männer sterben zu lassen! Es ist so grausam. So grausam!" Sie breitet ihre Arme mit geballten Fäusten aus.

Ich stimme ihr zu. "Aber", sage ich, "ich werde nicht dafür bezahlt, Ihnen zuzuhören. Ich soll Ihnen ein Mittagessen besorgen, weil es heute keine Essen auf Rädern gibt. Was möchten Sie?"

"Nun, ich weiß nicht. Was denken Sie, meine Liebe?"

"Was haben Sie?"

"Nun, es ist noch etwas kaltes Hühnchen von gestern übrig. ...."

"Wo ist es?"

"Nun, ich nehme an, es ist in der Küche."

Sie führt mich durch das Hinterzimmer in die Küche, wo ein glänzender neuer Elektroherd neben einem viktorianischen Herd steht. Die Wände und die Decke sind gelb vom Rauch.

"Kochen Sie hier?"

"Oh nein, meine Liebe. Früher, als wir hierherkamen, hatten wir einen Herd. Aber jetzt habe ich einen Gasherd."

Sie führt mich in einen noch kälteren Bereich neben der Tür zum Garten. Hier ist die Toilette und rechts die Spülküche, wo in einer Ecke noch ein Kupferkessel, ein steinernes Waschbecken und ein alter, schäbiger Gasherd stehen. Die Wände sind von der Feuchtigkeit abgeblättert. Es gibt nur einen Wasserhahn, mit kaltem Wasser. Das kleine Fenster ist kaputt.

"Sie mussten das Fenster einschlagen, um hereinzukommen. Zehn Stunden lag ich auf dem Boden. Ich konnte nicht aufstehen. Ich hatte Angst, mich an dem Tisch hochzuziehen, falls er auf mich fallen würde. Ich rief immer wieder nach Joan, aber sie hörte mich nicht. Als sie dann am nächsten Morgen klopfte und ich nicht antwortete, rief sie die Polizei an, und die ging hinten herum und schlug das Fenster ein, um hereinzukommen. Sie dachten, ich hätte einen - wie heißt das noch gleich?"

"Schlaganfall?"

"Richtig. Aber ich glaube nicht, dass ich das hatte. Mir war einfach so kalt, als ich die ganze Nacht dort lag. Sie brachten mich ins Krankenhaus. Drei Wochen lang haben sie mich dortbehalten. Aber es gab keinen Grund, mich die ganze Zeit dazubehalten. Mir geht es jetzt ganz gut ..."

"Und wo ist das Huhn?"

"Na ja, ich dachte, es wäre hier draußen."

Sie stöbert in dem Haufen alter Papiersäcke auf dem Kupferdach, wir durchsuchen den Tisch in der Küche, die enge Speisekammer, aber wir finden nur ein paar Kartoffeln.

"Möchten Sie Kartoffeln?"

"Ja, ja, gerne."

"Haben Sie einen Kartoffelschäler?"

„Ja, meine Liebe, ich weiß nur nicht, wo er geblieben ist. Vielleicht können wir ein scharfes Messer für Sie finden. Hier war eins, ich weiß."

Aber es ist nicht zu finden.

"Nun, ich weiß, dass es hier eines gab. Es hatte den Griff verloren, aber es war schön und scharf. Aber als ich im Krankenhaus war, waren mein Neffe und seine Frau hier. Sie müssen es mitgenommen haben."

Also schäle ich die Kartoffel mit einem stumpfen Messer und bringe sie auf dem Gasherd zum Kochen. Es klopft an der Haustür, und Joan von nebenan kommt herein: eine große, energische Frau um die sechzig.

"Oh Joan, wo ist das Stück Huhn von gestern? Wir können es nirgends finden."

"Das wundert mich nicht. Es ist in meinem Kühlschrank. Ich hole es dir. Bist du schon auf der Toilette gewesen?"

"Ja, das bin ich, aber ich war nur - ich meine, du weißt schon, ich war nicht, außer -"

"Dann nimm doch lieber ein paar von den Pflaumen."

Joan kommt in die Küche, wo ich die Kartoffel stampfe. Sie schiebt ein paar alte Papiertüten in einen Eimer.

"Lassen Sie nie eine Papiertüte sehen", murrt sie. "Werfen Sie sie weg, sonst packt sie nur etwas anderes ein."

Aber Miss King hat scharfe Ohren. "Es hält die Dinge schön sauber und trocken, wenn man sie einpackt."

*

Das Haus von Frau Moody ist eines dieser freistehenden Häuser aus rotem Backstein, die man manchmal in der Werbung von Bausparkassen sieht und die von einem angesehenen Paar wie ein Regenschirm getragen werden. Es ist teuer. Es ist langweilig. Es ist tot. Sogar der Garten ist tot, mit schwarzen Koniferen, einer Wäscheleine und einem Rasen, der so gepflegt ist wie der Schnurrbart eines Geschäftsmannes. Der Verkehr rast auf der Schnellstraße vorbei.

Ich klopfe an die Tür und warte. Wie angewiesen, hämmere ich weiter, und endlich öffnet sie die Tür. Sie ist eine kleine, stämmige Frau in Schürze und Hausschuhen; ihre Brille vergrößert ihre blauen Augen, die einen anstarren wie Fische in einer Glasschale. Sie wäre völlig langweilig, gäbe es nicht einen liebenswerten Anflug von

Verrücktheit in ihrer Sprache. Ihre Fenster sind schmutzig wegen der *galoppierenden Dingsbums* auf der Straße. Sie ersetzt die meisten Substantive durch *Dingsbums* oder *wie man es nennen könnte* - ähnlich wie Mrs. Skewton in Dickens' *Dombey and Son.* Es ist wie ein langes Rätsel und weckt meinen Rätselinstinkt. Aber bald merke ich, dass sie nur über häusliche Dinge spricht, wie Lumpen, die von alten Handtüchern abgerissen werden - alle diese alten Damen scheinen von Lumpen besessen zu sein: Sie müssen gewaschen und getrocknet und an besonderen Orten aufbewahrt werden, für besondere Zwecke; sie werden untersucht und diskutiert - und in Erinnerung behalten. Mit ihrer früheren Haushaltshilfe kam sie nicht zurecht, weil sie ihre Zeit mit Reden verschwendete. Frau Moody braucht acht Minuten nach der Küchenuhr, um mir das zu sagen. Weitere zwölf Minuten vergehen mit dem Epos über die Schuhe, die sie einmal gekauft hat und in denen ein Nagel steckte.

Ihr Haus ist perfekt sauber, abgesehen von den Flusen auf den spektakulär hässlichen Teppichen, die keiner der fünf Staubsauger aufsaugen kann. Die schweren Möbel, die alle zueinander passen, sind aus dunklem, lackiertem Holz mit drei dicken, flachen Holzfingern in Abständen als Verzierung.

"Mein Mann kommt bald zum Mittagessen nach Hause", sagt sie. Ich bin verblüfft. Man hatte mir gesagt, dass sie verwitwet ist und dass ihr Schwiegersohn und ihre Tochter in der Nähe wohnen, und ich fragte mich, warum diese kräftige, wohlhabende Frau eine Haushaltshilfe braucht. Aber wenn sie ihren Mann erwartet - nun, dann ist nicht alles in Ordnung und sie braucht vielleicht irgendeine Art von Hilfe.

*

Miss King hat große Schwierigkeiten, ihre Haustür zu öffnen.

"Es tut mir leid, dass ich Sie so habe warten lassen. Ich weiß nicht, was damit los ist. Ich kann nicht finden, wo -"

Durch die Glasfenster beobachte ich ihre Hände, die sich bewegen wie Schmetterlinge, die im Winter in der Wohnung gefangen sind. Endlich lösen sie sich von den Scharnieren und sie greift nach dem Yale-Knauf und dem Türgriff, aber die Tür öffnet sich immer noch nicht und ihr Gurren wird immer verzweifelter. Vielleicht lässt ihre Sehkraft nach.

"Oh je, ich weiß nicht - ich drehe an beiden Griffen gleichzeitig, aber -"

Endlich gelingt es ihr und sie begrüßt mich mit einem Lächeln. Sie hat ihr Gebiss noch nicht eingesetzt und trägt noch ihr Nachthemd; ihr schütteres Haar ist zerzaust.

"Ich hatte leider eine schreckliche Nacht, also dachte Joan, ich sollte besser noch ein bisschen im Bett bleiben. Ich kam mit dem Nachtstuhl nicht zurecht, also musste ich auf die Toilette ..." Das hieß die Treppe hinunter und in die kalte Küche, eine weitere Stufe hinunter zur eiskalten Toilette, wahrscheinlich im Dunkeln ...

Sie versucht, sich anzuziehen. Ihr riesiger Schlüpfer verwirrt sie. Sie steckt beide Beine in ein Hosenbein, verfängt sich beim Hochziehen des Nachthemdes und bekommt es nicht über den Kopf - also lasse ich den Besen stehen und ziehe sie an, was mich gedanklich in meine Kindheit zurückversetzt, als ich meine große Puppe Karen anzog. Als mir das einfällt, kichert sie und sagt: "Das erinnert mich an die Zeit, als ich ein kleines Mädchen war und meine Mutter mich immer angezogen hat."

Endlich ist es geschafft. Ich kämme ihr die Haare.

"Was soll ich jetzt tun?"

"Was immer Sie für richtig halten, meine Liebe."

Ihre guten Manieren machen es ihr unmöglich, direkt zu antworten, aber ihr Blick wandert zum Tisch, auf dem ihr Rentenbuch liegt.

"Soll ich Ihre Rente für Sie holen?"

"Nun, das wäre sehr nett, meine Liebe, wenn Sie das für mich tun könnten."

Ich studiere die Anweisungen. "Sie müssen auf der Rückseite hier, hier und hier unterschreiben." Aber das ist für sie enorm schwierig. Vorsichtig setzt sie ihre zweite Initiale einen Zentimeter unter die erste.

"Lassen Sie mich Ihre Brille für Sie suchen."

"Ich brauche sie nicht. Ich kann perfekt sehen", versichert sie mir, während der aufrechte Strich des *K* hoch über der gestrichelten Linie schwebt, sein Arm weit nach unten sinkt und sein Bein fast nicht mehr auf dem Papier ist. Dann kommt ein unleserliches *ing*, das scharf nach unten geneigt ist. Der Punkt des *i* ist sorgfältig über das *n* gesetzt.

Auf dem Postamt werden jedoch keine Fragen gestellt, und als ich zurückkomme, zählt sie das Geld und steckt es in einen Umschlag, der in einen weiteren Umschlag gesteckt, mit einem Gummiband gesichert und in eine ihrer Handtaschen gesteckt wird.

*

Wenn ich die Wohnung von Mrs. Proctor betrete, schaue ich zuerst auf den mit einer Lampe beleuchteten Klavierhocker. Die fünf winzigen Figuren darauf sind keine Soldaten, sondern pummelige kleine Kinder in Kitteln. Eine ist beschädigt: ein Teil der linken Seite ist weggebrochen. Sie ist hohl.

Ich hänge meinen Mantel auf und melde mich zum Dienst. Sie ist in der Küche; ich soll ihr helfen, das Essen zuzubereiten. Ein sehr seltsames Essen. Sie umklammert zuerst meinen Arm und deutet auf den Schrank. Ich öffne ihn, was in dem engen Raum schwierig ist, und sie zeigt auf einige Gläser auf einem Regal. Sie scheint heute sprachlos zu sein. Ich nehme ein Glas nach dem anderen heraus: Sie kreischt wütend auf, als ich ein falsches nehme. Schließlich ist sie mit den vier Gläsern auf dem Tisch zufrieden. Dann deutet sie gebieterisch auf eine Flasche Wermut auf dem Boden. Ich reiche sie ihr. Sie lehnt sie ab und weist mich an, sie zu öffnen und etwas davon in eine Puddingschale zu gießen. Ich tue es. Sie schüttelt den Kopf. Ich schütte immer mehr hinein; es ist mindestens ein Viertel Liter, bevor sie nickt. Dann muss ich noch einen dreiviertel Teelöffel gemahlene Haselnüsse, einen Löffel Meerrettich, einen Löffel Sauerkraut und einen Löffel schwarze Johannisbeermarmelade hinzufügen. Jedes Mal, wenn ich zögere, zischt sie wütend. Als nächstes soll ich sechs Oliven auf einen Teller legen.

An diesem Punkt werden wir durch die Ankunft des Arztes unterbrochen - ein großer, luftiger, aufgeblasener Mann. Sofort bricht sie auf ihrem Bett zusammen, scheinbar tot oder zumindest ohnmächtig. Sie sieht aus wie eine barocke Pieta, tragisch, erschöpft, schlaff.

"Nun, Tabita, wie geht es uns heute?"

"Oh, oh, oh", stöhnt sie. Sie öffnet ihre Augen und sieht mich in der Tür stehen. "Gehen Sie weg! Gehen Sie weg!"

Ich ziehe mich in den Salon zurück. Ich schaue mir die Fotos an. Mehrere zeigen eine junge Frau in eleganter Kleidung aus den Dreißigern, mit müden Greta-Garbo-Augen, breiten Wangenknochen, geblähten Nasenflügeln: Ja, das ist sie. Die Disziplin, die sie sich selbst auferlegt hat, um wer weiß welchen Erfolg in der Musik, in der

Gesellschaft - in ihrem Leben - zu haben, ist jetzt auf ihren frustrierten Kampf mit dieser Wohnung, ihren Kleidern, ihrem Essen zusammengeschrumpft; und ihre Kraft richtet sich gegen jeden, der ihre Sphäre betritt, wie mich, den sie versucht, als Werkzeug zu benutzen, als Verlängerung ihres Willens.

Der Arzt kommt hereingeschlendert. Er ist wahrscheinlich kein Werkzeug. "Ich sollte nicht allzu viel darauf achten, was sie sagt", meint er zu mir, laut genug, dass sie es hören kann. "Wenn es nach ihr ginge, wäre ich morgens, mittags und abends hier."

"Sie sagte mir, sie habe ein Geschwür im Mund."

"Das hat sie nicht. Es ist wirklich nicht so schlimm mit ihr. Jedenfalls nichts, wobei man was tun könnte."

"Sollte ich vielleicht Ihre Telefonnummer wissen, für den Fall -"

"Oh, das glaube ich nicht. Sie ruft uns ständig an oder lässt andere für sie anrufen, aber das ist wirklich nicht nötig“.

Er ist nicht wirklich gefühllos, nehme ich an. Er hat einfach sie und ihre Ansprüche satt. Ich weiß, wie es nach ein paar Tagen ist - und er hat wahrscheinlich schon seit Jahren mit ihr zu tun.

Er stürmt hinaus und wirft mit seinem aufgeknöpften Regenmantel ein Gesteck mit Trockenblumen um. Ich hebe es auf.

"Nein! Nein!", schreit sie und starrt mich an. "Noch nicht!" Sie nimmt all ihre Selbstbeherrschung zusammen, um mit einem Idioten wie mir fertig zu werden, und grummelt: "Zuerst nehmen Sie, hier - nimm -", sie deutet auf eine Plastiktragetasche auf dem Boden. Ich hebe sie auf.

"Warten!", schreit sie. "Warum warten Sie nicht?"

Ich lege sie wieder hin. Sie umklammert schweigend ihren Kopf. Nach einer Weile beginnt sie, in ihrem Bett zu wühlen.

"Ich kann es nicht finden", knurrt sie.

Endlich schließen sich ihre Finger um eine kleine Plastikbox. Sie ist leer. Sie deutet auf einen kleinen Haufen Zahnstocher auf einem Bücherregal, das gerade außerhalb ihrer Reichweite liegt. Ich reiche sie ihr.

"NEIN!"

Ich drehe mich um und lege sie zurück.

"NEIN! Geben Sie her!"

Ich reiche sie ihr erneut. Sie nimmt drei und legt sie mit unsicheren Händen in die Plastikbox.

"Hier! In Tosh!"

Ich zögere.

"In TOSH! TOSH!! TOSH!!!"

Vielleicht sagt sie *Tasche,* also nehme ich die Plastiktüte wieder in die Hand und lege den Zahnstocherbehälter hinein.

"Hier! Gib! Zeig!"

Ich halte ihr die Tasche auf. Sie enthält bereits ein Sieb, eine Packung Ryvita und eine zerrissene Badematte. Sie begutachtet sie kritisch, dann kramt sie wieder in ihrem Bett, bis sie die Hälfte einer alten Weihnachtskarte und einen Stift findet. Sie fängt an zu schreiben, mühsam und ziemlich unleserlich, während aus Radio 3 eine düstere Symphonie dröhnt. Sie stellt mir eine Frage, die ich nicht verstehe. Vielleicht will sie das Wort für *toothpick* wissen, also sage ich es ihr, aber sie schüttelt den Kopf. Ich versuche es mit dem deutschen Wort *Zahnstocher,* aber nein, auch das will sie nicht. Dann schreibe ich das Wort für sie in großen Buchstaben auf einen alten Briefumschlag und halte ihn ihr vor die Augen. Und sie lächelt: ein seraphisches Lächeln, ein Lächeln, das in den anderen Raum gehört, in das Lampenlicht am offenen Klavier. Dann schreibt sie wieder, mit gesenktem Kopf. Sie ist fast kahl, ihr dürrer Hals erinnert mich an einen neugeborenen Vogel, der aus dem Nest gefallen ist.

Endlich ist die bunte Sammlung zu ihrer Zufriedenheit komplett.

"Nehmen Sie jetzt."

"Wohin?"

"Nehmen Sie! Los! Nimm die Tasche!"

"Aber wohin?"

"Meeses Seemons".

"Frau Simmons. Aber wo wohnt sie?"

"Sie kennen das Haus Meeses Seemons?"

Ich schüttle den Kopf. Sie schließt die Augen und lehnt sich zurück, mit großer Konzentration.

"Gehen aus mein Haus. Über Straße. LINKS. Hauptstraße. HAUPT-STRASSE!"

Sie öffnet ihre Augen und sieht mich erwartungsvoll an.

"Ich soll zur Hauptstraße gehen", sage ich pflichtbewusst.

Zufrieden schließt sie ihre Augen wieder, um ihre Gedanken zu ordnen.

"Crrross. Gehen geradeaus. Ees one hotel. Gehen LINKS. Sind blaue Portale. Portale. Blau, offen. Wenn nicht offen, Haken. Haken, oben, siehst du, eef leedle boy, dann Haken. Gehen hinein."

"Und - dann?"

"Geef. Meeses Seemons. Geef tosh."

"Äh, ich verstehe ..."

"Kommen sofort zurück!"

Ich gehe hin. Ich finde das blaue Tor, das mit einem Haken verschlossen ist, und einen kleinen Jungen, der im Garten spielt. Frau Simmons ist eine junge Frau. Sie seufzt, als sie in den Beutel schaut und den Kopf über die gekritzelten Weihnachtskarten schüttelt.

"Ich kann das nicht lesen. Ich muss noch einmal zu ihr gehen. Ich kann jetzt nicht gehen - mein Mann übt gerade." Im Nebenzimmer spielt jemand Klavier: ein Schubert-Impromptu. "Sie war seine Lehrerin."

"Wirklich?"

"Oh ja. Es ist sehr traurig zu sehen, in welchem Zustand sie jetzt ist. Aber sie ist wirklich sehr anspruchsvoll. Ich nehme an, Sie finden das auch. Ich habe ihr erst gestern diese Ryvita gekauft. Ich frage mich, was mit ihr los ist."

"Darf ich fragen - aber ich finde sie so schwer zu verstehen. Was ist ihre Sprache? Russisch? Deutsch?"

"Sie sprach früher ausgezeichnet Englisch, aber sie scheint das meiste vergessen zu haben. Eigentlich kommt sie aus Estland, aber sie hat schon vor dem Krieg in England gelebt. Sie hat früher die Gartenarbeit für uns erledigt."

"Ihre Gartenarbeit?"

"Ja, sie ist eine wunderbare Gärtnerin. Eigentlich war sie rundum bemerkenswert - immer so schick. Selbst wenn sie nur zum Einkaufen ging, sah sie immer wunderschön aus; und wenn sie nach London fuhr, war sie wirklich super. Sie gehörte zu den Botschaftsangehörigen. Wir müssen uns an all das erinnern, wenn sie anstrengend wird. Für Sie muss es noch schlimmer sein."

Ich kehre zu Mrs. Proctor zurück und gebe ihr ihre Wermutsuppe. Sie öffnet den Mund, und wieder fühle ich mich an einen Vogel erinnert, als ich ihr die Suppe mit dem Löffel einflöße.

*

Estland, so erfahre ich aus der Enzyklopädie, ist ein tiefliegendes Land an der Ostsee, das abwechselnd von Wikingern, Dänen, Schweden, Russen und Deutschen beherrscht wurde, die den fast immer eisfreien Hafen von Tallinn begehrten. Der Deutsche Orden und die Großgrundbesitzer betrachteten die Esten als eine Spezies, die irgendwo zwischen Menschen und Nutztieren angesiedelt ist; aber sie bewahrten hartnäckig ihre seltsame finnisch-ugrische Sprache und ihre Volksmusik und damit ihr Nationalgefühl. Sie waren nie politisch unabhängig, sondern begrüßten jede neue Eroberungsarmee als Befreier - bis auch sie zu Unterdrückern und Ausbeutern wurden. Doch 1917 erlangten sie endlich ihre Autonomie und genossen ein prekäres Nationalbewusstsein bis 1940, als das Land in die UdSSR eingegliedert wurde.

Welche Rolle hat diese Frau bei diesen Ereignissen gespielt? Jetzt führt sie ihren eigenen erbitterten Kampf gegen den körperlichen und geistigen Verfall - gefangen in ihrer Sprache, aber wie ein Heiligtum bewahrt sie ihren *Salon.*

*

"Das ist mein Vater."

Ich wische den verschnörkelten Rahmen des großen Bildes über dem Klavier von Miss King ab. Es ist ein Ölgemälde eines dicklichen jungen Mannes mit einer sehr niedrigen Stirn und einer Stupsnase.

"Und das ist meine Mutter."

Sie deutet auf ein ganzseitiges Bild an der Wand neben der Tür. Das Bild ist so stark vom Alter nachgedunkelt, dass man nichts mehr erkennen kann.

"Sie war achtzehn, als das aufgenommen wurde."

"Welches Jahr war das denn?"

"Nun, ich bin mir nicht sicher ..."

"Wie alt war sie, sagten Sie, als Sie geboren wurden?"

"Zweiundvierzig. Ich war das Baby der Familie."

"Und Sie sind 1898 geboren. Was ist also 1898 minus 49?"

"Ich war noch nie gut im Rechnen."

"Das war ich auch nicht."

Wir lachen, und ich staube das überfüllte kleine Museum ab. Links neben dem Kamin hängt noch ein großes Bild. Der Rahmen ist aus Metall, mit geprägten Blumen - aber das Bild ist fast ganz schwarz.

"Können Sie sehen, was es ist?", fragt sie.

Ich betrachte es aus allen Blickwinkeln und kann gerade noch ein kleines Mädchen in wadenlangem Kleid und Schürze erkennen, das eine riesige Puppe in der Hand hält.

"Das sind Sie, nicht wahr! Und Ist das die Puppe, die Sie da halten?"

"Ja! Das bin ich, als ich acht Jahre alt war!"

Es ist wie das Gegenteil von *Das Bildnis des Dorian Gray*: die Puppe, rosa und pummelig und perfekt unter der Glaskuppel mit ihrem weißen Rüschenkleid und den Lametta-Flügeln; das Foto - ein Trugbild. Aber Miss King, die ihre Hände verschränkt und vor Freude lächelt, ist trotz ihrer Falten und grauen Haare immer noch das Baby der Familie, das nette kleine Mädchen, das für das beste Weihnachtsgeschenk der Sonntagsschule ausgewählt wurde.

Sie nimmt einen kleinen silbernen Rahmen von einem der niedrigen Tische: ein Schnappschuss eines jungen Mannes in Armeeuniform.

"Mein Verlobter. Kurz nachdem ich dieses Foto gemacht hatte, besuchten wir einen seiner Freunde im Krankenhaus. Ihm waren beide Arme weggeschossen worden. Es war so furchtbar. Ich wusste nicht, was ich tun sollte, als er den Stumpf seines rechten Arms hochhielt, um - verstehen Sie - die Hand zu geben. Ich konnte es nicht tun. Ich konnte ihn einfach nicht anfassen. Und warum musste dieser hübsche junge Mann so verkrüppelt sein? Was hat dieser Krieg schon Gutes gebracht? Nichts. Überhaupt nichts." Ihre Augenbrauen kräuseln sich vor Wut, und ihre Hände breiten sich in einer Geste aus, die mir immer vertrauter wird.

Joan kommt mit einer Tasse Tee für Miss King herein. Sie bringt ihr jeden Morgen eine. Sie hat von Geburt an nebenan gewohnt. Bis ich anfing zu kommen, hat Joan alles für Miss King getan, und sie tut immer noch sehr viel. Miss King ist ihr sehr zu Dank verpflichtet - aber es gibt auch einen Unterton der Irritation. Joan ist immer in Eile, beklagt sich Miss King. Und das ist sie auch. Sie ist eine geschäftige, energische Frau. Nach ein paar Worten stürmt sie geräuschvoll hinaus.

"Sehen Sie?", sagt Miss King. "Sie hat ein bisschen verschüttet. Das tut sie immer, jeden Tag. Sie stellt es immer so auf die Tischdecke, wie es ist. Deshalb bekommt es Flecken, sehen Sie."

Aber Joan wäscht auch die Tischdecke, geht für sie einkaufen ("Oh ja, Joan liebt es, Geld auszugeben ...") und kocht für sie an den Wochenenden, wenn es kein Essen auf Rädern gibt. Aber -

"Sehen Sie sich diesen Brief an. Er ist ganz klar an mich adressiert, aber Joan hat ihn einfach aufgerissen."

"Vielleicht dachte sie, Sie könnten ihn nicht lesen."

"Könnte nicht lesen! Wirklich!"

"Ich bin sicher, sie meint es gut."

"Oh ja, da bin ich mir sicher. Aber ich wünschte, sie würde mich manchmal selbst entscheiden lassen. Und da ist noch etwas. Wo ist meine Kuh?"

"Ihre Kuh?"

"Wir hatten mal einen Sahnekrug in Form einer Kuh."

"Kam die Milch aus ihren Eutern?"

"Nein, meine Liebe! Was für eine Idee! Die Milch kam natürlich aus ihrem Mund, und man goss sie durch ein Loch in ihrem Rücken mit einem kleinen Deckel ein. Und sie stand immer auf dem Kaminsims im Vorderzimmer, auf dem mittleren Regal ganz oben. Aber seit ich aus dem Krankenhaus gekommen bin, kann ich sie nicht mehr finden."

"Haben Sie Joan gefragt?"

"Ja. Und sie sagt, dass sie wahrscheinlich oben untergebracht ist, zur Sicherheit."

"Soll ich mal nachsehen?"

"Das geht nicht, meine Liebe. Die Tür ist verschlossen, und Joan hat den Schlüssel."

"Sie können sie doch sicher um den Schlüssel bitten."

"Das habe ich, viele Male. Aber sie *vergisst* ihn immer." Sie wirft mir einen finsteren Blick. "Ich habe eine ganze Menge interessanter Dinge da oben. Und ich glaube, dass einige davon nicht mehr da sind. Und Joan will nicht, dass ich nachsehe."

"Ich kann es nicht glauben!"

"Aber warum vergisst sie immer den Schlüssel?"

"Also - ich hole ihn jetzt von ihr, dann können wir es zusammen ansehen."

"Oh nein, meine Liebe. Ich will sie nicht verärgern. Ich denke, sie ist schon ziemlich aufgeregt. Ich hatte heute Morgen Sahne mit meinem Weetabix. Herrlich! Ich kriege nicht oft Sahne. Joan hat sie."

"Wirklich?"

"Nun, warum ist die Rahmschicht immer weg, wenn ich die Milch aus der Speisekammer hole?"

*

Auf Tabitas Klavierhocker bei den Figuren sind einige winzige, bunte Objekte erschienen. Während ich unter ihren wachsamen Augen mit dem elenden kleinen Staubsauger herumfummele, betrachte ich sie. Es sind winzige Baumwollblumen, die vielleicht aus einem Stück Stickerei herausgeschnitten wurden.

Was macht sie den ganzen Tag in ihrem *Salon*, wenn sie allein ist, mit diesen kleinen Puppen und Blumen? Auf dem Klavier liegt schon die ganze Zeit dasselbe Notenblatt; das kunstvolle Arrangement aus getrockneten Gräsern und Samenkapseln auch, vielleicht ein bisschen staubiger. Ab und zu fällt ein Blatt von einer immergrünen Pflanze. Jemand hat ihr ein paar Geranien mitgebracht; sie fangen an, strähnig zu wachsen. Aber das Wohnzimmer, der *Salon*, ist ein Zufluchtsort - wie auch Miss Kings Wohnzimmer -, und nichts Alltägliches ist dort erlaubt, schon gar nicht ein Bügelbrett. Heute jedoch nehme ich ein großes Buch in die Hand, das auf dem Boden neben dem zweisitzigen weißen Leinensofa liegt. Es ist ein russisch-lateinisches Wörterbuch. Ich wünschte, sie würde mit mir über ihre wahren Interessen sprechen. Aber sie sieht in mir nur einen tüchtigen Diener, den man mit starren Blicken, gebellten Befehlen und einer drohend erhobenen Hand auf Trab halten muss.

Ich bemerke, dass sie schon seit einiger Zeit still ist, und schaue zu ihr hinüber, wie sie in ihrem Bett sitzt und an etwas Kleinem herumfummelt. Sie blickt auf und bittet mich ganz höflich, eine kleine goldene Armbanduhr zu öffnen. Aber die eigentliche Uhr ist durch eine der kleinen Baumwollblumen ersetzt worden. Sie zeigt auf ein kleines goldenes Medaillon, in das ein Davidstern eingraviert ist. Ich lege es in das Uhrenetui und schließe es. Sie hält mir ihr Handgelenk hin, und ich lege es ihr an. Dann bedankt sie sich tatsächlich mit einer tiefen, grollenden Stimme, schenkt mir eines ihrer seltenen seligen Lächeln und blickt glücklich auf ihre zeitlose Uhr hinunter.

*

Frau Moody öffnet mir die Tür mit den Worten: "Ach, da sind Sie ja, das dachte ich mir. An welchem Tag ist sie letzte Woche gekommen, habe ich meinen Mann gefragt, war es Donnerstag? Aber er hat nicht geantwortet."

Sie starrt mich an, mit ihren großen blauen Augen, die hinter den gewölbten Gläsern nicht blinzeln.

"Ich habe kein Wort gesagt. Ich denke immer wieder, dass dieses, wie auch immer man es nennt, es scheint, als wäre da jemand, direkt hinter mir. Kennen Sie dieses Gefühl? Einfach da, hinter mir. Ich weiß nicht, wer es ist, aber er verschwindet, wenn ich mich umdrehe."

"Ich vermute, es ist Ihre Brille, eine Art Spiegelung", sage ich so fröhlich wie möglich und eile nach oben, um den lauten Staubsauger wirkungslos über ihre scheußlichen Teppiche laufen zu lassen. Offensichtlich schläft sie im Ehebett: Neville Shute, als Taschenbuch, aufgeschlagen, mit dem Gesicht nach unten, auf dem Nachttisch auf der einen Seite; Dorothy Cookson auf der anderen. Wie lange liegt der Neville Shute schon dort, wo Herr Moody ihn zum letzten Mal hingelegt hat?

Sie wird gequält, nicht nur von der Gestalt, die hinter ihrer rechten Schulter verschwindet. Als ich vom Reinigen des rotbraunen Treppenteppichs herunterkomme, fragt sie:

"Haben Sie jemanden gehört?"

"Nein. Ich kann niemanden hören, wenn der Staubsauger an ist."

"Oh."

Ich versuche, ihre Aufmerksamkeit abzulenken, indem ich sie zu dem Tisch in der Eingangshalle befrage. Er ist mit Schnitzereien übersät; die Beine sind längliche Elefanten mit Stoßzähnen.

"Dies ist ein sehr ungewöhnlicher Tisch."

"Ja. Er ist von - wo auch immer es ist -"

"Indien?"

"Richtig, Indien! Ich war mit *ihm* dort."

"Wirklich? Sie waren schon in Indien?"

"Ja, nun, ich sagte, wenn du gehst, warum nicht auch ich?"

"Ganz recht."

"Ich habe ihm gesagt, dass das sinnlos ist. Ich meine, die essen solche Sachen da drüben nicht. Die haben andere Sachen. Aber er wollte es haben, also, na ja."

"Welche Sachen?"

"Wissen Sie, kleine, wie nennt man sie?"

"Nüsse?"

"Nein, nein, keine Nüsse. Mein Mann war in der Branche, ach, Sie wissen schon, für Kinder, so was."

"Süßigkeiten?"

"Nun, so könnte man es nennen, nur, wie heißt das Wort?"

"Konfekt?"

"Das ist es, Konfekt. Also dachte er, na ja, er könnte es in Dingsbums auf den Markt bringen."

"Indien?"

"Ja, aber ich habe ihm von Anfang an gesagt, dass das dumm ist. Die Kosten - oh!" Sie lacht. "Aber er - er bestand darauf. Also sagte ich, also, wenn du gehst, nun, warum sollte ich, sozusagen, nichts zu tun haben, also ..."

"Durchaus. Ich kann es Ihnen nicht verdenken. Ich würde auch gerne nach Indien gehen!"

"Ja, also -" Sie schaut mir über die Schulter. Ich schaue mich nach der Toilettentür um.

"Sehen Sie?"

"Was?"

"Die Tür. Sie hat sich irgendwie bewegt. Und ich dachte, ich hätte eine Art Klicken gehört."

"Glauben Sie, da ist jemand drin?"

"Ich weiß es nicht."

"Soll ich nachsehen?"

"Nun, aber wenn er da drin ist?"

Ich gehe zur Tür und stelle fest, dass sie von außen verriegelt ist. Ich zeige es ihr.

"Es kann also unmöglich jemand da drin sein, oder?"

Sie ist offensichtlich nicht überzeugt, ihre vergrößerten blauen Augen starren auf die Tür. Also öffne ich sie.

"Sehen Sie?"

"Es ist diese Brille", sagt sie und klopft an den Rand.

"Soll ich mich jetzt um das Esszimmer kümmern?"

Sie schlurft vor mir in das Zimmer. Es ist sehr groß, mit schweren schwarzen Möbeln. Die Fenster blicken auf den düsteren Garten.

"Ich habe versucht, ihn dazu zu bringen, das hier zu sortieren", sagt sie und zeigt mir einen Stapel Prospekte, Rechnungen, Rechnungen: Die oberste, für einen Rasenmäher, trägt ein Datum von vor mehr als fünf Jahren.

"Das nützt Ihnen nichts", sage ich. "Es ist seit Jahren veraltet. Warum werfen Sie es nicht weg?"

"Das habe ich auch gesagt. Schmeiß sie weg, habe ich gesagt. Schmeiß sie alle weg, sie sind nutzlos. Aber er will nicht. Er antwortet mir nicht einmal." Ihre großen Augen schwimmen zu mir. "Sitzt stundenlang da und geht die Dingsbumse durch. Schmeiß sie weg, sage ich, die taugen nichts; wirf sie in den Müll." Sie starrt mich wieder verwirrt an. "Warum will er nicht mit mir sprechen? Er tut es nicht. Kein einziges Wort."

Sie zuckt mit den Schultern und fängt selbst an, die Dokumente noch einmal zu untersuchen und zu murmeln.

*

Ich sitze auf einem niedrigen Hocker oder vielleicht auf dem Boden, die Knie aneinandergepresst, in Miss Kings Küche und schaue auf den Kamin, der den alten schwarzen Herd ersetzt hat: ein gemauerter Kamin, offen bis zur Decke, ein helles Feuer brennt. Im offenen Raum über dem Feuer hängt ein junger Mann. Sein lockiger Kopf fällt auf seine linke Schulter. An dem Strick um seinen Hals baumelt er leicht hin und her. Seine khakifarbene Kleidung fängt einen rosigen Schimmer von den Flammen ein, wo sie zerknittert ist.

Eine stämmige Frau kniet auf der rechten Seite des Kamins und bürstet die Feuerstelle mit einer glänzenden Messingbürste. Und sie redet mit dem jungen Mann. Sie scheint zu glauben, er säße auf dem Stuhl auf der anderen Seite des Kamins.

Ich bin nur ein Kind. Ich möchte die Frau darauf aufmerksam machen, dass er nicht auf dem Stuhl sitzt, sondern tot über dem Feuer hängt. Aber ich kann nicht laut sprechen, um die Erwachsenen zu korrigieren, also flüstere ich: *Wo ist er?*

Im selben Moment merke ich, dass er nicht mehr da ist. Der Schornstein ist sauber und leer. Ich beginne hin und her zu schaukeln.

Wo ist er? Wo ist er, wo ist er? Wo ist er, wo ist er? Flüstere ich mit zusammengebissenen Zähnen. Andere Stimmen setzen ein, mehr und mehr, zischend *Wo ist er? Wo ist er, wo ist er? Wo ist er, wo ist er?* Immer lauter.

Aber die Frau, die am Kamin kniet und mit ihrer messingbeschlagenen Bürste bürstet und putzt, bemerkt das nicht.

Jetzt mischt sich eine tiefe Stimme ein, die wie eine große Glocke durch das Flüstern schallt: ***Wo? Wo? Wo?***

Dann merke ich, dass die tiefe Stimme aus meiner eigenen Kehle kommt, und ich wache schluchzend auf.

*

"Das war das letzte Geschenk, das ich von meinem Verlobten bekommen habe. Los, öffnen Sie es", sagt Miss King. In der kleinen Schachtel befindet sich eine goldene Armbanduhr. "Und sie hat immer perfekt die Zeit gehalten."

"Aber sie ist stehen geblieben. Soll ich sie für Sie aufziehen?"

"Oh nein, meine Liebe. Wie spät ist es denn?"

"Es ist zehn nach vier."

"Dann warte ich, bis es zehn nach vier ist, und dann ziehe ich sie auf."

"Aber warum? Warum es nicht einstellen?"

"Ich ändere nie die Einstellung einer Uhr oder eines Weckers."

"Warum eigentlich nicht?"

"Ich weiß nicht, warum. Ich tue es einfach nie. Meine Mutter war auch so."

Ich stelle fest, dass die Uhr auf dem Kaminsims zehn Minuten vorgeht.

"Ich weiß. Ich höre Big Ben im Radio."

"Und diese werden Sie auch nicht einstellen?"

"Nein, Liebes. Ich werde warten, bis sie stehenbleibt. Dann werde ich versuchen, den richtigen Moment zu erwischen und sie wieder aufziehen."

Ich fange an, das Linoleum an den Rändern des Zimmers zu reinigen. Als ich in der dunklen Ecke neben der Küchentür eine Schachtel mit leeren Papiertüten aufhebe, steht plötzlich Miss King neben mir.

"Er ist also noch da."

"Wer?"

"Der Kater natürlich."

"Welcher Kater?"

"Da, auf dem Boden. Können Sie ihn nicht sehen? Er sieht Sie direkt an."

"Sie machen Witze. Da gibt es keinen Kater."

Ich stelle die Schachtel zurück, und sie kichert.

"Sie haben die Kiste einfach auf ihn draufgestellt. Das wird ihm nicht gefallen!"

Ich hebe sie wieder hoch. "Schauen Sie. Da ist nichts. Fühlen Sie mit Ihrer Hand."

Nein, danke. Er könnte mich kratzen."

Ich fahre mit der Hand über den Boden, auf den ihr Blick gerichtet ist.

"Warum kann ich ihn nicht fühlen oder sehen oder sonst etwas, wenn er da ist?"

"Wahrscheinlich ist er jetzt unter meinem Bett verschwunden."

Ich sehe ihr in die Augen, und sie lächelt mit überlegenem Wissen.

*

Tabita sitzt im Bett und telefoniert, ihre Brille sitzt schief auf der Nase.

"Ich möchte mit Meester Hamilton sprechen, bitte", ruft sie mit einem gutturalen H. "Meester Hamilton! Ist Zahnarztpraxis, ja? Bitte, sagen Sie mir, was ist Nummer von Zahnarztpraxis Meester Hamilton? Sind Sie in Telefonzelle? Sie schauen in Buch, Sie sagen mir Nummer Zahnarztpraxis? Dankeschön. Ich danke Ihnen vielmals. Rufen Sie bald zurück, ja, bitte."

Sie legt den Hörer auf, vermutlich einem verwirrten Passanten, der ein Telefon in einem Kiosk hat klingeln hören.

Auf dem Bett befinden sich drei kleine Baumwollblumen. Sie scheint ziemlich erschöpft zu sein und lehnt sich mit geschlossenen Augen zurück. Aus dem Radio ertönt ein Brandenburgisches Konzert.

Plötzlich ergreift sie meinen Arm.

"In Küche."

Ich nicke.

"Auf Boden."

Ich nicke erneut.

"Auf Küchenboden. *Ees boll*."

Ich schaue in die Küche und sehe eine Plastikwanne (plastic bowl) voller nasser Wäsche auf dem Boden.

"Schwer", sagt sie. "Geben - ganz - in - in -"

"In das Waschbecken?"

Sie nickt mit geschlossenen Augen. Dann ruft sie in düsterem Tonfall "Pressen!"

Langsam tauchen die einfachen Anweisungen auf. Die Wäsche wird ausgewrungen und dann auf die Leine gehängt. Und der

Küchenboden wird mit der Seifenlauge und der Watte aus dem Bad gereinigt.

Als ich aus dem Garten zurückkomme, ist sie wieder am Telefon.

"Meester Hamilton!"

Sie fängt an, mit einer Hand an der Matte auf dem Boden neben ihrem Bett zu zerren. Der Versuch, mir zu sagen, ich solle die Matte aufheben, während sie gleichzeitig mit dem Zahnarzt telefoniert, führt zu einem mentalen Kurzschluss mit sinnlosem Gekläffe zu mir und ins Telefon. Ich klinke mich und gehe ins Bad, um die zerrissene Badematte und den Toilettensitzbezug einzusammeln, und in die Küche, um den kleinen Teppich und die Teppichreste aufzuheben. In der Zwischenzeit hat sie sich am Telefon ausgetobt.

"Ich habe große Schmerzen! Bitte Sie sagen Meester Hamilton , dass bald kommt! Aber bald! Bald!"

Sie fängt an, mit einer Hand an der Matte auf dem Boden neben ihrem Bett zu zerren. Mit meinem Teppichsortiment mache ich mich auf den Weg in den Garten, werde aber aufgehalten, als ich an ihrem Bett vorbeikomme. Relativ sanft und zusammenhängend erklärt sie mir, dass ich auch die Bettmatte mitnehmen, alle im Garten bürsten, das Laub auf der Terrasse mit dem Besen vor der Hintertür zusammenkehren und einen Krug Regenwasser heranschaffen soll. Die einzige Bürste, die ich finden kann, ist eine Nagelbürste. Trotzdem gehe ich hin und bürste die elenden kleinen Matten mit der elenden kleinen Nagelbürste, fege das Laub zusammen und finde den Eimer mit Regenwasser und den Krug. Ich tue alles genau nach Anweisung. Ich will nicht angeschrien werden. Aber ich lasse mir Zeit. Während ich im Geiste meine Selbstrechtfertigung einstudiere, genieße ich das milde Novemberwetter, den Sonnenschein, meine momentane Freiheit - und fühle mich eins mit den Sklaven und Knechten aller Zeiten. Zögernd kehre ich zurück.

Sie hat den Fernseher an. Die Musik, die das Programm begleitet, passt schlecht zu dem Wagner-Gesang, der jetzt im Radio läuft, aber das scheint sie nicht zu bemerken. Ich sage ihr, dass ich jetzt nur noch eine halbe Stunde Zeit habe. Vielleicht ist das der Grund für die zunehmende Hysterie, die jetzt einsetzt.

"*Potch!*", ruft sie.

Das verstehe ich nicht.

"*Potch! POTCH! MEIN POTCH!!*"

Ich schaue mich hilflos nach einem Hinweis auf ihre Bedeutung um. "Vot you don't vont?" Sie erhebt sich aus ihrem Bett. Sich auf mich und ihren Stock stützend, taumelt sie langsam aus der Wohnung zur Eingangstür. Endlich verstehe ich: Ich soll die Veranda (*porch*) mit dem Besen fegen, den ich vorhin hinter dem Haus benutzt habe. Nun gut. Ich tue es und komme sieben Minuten später zurück.

"Mein Fußboden! Küche! In meiner Küche!"

"Ich habe den Küchenboden geputzt." Sie sieht mich misstrauisch an. Ich habe den Teppich und das Teppichreststück - und den Toilettensitzbezug - genau dort wieder angebracht, wo ich sie vorgefunden habe.

" Koffer!", keucht sie, beugt sich bedenklich vor und stößt mit ihrem Stock an eine ramponierte Gladstone-Tasche unter dem Tisch. Ich schiebe ihn weg.

"Sie haben da nicht geputzt!"

"Doch, habe ich."

"Mit?"

"Mit Watte aus dem Badezimmer."

"Aber schau! Ist nicht sauber!"

Und dort, wo ihr Gehstock anklagend hinzeigt, liegt tatsächlich ein Stück Watte. Ich hebe es auf. In der Ecke steht eine neue Flasche Wermut, dreiviertelvoll. Und jetzt ist es genau zwölf Uhr dreißig, und das sage ich ihr auch. Ich hole meinen Stundenzettel, den sie unterschreiben soll.

"Und während unterschreibe ich", zittert sie, "Sie - hier, hier -" und sie deutet auf das Chaos von Medizinfläschchen, Bürste und Kamm, Papieren, die sich auf dem winzigen Nachttisch mit der Ballerina-Lampe und dem Telefonbuch stapeln.

"Nein", sage ich.

"Während unterschreibe ich."

"Nein. Meine Zeit ist um."

"Wenn nicht für den Job, dann für die -" sie rollt mit den Augen zur Decke, wie Johannes auf Patmos - "dann für die Liebe" - sie zeigt mit meinem Kugelschreiber nach oben - "die Liebe zu Gott!"

Ich lache und schüttle den Kopf. Sie schleudert meinen Stift quer durch den Raum und zerknüllt meinen Stundenzettel. Ich hebe sie hastig auf, während sie brüllt: "Dann nimm deine Sachen! Los! Geh! Du - Schlampe! Und komm nie wieder!"

Ich merke, dass ich zittere, als ich gehe.

*

Miss King wird gerade von Joan angezogen, als ich ankomme. Heute ist Waschtag, also hat Joan saubere Kleidung geholt - aus dem Zimmer oben, das immer verschlossen ist?

Nachdem Joan gegangen ist, deutet Miss King schüchtern an, dass sie die Toilette benutzen möchte, also lasse ich sie allein. Vielleicht wurde das Zimmer unverschlossen gelassen? Ich gehe die steile Treppe hinauf, die Tapete daneben stellt rissige Steinblöcke dar. Das vordere Schlafzimmer ist verschlossen, aber das hintere Zimmer ist offen. Es enthält ein schmiedeeisernes Bettgestell mit Messingblumen und einen viktorianischen Waschtisch mit Schüssel und Kanne. Es gibt ein drittes Schlafzimmer. Ein Teil der Decke ist heruntergefallen; Gipsstaub bedeckt zahllose Säcke und Kisten.

Ich gehe wieder hinunter und finde Miss King in großer Aufregung vor. Sie bekommt ihren Rock nicht hoch und ihren Schlüpfer nicht von der Weste herunter. Ich helfe ihr, und sie nähert sich dem Toilettenstuhl.

"Ich weiß nicht mehr, was ich jetzt tun muss", klagt sie. Sie hält sich an den beiden Lehnen des Toilettenstuhls fest und blickt auf das Sitzpolster.

"Nun, zuerst sollten Sie das aufheben", schlage ich vor.

"Oh ja, stimmt", Sie ergreift die Kanten, kann den Sitz aber nicht anheben. Ich zeige ihr, wie sie ihn kippen kann. Dann gibt es einen Deckel auf dem Eimer Das gelingt ihr nach einer Weile. Trotzdem steht sie da, beugt sich darüber und murmelt unglücklich vor sich hin.

"Jetzt müssen Sie sich umdrehen."

"Das war's!"

Sie dreht sich behutsam um. Ich lege ihre Hände auf die Armlehnen des Toilettenstuhls.

"Jetzt setzen Sie sich hin."

"Was, etwa so?"

"Ja, das stimmt."

Das ist Orientierungslosigkeit, sie weiß nicht, wohin sie schauen soll. Endlich hat sie sich gesetzt.

"Schauen Sie aus dem Fenster", schlage ich vor. "Vergessen Sie nicht, aus dem Fenster zu schauen, bevor Sie sich hinsetzen."

"Ich will versuchen, das nicht zu vergessen, meine Liebe."

Nachdem ich ihr von der Toilette heruntergeholfen und den Topf draußen auf der Toilette geleert habe, erzähle ich ihr von meinen Entdeckungen im Obergeschoss.

"Zwei der Schlafzimmer sind offen."

"Das weiß ich. In dem hier oben lag meine liebe Mutter während ihrer letzten Krankheit. Acht Jahre pflegte ich sie, bis sie starb. Sie konnte nicht aus dem Bett aufstehen. Es war nicht leicht. Und dann, nachdem sie gestorben war, bekam ich Briefe von Leuten - Alter soundso braucht Pflege; Sie kennen sich aus, können Sie kommen? -, und ich dachte mir, aha, so wird es also weitergehen? Aber ich –fand, so will ich nicht den Rest meines Lebens verbringen. Also habe ich mir einen Job in einem Süßwarenladen besorgt. Das Beste, was ich je getan habe." Sie wirft mir einen kleinen triumphierenden Blick zu. "Aber das vordere Schlafzimmer ist immer noch verschlossen, oder? Da sind meine ganzen Schätze. Da ist ein Pelzmantel drin. Oder es war einer." Ihre Augen sind schwarz vor Misstrauen.

"Oh, Miss King, ich bin sicher, Joan würde nicht ..."

"Ich weiß nicht, was ich davon halten soll. Ich würde gerne hingehen und es mir ansehen. Aber Joan will mir den Schlüssel nicht geben. Sie sagt, ich könnte die Treppe nicht bewältigen." Sie breitet ihre Hände aus, mit steifen Fingern, wie eine Puppe. "Es gibt viele Dinge, von denen ich nicht weiß, wo sie sind. Wo sind meine Weingläser? Wo ist meine Kuh? Das wüsste ich gerne!"

"Nun, haben Sie Joan danach gefragt?"

"Sie hat es immer so eilig ..."

Ich bürste ihren Teppich und schüttle den Herdteppich im Garten aus. Als ich zurückkomme, starrt sie aus dem Fenster.

"Sehen Sie sie?"

"Wen?"

"Die Männer. Da drüben, sehen Sie?"

Sie zeigt auf die Baumkronen über den Dächern der Häuser.

"Ich kann keine Männer sehen."

"Nun, sie sind da. Mit ihren Pferden."

"Sie meinen in diesen Bäumen?"

"Neben den Bäumen."

"Was machen die da?"

"Sie stehen einfach da und schauen uns an."

"Ich kann sie nicht sehen."

Sie wirft mir einen mitleidigen Blick zu.

"Ich hatte schon immer ein außergewöhnlich gutes Sehvermögen", sagt sie hochnäsig.

*

Wenn ich in der morgendlichen Dämmerung auf dem Boden neben meinem Bett zwischen Büchern und Papierschachteln krame, denke ich an Tabita, die verzweifelt in den Sachen herumwühlt, die sich in und um ihr Bett angesammelt haben. Wird mich eines Tages jemand beobachten, so wie ich sie beobachte, eher kalt, eher ungeduldig, und versuchen, meine Absicht zu erraten, die ich immer wieder vergesse? Und werde ich meine bröckelnde Selbstachtung verteidigen, wie sie es tut, indem ich einem Helfer, der meine Bedürfnisse nicht erfüllt, Verwünschungen entgegenschleudere?

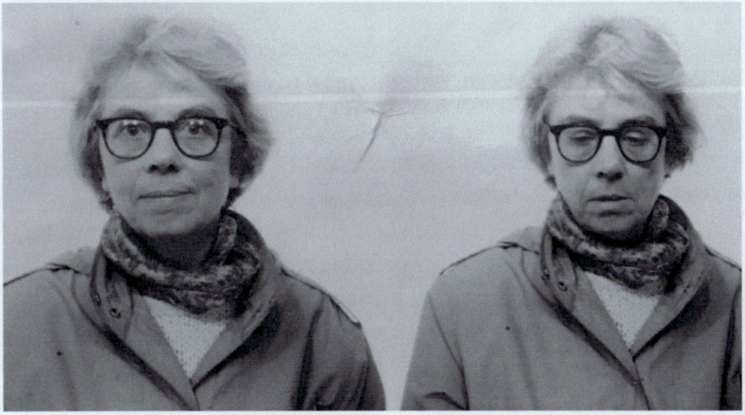

10. Japan

Als mein Sohn Tom nach seinem Abschluss in Cambridge nach Japan ging, um Englisch zu unterrichten, war ich nicht gerade begeistert. Die Schrecken der Banzai-Angriffe, Kamikaze und Massenselbstmorde am Ende des Krieges hatten mich mit Grauen erfüllt. Was wusste ich sonst über die Japaner? Sehr wenig - nichts sehr Verlockendes. Kleinwüchsig, eher wie Chinesen, bescheiden, selbstverleugnend, hart schuftend, ein wenig ameisenhaft in ihrem Gehorsam, bereit für ihren Kaiser zu sterben (oder für ihr Land oder den Traum von einem Imperium), verächtlich gegenüber anderen Nationen, mit einer schrecklichen Schrift, die zu erlernen man Jahre braucht, Künstler und Musiker gleichermaßen esoterisch. Ich hatte - mit Schrecken - von Harakiri gehört, als ein Samurai sich öffentlich die Eingeweide herausnahm.

Bald lernte Tom Kazuko kennen und heiratete sie - mit einer Feier in Oxford, bei der sie, Liz und Jackie traditionelle japanische Gewänder trugen, die ich als unpraktisch, steif und kompliziert und nicht besonders schön empfand. Als wir Tom und Kazuko besuchten, erfuhr ich mehr über die japanische Lebensweise - ohne Stühle, alles geschieht auf dem Boden. Man geht zum Schlafen *runter* und *kniet* an kleinen Tischen, die nach dem Essen zusammen mit den Futons und allem anderen in großen Wandschränken verstaut werden ... Die kurzen, krummen Beine der Menschen wurden sicherlich durch dieses lebenslange Knien verursacht ... Und das Beharren darauf, die Schuhe auszuziehen und Pantoffel anzuziehen, wenn man ein Haus betritt - ich habe mir das bald angewöhnt und den Brauch in Großbritannien eingeführt - ich beobachte das heute noch.

Ein paar Jahre später, 1989, hatte Kazuko eine schwierige Schwangerschaft, und Tom bat uns, eine Weile bei ihnen zu wohnen - sie hatte keine Verwandten. Sie wohnten in einem riesigen Wohnblock - einem *Mansion* namens "Gyotoku New Grand Heights". Ihre Wohnung hatte einen schmalen Balkon, der gleichzeitig der Zugang zum Treppenhaus war. Gelegentlich konnten wir den Berg Fuji in der Ferne sehen - normalerweise war er in Nebel und Wolken gehüllt. Aber eines Abends, als wir in der Dämmerung von einem Ausflug nach Hause kamen, drehten wir uns an der Haustür um und sahen diesen heiligen Berg gewaltig vor uns aufragen. Ein Trick des Lichts?

Als ich eines Morgens auf meinem Futon lag, sah ich mit Erschrecken, wie sich mein Kimono, der an der Tür gehangen hatte, eine Zeit lang zur Seite neigte, bevor er wieder senkrecht war. Als ich Tom und Kazuko davon erzählte, sagten sie, es sei *nur ein kleines Erdbeben* gewesen! Nichts, worüber man sich Sorgen machen müsse! Das passiert immer wieder! Und tatsächlich gewöhnten wir uns allmählich daran.

Das andere Drama in Tokio zu dieser Zeit war das langsame Sterben von Kaiser Hirohito, dessen Nachbildung Anne und ich in dem Feuer beobachtet hatten. Tom war jetzt ein freier Korrespondent für die Daily Mail, und er schrieb:

"Wer hätte gedacht, dass der alte Mann so viel Blut in sich hat?" (Shakespeare)

Es war Ende September. Ich wanderte durch die Gärten des Kaiserpalastes und dachte an Kaiser Hirohito, der da im Sterben lag. Hier und da gingen Menschen zwischen den gepflegten Rasenflächen und Sträuchern hin und her und unterhielten sich in leisen Tönen. Es lag Frieden in der Luft; die letzten Zikaden des Sommers sangen in den Bäumen.

Es wäre ein guter Zeitpunkt zum Sterben gewesen, mit den alten Trauernden, die sich vor den kaiserlichen Toren verneigten, mit der Regierung, die das Leben der Nation zum Stillstand brachte, mit denen, die ihn liebten und denen, die ihn hassten, die den Atem anhielten.

Aber Hirohito ist nicht gestorben. Der alte Mann hielt durch, während sich die Tage langsam zu Wochen, einem Monat ... vierzig Tagen dehnten.

Ganz einfach: Hirohito ist nicht mehr willkommen. Die Menschenmassen vor dem Palast werden täglich weniger; die lokalen Regierungen schließen ihre Register für Gratulanten, wenn die Zahl der Unterzeichner gegen Null geht. Es ist schlicht unjapanisch, so lange zu trauern. Das Leben geht weiter. Sogar die öffentlichen und privaten Organe, die in den ersten Tagen der Krankheit pflichtbewusst alles abgesagt haben, was nach Spaß aussah, nehmen ihre Arbeit jetzt wieder auf. In Nakayama wird der Emperor's Cup, Japans wichtigstes Pferderennen, morgen wie geplant stattfinden.

Die unerwartete Dauer von Hirohitos Krankheit hat bewiesen, was viele von uns schon lange vermutet hatten - dass das Gefühl für den Kaiser nicht so tief im japanischen Bewusstsein verwurzelt ist, wie uns die in- und ausländischen Medien glauben machen wollen.

*

An einem sonnigen Oktobersonntag fuhren wir mit dem Zug aufs Land und stiegen an einem kleinen Bahnhof aus - es tat gut, von der dichten Bebauung und der Industrie weg zu sein. Zwei Bauern waren bei der Arbeit - der Mann streute Saatgut in flache Furchen, und die Frau schob mit ihren Füßen Erde darüber. Das war typisch für die Arbeit älterer Frauen, die oft zusammengekauert auf dem Boden hocken und sich um jede Salat- oder Ingwerpflanze oder um *sato-imo* (Taro; große Blätter und essbare Knollen) kümmern. Die Mandarinen heißen *mikan* und sind reichlich vorhanden, köstlich - und so billig, dass viele Obstgärten aufgegeben worden waren. Die japanische Landwirtschaft ist in der Tat in einem prekären Zustand. Die siegreichen Amerikaner haben nach dem Krieg die großen Ländereien aufgelöst und das Land an die Bauern verteilt. Das ist sehr lobenswert. Aber die Produkte sind teuer, und jetzt steht Japan unter dem Druck, aus den USA und anderen asiatischen Ländern zu importieren. Der Reis ist der teuerste der Welt. Sobald die Einfuhrbeschränkungen aufgehoben werden, würden die meisten Bauernhöfe wahrscheinlich aufgegeben werden, und alle werden in die Städte abwandern.

Wir besuchten die Dobashis draußen in Yamanashi. Die erste Aufgabe von Herrn Dobashi ist jeden Morgen, seine Bonsais zu gießen. Er hat etwa hundert von ihnen, alle ganz unterschiedlich in Form und Gefühl. Einige hat er von seinem Vater geerbt. Er beurteilt und pflegt sie wie Kunstwerke und achtet auf ein ausgewogenes Gleichgewicht, aber nicht auf_Symmetrie. Es dauert mindestens zwanzig Jahre, bis ein Bonsai entsteht, und sie werden für bis zu einer Million Yen verkauft. Ich habe gemischte Gefühle gegenüber diesen Miniatur-Waldbäumen - Bewunderung für das Geschick und die Geduld, um diese ästhetischen Pflanzen hervorzubringen, aber auch einige Zweifel, wenn ich bedenke, dass diesen Bäumen das Recht verweigert wird, zu wachsen und sich natürlich zu entwickeln. Es erinnert mich an die Füße chinesischer Frauen: Von klein auf litten kleine Mädchen quälende Schmerzen, weil ihre Füße eng gebunden waren - denn große Füße galten als hässlich ... Herr Dobashi hat auch normalgroße Bäume, die stark beschnitten werden, um sie als Zierpflanzen zu erhalten. Und er zeigte uns einen riesigen uralten Baum bei einem nahe gelegenen Shinto-Schrein, den er mit einer rosa Schnur abmaß - sehr zur Ablenkung einiger Kinder, die das *Shichi-go-san*-Fest feierten. Es gab einen riesigen Stein mit einer eingemeißelten Inschrift, der dem Erdgott gewidmet war, und einen wild aussehenden steinernen Wachhund: vor beiden waren Opfergaben aus Obst und Reis ausgebreitet.

David und ich bekamen beide Arbeit und verdienten ein wenig Geld mit Englischunterricht - während wir einige erfolglose Versuche unternahmen, Japanisch zu lernen und zu verstehen, was vor sich ging. David war Sprachberater bei Marubeni, einem großen und mächtigen Handelsunternehmen. Er bekam diesen interessanten Job durch eine glückliche Vermittlung unseres Nachbarn in Gyotoku New Grand Heights. David fand die ruhige, höfliche Stimmung im Büro faszinierend und schrieb dieses Gedicht darüber:

Die sanfte Maschine

Glatt die Sekunden, glatt die Minuten ...
die langen Stunden des Hustensafts, die ruhigen Tage ...
Die frühen Pendler marschieren in der Stille
die zementgrauen Bahnhofszufahrten entlang.
Nüchtern stehen sie dicht beieinander
In unzähligen Zügen, die sie sanft schaukeln
in die großstädtische Dunkelheit,
Fahrer mit Baumwollhandschuhen, die die Bahnhöfe besingen,
Masseure des Morgens, die die Bewegung bemuttern,
zum Hochhaus, wo die Aufzüge Taro und Yuki
zu ihren glänzenden Computern bringen. Und glatt, glatt
ist das schwarze Haar von Yuki. Sie ist eine gedrechselte Holzpuppe
Und glatt, glatt ist Taros Kinn,
und sein grauer Anzug passt zu allem anderen.
Glatt sind die Sekunden, glatt die Stunden,
Das Büro murmelt, die Stimmen werden lauter.
Yuki bringt Tee, der fast keinen Geschmack hat,
während Taro Buchstaben tippt, die sich verbeugen, verbeugen,

bevor sie gefaltet werden; und dann kommt Musik und
alle mit erhobenen Armen beginnen
wie Tannenbäume im Sturm zu schwanken.
Sie sind die beweglichen Teile der sanften Maschine,
diese riesige, sanfte Maschine Japan
die ohne Reibung läuft und läuft und läuft.
Eine fehlerfreie Maschine, an der niemand etwas auszusetzen hat.
Und Geld ist ein Schmiermittel
(Bestechungsgelder sind eine reine Gefälligkeit)
wo Politiker so verdreht sind wie Nudeln
und leicht, geschmacklos und geschmeidig durchs Leben gleiten,
die Verbeugung auf frischer Tat, beschämt und doch verstanden.
Und Whisky, Golf und Bargirls sorgen für das sanfte
Ineinandergreifen von Millionen von Zahnrädern,
und reibungslos, reibungslos tragen die U-Bahnen
warm im Schoß der schlummernden Stadt
ihre sanft lächelnden Trunkenbolde stolpernd nach Hause
zu ihren Ehefrauen, die in ihren Villen gefangen sind.

Dennoch muss es Wut geben, und manchmal Verzweiflung,
die den Alltagstraum zum Horror werden lässt,
die Angst vor dem Chaos in der rebellischen Erde,
von Taifunen, die zwischen den Stromleitungen umherziehen,
und die Strenge und Gewalt des Shinto leben wieder.
Aber im Moment müssen sich alle der Massage beugen,
dem Frieden der weichen kybernetischen Maschine
die sich sanft, sanft streichelt
den ganzen Tag über bis in die tiefe Nacht.

Eine Geschichte, die David uns über das Leben bei Marubeni erzählte, muss meiner Meinung nach hier festgehalten werden. Marubeni war ein großes, mächtiges Handelshaus mit Niederlassungen in der ganzen Welt. Es unterhielt enge Beziehungen zu den Regierungen verschiedener Länder der Dritten Welt, die manchmal recht skandalös waren. Eine von Davids Aufgaben war es, die englischsprachige Korrespondenz mit diesen VIPs zu führen. Eines Tages erhielt er einen Brief vom König eines kleinen afrikanischen Landes, in dem er sich erkundigte, ob der Vorsitzende von Marubeni die Vase erhalten habe, die er ihm kürzlich als Zeichen seiner Wertschätzung geschickt hatte, da sie ein schönes Beispiel für das Kunsthandwerk seines Landes sei.

Eine solche Vase hatte man nie erhalten.

Die hohen Tiere von Marubeni waren verlegen. Vielleicht sollten sie dem König sagen, dass die Vase leider nicht angekommen war? Aber würde er ihnen glauben? Er könnte denken, sie hätten sie verloren oder zerbrochen und würden es vertuschen. Er könnte tödlich beleidigt sein. Schließlich baten sie David, einen Brief an den König zu schreiben, in dem er wahrheitswidrig erklärte, dass die Vase tatsächlich angekommen sei und in der Unternehmenszentrale gegenüber dem Kaiserpalast in Tokio ausgestellt werde.

David fand diese Lüge sehr lustig an diesem Konfekt - aber wir haben uns oft gefragt, ob der König jemals Tokio besucht hat, und wenn ja, ob die Firma versuchen würde, eine überzeugende Vase zu erwerben, um die mysteriöserweise fehlende zu ersetzen.

Mein Job war eher alltäglich - ich unterrichtete Englisch in einer Abflussröhrenhrfabrik etwas außerhalb der Stadt. Dazu gehörte eine lange Zugfahrt mit der U-Bahn, bei der ich meine Mitreisenden beobachtete, ohne jemals das Gefühl zu haben, dass mich jemand beobachtete. Sie saßen oder standen mit ihren Augen auf ihren Handys oder starrten ausdruckslos ins Leere. Nur gelegentlich fuhren zwei zusammen und wechselten ein paar Worte, aber im Allgemeinen gab es keine Gespräche. Ich musste an einem Bahnhof umsteigen - wie viele andere auch - und sie bahnten sich schweigend ihren Weg durch die Menschenmassen zum nächsten Bahnsteig. Glücklicherweise waren die meisten Aushänge auf Japanisch und Englisch, so dass ich in der Regel an der richtigen Stelle landete. Aber wenn ich zu jemandem Blickkontakt aufnahm und lächelte, wandte er sich ab und erwiderte das Lächeln nicht. Ein bisschen wie die Menschen - die "Nummern" - in Samjatins Roman *Wir*, deren Leben bis ins kleinste Detail vom "Vereinigten Staat" geplant und kontrolliert wird.

Ich frage mich, ob diese "Glätte" teilweise für Toms Entscheidung verantwortlich ist, sich mit Leuten außerhalb des Mainstreams anzufreunden - Tagelöhnern, die in bestimmten Vierteln der großen Städte leben, wo es billige Unterkünfte (*doya*) gibt und große Arbeitgeber Männer für einen Tag Arbeit anheuern. Diese Männer bewegen sich völlig außerhalb der Norm, keineswegs "glatt". Sie leben hauptsächlich auf der Straße, trinken und reden. Tom wechselte vom Journalismus zur Sozialanthropologie und kam in Kontakt mit einem erstaunlich intelligenten und belesenen Laien, Kimitsu Nishikawa (wie er es in seinem Buch *Yokohama Street Life: The Precarious Career of a Japanese Day Laborer*, Lexington: 2015) schildert).

*

Man sollte nicht im August nach Japan reisen - dann ist die Hitze am größten und die Luftfeuchtigkeit am höchsten. Ich hatte das schon einmal erlebt - 1985, als David und ich in Toms kleinem Holzhaus im Garten einer Witwe in Tokio übernachteten und abwechselnd unsere Köpfe in den Kühlschrank stecken mussten. Und es gibt bösartige Mücken. Aber ich erlebte noch einen japanischen Sommer, als David und ich ein Jahr lang bei Tom lebten, als Jake geboren wurde (1988-89). Dreißig Jahre später, im Jahr 2019, habe ich es wieder getan. Zu diesem Zeitpunkt war der arme David nicht mehr bei uns, und Tom war geschieden und wiederverheiratet, mit Manami. Der August war die einzige Zeit, in der Tom seinen Verpflichtungen an der Universität und Jackie ihren an der Schule entfliehen konnte, also fuhren wir dann. Wir waren elf Stunden in der Luft, nachdem wir am Flughafen angekommen waren und ordnungsgemäß überprüft, gewogen und gemessen worden waren und gewartet hatten, bis unser Flugzeug angekündigt wurde: das war ein sehr langer Tag.

Tom und Manami - Tomanami - holten uns - Jackie, ihre drei Söhne Ben, Mickey und Harry, Bens Freundin Robyn und mich - am Flughafen Haneda in Tokio ab, und wir wurden mit dem Zug und schließlich mit dem Taxi zu Tomanamis Haus in Oiso gebracht. Es liegt auf halber Höhe eines Hügels, und man muss ein paar steile Stufen hinaufsteigen, um zur Eingangstür zu gelangen. Um das Haus herum gibt es einen kleinen Garten mit Gras, Rosen, Kapuzinerkresse, einigen exotischen Pflanzen - und Geranien in Töpfen und Blumenampeln. Das Haus ist aus Holz, mit einer steilen, geschwungenen Treppe und einem großen, offenen Wohnzimmer mit Esszimmer und Küche im Erdgeschoss. Ich hatte Glück - in dem Zimmer, in dem ich schlief (normalerweise Toms Arbeitszimmer), gab es eine Klimaanlage - und in den meisten anderen Zimmern eigentlich auch.

Oiso liegt ganz in der Nähe des Pazifiks, und schon bald war ich an einem Kiesstrand, wo Tom und Harry mit einem riesigen Gummiring im Wasser herumtollten. Später schlenderten wir durch einen steilen Park und gingen weiter zum Rokusho-Schrein mit seinen zwei Becken, in denen große, bunte Karpfen verzweifelt auf etwas zu essen hoffen - für ein paar Yen kann man am Schrein eine Packung Leckerbissen für sie kaufen. Die steilen, geschwungenen Dächer dieser älteren Gebäude aus Holz mit roten und goldenen Farbtupfern sind sehr reizvoll. Meine Mutter glaubte, dass die Kurven in einer Aufwärtsdrehung enden, damit böse Geister, die herabsteigen, wieder nach oben geschossen werden.

Tomanami sind mit sehr netten Nachbarn gesegnet. Ein kanadisch-japanisches Ehepaar, das passenderweise Goodman heißt, lud uns alle zu einem üppigen Abendessen ein. Am nächsten Tag fuhren wir nach Yokohama und probierten in den Geschäften von Chinatown chinesisches Essen und Waren aus. Am Abend sahen wir uns ein Baseballspiel an - *ich* beobachtete die Menschen um mich herum, die dem Spiel auf einem riesigen Fernsehbildschirm verfolgten. Die Menschen reagierten so emotional auf jede Bewegung - sie sprangen auf, schrien, reckten die Fäuste in die Höhe, umarmten sich - eine Freude, das zu sehen. Am meisten beeindruckt hat mich die Ernsthaftigkeit der Menschen. Wenn ich in den öffentlichen Verkehrsmitteln jemanden ansprach und anlächelte, schaute er oder sie verlegen weg. Vielleicht waren sie besorgt - sitze ich im richtigen Zug? Werde ich pünktlich ankommen? Das uniformierte Personal an den aufwändigen Touristenattraktionen, die wir besuchten, wirkte ernsthaft und pflichtbewusst und ziemlich angespannt - und ich wusste wieder, wie David und ich fanden, dass die Leute etwas zu sehr auf ihre Pflichten bedacht waren, und wie wir Toms Vorliebe für die Betrunkenen und Faulenzer in Kotobuki für verständlich hielten.

Wir brauchten oft Taxis, und die wurden nicht per Telefon bestellt: Tom stellte sich an eine der großen Straßen, und bald konnte er ein Taxi anhalten - ganz anders als bei uns, wo *no booking, no ride* das Motto ist. Dort fahren die Taxis ununterbrochen. Die Fahrer - in Uniform, mit Mütze und schneeweißen Handschuhen - arbeiten in 17-Stunden-Schichten, mit drei Stunden Pause. Sie waren oft bereit, mit Manami zu plaudern, die Verständnis für ihre offensichtliche Müdigkeit hatte.

Tom hatte sich bei Airbnb angemeldet, einer Organisation, die Menschen hilft, leerstehende Häuser an Touristen zu vermieten, so dass wir in Familienhäusern statt in Hotels wohnten. Diese Häuser waren wie ausgeklügelte Verpackungskisten, meist aus Holz, mit dünnen Holzwänden zwischen den Zimmern, Türen, die sich schieben statt aufschwingen lassen, Treppen wie Leitern - kein Zentimeter Platz verschwendet, aber komplett mit Fernseher, Bädern und Duschen, Waschmaschinen und Wifi (dessen komplexe Nummer angezeigt wurde). Draußen ist kein Platz: Ein Quadratmeter Kies und Gras war der "Garten", und die "Straße" draußen war kaum einen Meter breit. Die Häuser sind in den Raum bei den Autobahnen gezwängt; sie öffnen sich direkt auf die Straße - es gibt nicht einmal eine Türschwelle. Überall ein Wirrwarr von Stromkabeln, die in alle Richtungen führen.

Wir reisten mit dem Shinkansen - dem genialen Hochgeschwindigkeitszug - nach Kyoto, in dem drei Sitze so umgestellt werden können, dass sie in die andere Richtung zeigen, so dass kleine offene Sechserabteile entstehen. Die phänomenale Effizienz und Pünktlichkeit des Shinkansen steht in krassem Gegensatz zur British Rail. Wenn auf der Fahrkarte "4" steht, muss man auf dem Bahnsteig bei der Bodenmarkierung "4" warten, und wenn der Zug hält, schwingt die Tür zu Wagen 4 genau dort auf, und die Schranke zwischen Bahnsteig und Gleisen wird von einem Beamten geöffnet, damit Sie sich schnell in die Menge quetschen können - der Zug hält nur ein paar Minuten. Aber Tom erzählte mir von einem seltenen Zugunfall, der sich 2005 ereignete: Ein junger Zugführer bemerkte, dass er sich einige Meter weiter als die richtige Haltestelle befand, also fuhr er zurück. Das bedeutete, dass er ein oder zwei Minuten außerplanmäßig verbraucht hatte, also beschleunigte er, um die Zeit aufzuholen - in einer Kurve - und der Zug schoss aus den Schienen und stürzte in ein Wohnhaus. 107 Menschen wurden getötet, darunter der junge Fahrer, und 562 verletzt. Wenn nur die Normen für Präzision und Pünktlichkeit nicht so streng wären!

Ich frage mich, ob die Supereffizienz so vieler Japaner, das starre Festhalten an Regeln, vielleicht auf eine Kindheit zurückzuführen ist, die zu einem beträchtlichen Teil dem Erlernen von Lesen und Schreiben gewidmet ist. Wie viele Stunden am Tag muss man damit zubringen, sich die Feinheiten der *Kanji* (japanische Schriftzeichen) einzuprägen! Welche Disziplin! Und dann sind da noch die Silbenschriften *Hiragana* und *Katakana*! Und unser Alphabet! Sie sind alle in Gebrauch, wohin man auch schaut, man sieht sie auf Aushängen, Plakaten usw.

Unser Aufenthalt in Kyoto fiel zufällig mit dem Ende von *Obon* zusammen, der Zeit, in der man glaubt, dass die Toten in unsere Welt zurückkehren. Auf fünf bewaldeten Bergen werden Feuer in Form von fünf *Kanji* entzündet, um die Rückkehr der Toten auf die "andere Seite" zu feiern. Am etwas kühleren Abend gesellten wir uns zu den Menschenmengen am Flussufer, und pünktlich um 20 Uhr sahen wir die feurigen Gestalten auf dem gegenüberliegenden Berg erscheinen. Einige von uns machten bei einem sehr langsamen Tanz mit, sangen eine einfache Musikphrase, und danach hielt eine Frau eine Rede, die Tom für mich übersetzte: Sie bedauerte, dass viele der Tänzer ausländische Touristen seien, dass die alten Bräuche aussterben würden, dass die jungen Leute sich mehr für die amerikanische Kultur interessierten.

Wir fuhren mit einem anderen Hochgeschwindigkeitszug an einer Stadt nach der anderen vorbei, an massiven Häuserblocks, 20, 30 Stockwerke hoch, aus weißem Beton, sehr quadratisch und solide und regelmäßig mit identischen Fenstern, die in geraden Linien angeordnet sind. Die Menschen leben in ihnen wie in den Regalen von Supermärkten oder Lebensmittelgeschäften. Das "Crowd Management" funktioniert effizient und reibungslos und reibungslos - ein enormer Aufwand, um die Massen nicht nur in Ordnung, sondern auch bei Laune zu halten. Welch ein Einfallsreichtum! Der "Sky Tree" in Tokio, eine riesige Konstruktion, hat keine andere Daseinsberechtigung, als die Menschen dazu zu bringen, hinaufzuklettern oder sich hinauftragen zu lassen, Stockwerk für Stockwerk, und über Tokio zu blicken, das sich unter ihnen erstreckt. Überall, wo man auf eine Verbindung warten muss, gibt es Spielautomaten, an denen man für ein paar Yen ein kohlensäurehaltiges Getränk oder ein Päckchen mit etwas Essbarem bekommen kann - oder ein kleines Plastikspielzeug, intelligent entworfen, massenproduziert, vielleicht von einem Computer. Hervorragende Eisenbahnen transportieren Tausende schnell und sauber zu ausgewiesenen Touristenzentren - wie etwa zu alten Schreinen an den Hängen heiliger Berge. Die Menschenmassen sind sehr diszipliniert, lauschen aufmerksam den Anweisungen und beeilen sich, entsprechend zu handeln. Wir haben nirgendwo Obdachlose oder Bettler gesehen.

Seit 1945, als ich zwölf Jahre alt war, hat das Wort Hiroshima für mich nur eine Bedeutung. Wie meine Großmutter schrieb: "Jetzt kann sich die Menschheit also selbst vernichten. Auf Nimmerwiedersehen, würde ich sagen!"

Und ich würde hinzufügen - nicht nur die menschliche Rasse - alles Leben auf der Erde.

Die menschliche Brutalität, wie sie bei den Brandbombenangriffen auf Dresden und Tokio und in Auschwitz zu sehen war, kennt keine Grenzen. Anstatt vor Entsetzen über das, was in Hiroshima und Nagasaki geschehen ist, zurückzuschrecken und zu schwören: "Nie wieder!" werden weiterhin monströse Vernichtungsmaschinen entwickelt. Sie werden gehortet, die Verantwortlichen bedrohen sich gegenseitig damit, es gibt eine "Politik" namens "Mutual Assured Destruction" (*M.A.D.*) als Mittel zur Verhinderung eines Atomkrieges - statt Abrüstung! Die CND - die erst seit 1958 existiert - präsentierte die offensichtlichen, vernünftigen Argumente für nukleare Abrüstung und wurde von Tausenden unterstützt. Aber was ist aus ihr geworden? Die Menschen scheinen sie als einen altmodischen Anachronismus zu betrachten - und auch mich. Es war die Hoffnung, dass meine Enkel die CND unterstützen würden, die mich dazu veranlasste, Hiroshima in unseren Japan-Urlaub einzubauen.

Das Zentrum der Stadt ist ein "Memorial Peace Park". Er liegt zwischen zwei Flüssen, die hier zusammenfließen. Der Park wird von der skelettartigen Kuppel des einzigen Gebäudes beherrscht, das die Pulverisierung und Verbrennung des größten Teils der Stadt überstanden hat. Davor befindet sich ein Wasserbecken - der "Teich des Friedens" - und ein Steinsockel, der eine Truhe mit den Namen der 297 684 Menschen überragt, die durch diese eine Bombe getötet wurden. Auf einem Sockel im Teich steht eine "Friedensflamme", die Tag und Nacht brennen soll, solange es Atomwaffen auf der Welt gibt - sie wird erst gelöscht, wenn die letzte Bombe entschärft ist. Die Asche der Tausenden von Leichen, die eingeäschert wurden, ist unter einem grasbewachsenen Gedenkhügel versammelt.

Es gibt ein Kinder-Friedensdenkmal mit der Figur eines Kindes mit einem Vogel zum Gedenken an Sadako Sasaki, die hoffte, dass sie sich von der Strahlenkrankheit erholen würde, wenn sie tausend Origami-Papierkraniche falten könnte. Die Krankheit tötete jedoch sie und viele andere, die wie sie die erste Explosion überlebt hatten,. Kinder schicken oder bringen ihre eigenen Papierkraniche mit - Tausende von ihnen schmücken die Umgebung der Gedenkstätte.

Im Museum, das unter dem Motto "*Nie wieder!*" steht, zeigen Fotos die schrecklichen Verbrennungen, die die Opfer erlitten, bevor sie starben, und die Opfer des tagelangen radioaktiven "schwarzen Regens". Die zerrissenen Überreste der Kleidung sind ausgestellt, und in der Bibliothek sind Bilder und Aufzeichnungen sowie furchtbare Beschreibungen verfügbar. Ich konnte es nicht lange aushalten, dort zu bleiben.

Am kühleren Abend saßen wir am Pool, planschten darin und beobachteten das Flackern der Flammen.

Aber das moderne Hiroshima mit seinen Geschäften und seinem Verkehr ist lebendig und produktiv. Eine kurze Bootsfahrt brachte uns auf die Insel Miyajima, wo erstaunlich zahme Rehe in unseren Taschen schnüffelten und sehnsüchtig - sie waren wirklich "rehäugig" - auf unsere Chips-Packungen starrten. Im Wasser stand ein *Torii*, ein großes rotes Tor, das von nirgendwo nach nirgendwo führt, wie es so viele dieser japanischen Tore tun. Sie sind faszinierend und schön. Für manche haben sie vielleicht eine tiefe Bedeutung, eine religiöse oder mystische Pforte. Sie stehen auf der Liste der Touristenattraktionen, die gerne fotografiert werden; "landschaftlich reizvolle Orte", wie die prächtige alte Burg von Takamatsu - ein Weltkulturerbe -, die wir über eine Art Seilbahn erreichten. In einem Raum kann man ein Samurai-Kostüm anprobieren und sich fotografieren lassen, was Harry und Mickey auch taten.

Überall, wo wir hinkamen, gab es Einkaufspassagen, in denen man massenproduzierte, ausgeklügelte Souvenirs kaufen konnte, auch Burger oder Kleidung. Wir waren nie weit von Spielautomaten entfernt, an denen eine Münze eines von Dutzenden kleiner Plastikspielzeuge oder Ornamente in eine Schublade purzeln lässt - und es gab Karaoke, wo man in einem von unzähligen kleinen Räumen ein beliebiges populäres Lied nach dem anderen hören - und dazu singen und schunkeln kann. Man kann Getränke, alkoholische oder süße, und andere Erfrischungen per Telefon bestellen, und sie werden einem von einem Angestellten gebracht.

Bei solchen Vergnügungen fühlte ich mich unwohl. Ich war ein Mitglied der Öffentlichkeit, der *hoi polloi,* wie die Menschenmenge in diesem schrecklichen Film *Soylent Green.* Wir werden durch raffinierte Unterhaltungen einigermaßen bei Laune gehalten, während im Hintergrund in aller Stille die Vorbereitungen für das Ende getroffen werden, die Massenvernichtungswaffen, der Kohlenstoff in der Atmosphäre, die globale Erwärmung - alles Vorbereitungen für das Massensterben.

Der letzte Abend war der beste. Ganz in der Nähe des Hotels, in dem wir wohnten, befand sich der herrliche Kawasaki Daishi, ein weitläufiger Komplex buddhistischer Tempel mit einer hohen Pagode. Wir spazierten dort in der Abendkühle umher, saßen auf einigen Stufen und sahen den Mond aufgehen - und streichelten eine Katze. Dann sahen wir noch eine Katze. Und ein alter Mann fütterte sie. Ein Stück weiter fütterte eine Frau eine andere Katze. "Nein, sie gehören niemandem - sie leben einfach hier, wir füttern sie jede Nacht. Es sind ungefähr 14 Stück." Wir wanderten weiter. Es war so ruhig, so still, so friedlich. Wir kamen zu einem schönen Teich mit Lotus und anderen Pflanzen, dahinter und darüber eine schöne goldene Buddha-Statue.

11. Vietnam

Eines Tages im Jahr 1989, während des Jahres, in dem David und ich bei Tom in Tokio lebten, sah ich eine Anzeige für Tourismus in Vietnam, und ich beschloss, mich dafür anzumelden. So nah bei Vietnam würde ich nie wieder sein. Und während des Vietnamkriegs stand dieses Land jahrelang im Mittelpunkt meines Bewusstseins. Er wurde als der erste Fernsehkrieg bezeichnet, und er wirkte auf mich und Millionen andere, die vor den US-Botschaften in aller Welt protestierten und demonstrierten. Nacht für Nacht saßen wir wie erstarrt vor dem Fernseher, und sahen, wie Dörfer mit Strohhütten von schwitzenden GIs überfallen wurden, die fluchten, weil niemand da war, außer einer mageren alten Frau, die starrte, während sie Reisvorräte auskippten und die Strohdächer mit ihren Feuerzeugen in Brand setzten. Der Graben voller Leichen in My Lai. Abscheuliche Bilder vom Sadismus der Behörden in Saigon, die Gefangene folterten und sie in Tigerkäfige steckten ... Ein bleibendes Bild ist eine, in einem Hubschrauber über die Schulter eines GI gefilmte Szene, in der er lässig an der offenen Tür sitzt, ein Bein nach draußen baumeln läst, Kaugummi kaut und mit dem Piloten scherzt, bis plötzlich die grünen Felder unter ihm mit schwarz gekleideten Bauern übersät sind, die um ihr Leben rennen. Der GI, immer noch kauend, hebt das Maschinengewehr und drückt die fernen Gestalten zu Boden. Und das kleine nackte Mädchen, das rennt und schreit, während das Napalm auf seinem Rücken brennt. Solche Anblicke haben uns dazu angeregt, "Oxford Aid for Children in Vietnam" zu gründen.

1973 zogen sich die Amerikaner schließlich zurück. Saigon wurde in Ho-Chi-Minh-Stadt umbenannt. Es war das einzige Mal, dass die USA besiegt worden war. Und nun, am 14. Mai 1989, bekam ich einen Flug nach Hanoi, mit Zwischenstopp in Bangkok.

Auf dem Flughafen von Hanoi standen ein halbes Dutzend vietnamesischer Flugzeuge und ein paar von anderen Fluggesellschaften. Das Flughafengebäude sah aus wie eine verfallene Schule aus den 30er Jahren, obwohl man mir sagte, es sei erst 15 Jahre alt. Es gab nur eine Damentoilette mit abgenommenem Deckel und einem Heath-Robinson-Mechanismus aus Schnüren und Gummistücken für die Spülung. Ich musste meinen Pass an einem von vier Wachthäuschen vorzeigen und an einem Stehpult im Stil von Bob Cratchit Zollerklärungen ausfüllen. Militärisch aussehende Männer sahen sich abwechselnd an, was ich geschrieben hatte - und sie *faulenzten.* Ich habe in Vietnam viel Faulenzen gesehen, Menschen, die sich streckten, den Kopf in die Arme nahmen oder sich mit dem Kopf an die Wand lehnten. Draußen wurde ich von meiner Reiseführerin Hoa begrüßt und in einer "Limousine" (einem grauen, klimatisierten Nissan) etwa 45 Minuten lang durch das üppige, flache, grüne Land nach Hanoi gefahren. Hier und da stand in den weiten Reisfeldern eine gebeugte Gestalt mit einem Reishut, und wir kamen an kleinen, teilweise zweistöckigen Häusern vorbei, die im Erdgeschoss offen waren und unter deren Schilfrohrmarkisen Gruppen von Leuten saßen und sich unterhielten oder aßen und tranken. Das Hotel, in dem ich wohnte, das Thang Loi, lag außerhalb von Hanoi. Es war von Kubanern gebaut worden, und obwohl der Teil, in dem ich wohnte - sehr malerisch, auf Stelzen in einem schlammigen See - erst letztes Jahr fertiggestellt worden war, hatte es etwas von den 30er Jahren, eine gewisse Schäbigkeit, Schattenhaftigkeit - ich merkte später, dass es am Fehlen von Plastik, Thermoplastfliesen usw. lag. Es gab Rattanmöbel, schlichtes, unlackiertes Holz, einfaches Design.

Die anderen Gäste waren hauptsächlich aus dem Westen oder aus dem kommunistischen Block. Es gab eine Gruppe korpulenter tschechischer Ingenieure, eine große Gruppe russischer Touristen und verschiedene Unternehmer aus dem Westen, die hofften, von der neuen Investitionspolitik zu profitieren. Ich hatte ein langes Gespräch mit einem australischen Bergbauingenieur, Les Wilcox, der hoffte, eine Goldmine in der Nähe von Danang wieder in Betrieb nehmen zu können, die die Franzosen gewinnbringend betrieben hatten, bis der Krieg ihr ein Ende setzte. Offenbar wäre Vietnam mit den von ihm gezahlten Steuern und der Beschäftigung vietnamesischer Bergleute als Gegenleistung für seine Investition und sein Fachwissen zufrieden; er hätte einen 100-prozentigen Anspruch auf das Gold. Ein sympathischer Mann, ein Kriegsdienstverweigerer aus Gewissensgründen. Er erzählte mir, dass es eine große Anzahl von missgebildeten Geburten gab, die auf Agent Orange zurückgeführt wurden, insbesondere siamesische Zwillinge: die beiden, die bei ihrer Trennung für Schlagzeilen gesorgt hatten, waren zwei von vielen - und wahrscheinlich gab es mehr, als den Behörden bekannt war, da man glaubte, dass sie bei der Geburt in den Dörfern getötet wurden - und wer kann schon sagen, dass das ein Verbrechen ist?

Hoa fuhr mich - in meiner "Limousine" - ins Zentrum von Hanoi und wir spazierten über den Markt. Es war erstaunlich. Das erste, was einem auffiel, war die Kombination aus Trubel und Geruch - getrockneter Fisch und abgestandene Pfützen. Und da saßen - *faulenzten* - Menschen, die wahrscheinlich schon den ganzen Tag dort waren, nicht viel verkauften und sich aneinanderdrängten. Alte, alte Leute in schwarzen Bauernhosen, die auf dem Boden hockten und Betelnüsse kauten, wobei ihnen der rote Saft am Kinn herunterlief und die Zähne ganz schwarz waren. Unkrautartiges Gemüse, das zum Verkauf angeboten wurde, und Haufen von selbstgemachten Fadennudeln - große Bündel davon zusammengebunden - Reis, Mehl, Hirse in Haufen Stoffballen und billige Kleidung. Hoa erzählte mir, dass jetzt, da die Grenze zu China geöffnet wurde, chinesische Kleidung die vietnamesischen Hersteller aus dem Geschäft drängte. Ein paar Bettler, vor allem eine Gruppe von drei Kindern, die sehr schmutzig sind und wahrscheinlich an Unterernährung leiden. Hoa sagte die üblichen harten Dinge, die man über Bettler sagt, in diesem Fall über die Eltern der Kinder - aber sie hatte mir selbst gesagt, dass es hohe Arbeitslosigkeit und keine staatliche Unterstützung gäbe ...

Die Häuser im Zentrum von Hanoi waren fantastisch verfallen und im französischen Provinzstil. Sie hatten einen schäbigen Charme, sie hatten Stil. Ihre Fassaden mit den von Pflanzen überhängenden Balkonen waren tatsächlich bröckelig. In den Erdgeschossen befanden sich meist Geschäfte oder Cafés, und auf dem Bürgersteig saßen Händler, die so ziemlich alles verkauften oder zu verkaufen versuchten, auch Uhren und Zigaretten. Einige Leute hockten über winzigen Öfen auf den Bürgersteigen, kochten Essen und verkauften es an Passanten. Die Straße selbst war ein einziges Gewimmel von Fahrrädern - hagere und ramponierte alte Fahrräder mit einem Sitz für Passagiere oder Waren und einem muskulösen Mann, der in die Pedale trat; Mopeds mit Familien an Bord - und es gab offenbar keine Verkehrsregeln. Der Fahrer drückte zwar ständig auf die Hupe, aber trotzdem kam es häufig zu Beinahezusammentößen. Ochsenkarren, die von diesen sanften Riesen gezogen wurden, die einen Buckel im Nacken haben, als wären sie für ein Joch geschaffen worden, geschmeidig und gut genährt. Und es gab Vögel in Käfigen, Katzen, Hunde und Affen, die in geflochtenen Käfigen zum Verkauf standen.

An einigen Stellen des Sees beim Hotel gab es eine schwimmende Pflanze mit blauen Wasserhyazinthen, die die Leute als Viehfutter sammelten. Ich beobachtete einen Mann und seinen jungen Sohn, die in einem Boot paddelten, das wie eine Kiste aussah und mit den Pflanzen vollgestopft war. Als sie am Ufer ankamen, warfen sie die Pflanzen an Land, hoben die Boote aus dem Wasser und ich sah, dass sie aus Wellblech waren, das flach geschlagen und in eine Form gebogen wurde, die einem Kahn ähnelte. Dann stapelten sie die Pflanzen wieder in die "Boote" und zogen sie den steilen Hang hinauf und über die Straße auf der anderen Seite.

Am Abend funktionierte das Licht in meinem Zimmer nicht, also ging ich zur Rezeption und mir wurde gesagt, dass es jetzt funktionieren würde, da gerade ein Stromausfall stattgefunden hätte. Als ich zurückkam, funktionierte es aber immer noch nicht, also ging ich zurück, und die Rezeptionistin sagte, sie würde "ihn" bitten zu kommen, um es zu reparieren. Tatsächlich erschien nach einiger Zeit ein Mann und zeigte mir, dass ich den Schlüssel an einen bestimmten Haken hätte hängen müssen, der als Netzschalter fungierte. Nun ging das Licht an - aber nicht die Toshiba-Klimaanlage, wie er schnell feststellte. Er holte eine kleine selbstgebaute Leiter, mit der er auf den Dachboden kletterte, wo er mehrmals kräftig gegen etwas schlug. Sofort stieß die Klimaanlage einen arktischen Sturm aus, der die Laken praktisch vom Bett riss - und stoppte dann wieder. Er ging wieder hoch, und das ganze Schau-spiel wiederholte sich sechs oder sieben Mal. Am Ende gewann er, und ich verbrachte eine kühle Nacht mit einem ziemlichen Geklapper und Brummen. Tatsächlich war das Wetter nicht sehr heiß - warm und schwül, bedeckt.

Hoa nahm mich am Morgen zu drei buddhistischen Tempeln mit. Sie waren kleiner, etwas schäbiger und enger als die großen Einrichtungen in Japan, die Figuren standen oft in Dreierreihen, um die Vergangenheit, die Gegenwart und die Zukunft zu symbolisieren. Hoa - selbst Atheistin - erklärte mir die vietnamesische Version des Buddhismus: Wenn man stirbt, geht man ins Nirwana, von wo aus man über die Mitglieder seiner Familie wacht ... Während wir in einem Tempel waren, kam eine schrumpelige kleine Frau, legte demütig eine Kartoffel vor jeden Altar und betete andächtig. Draußen vor dem Tempel streckten einige Bettler ihre Hände aus; hinten polierten einige Frauen Messingfiguren mit Sand und bloßen Händen (keine Lappen, kein Brasso) und tauchten sie dann in Wasser, um sie zu reinigen - dies in Vorbereitung für den Geburtstag Buddhas am 19. Mai. Im Garten waren einige Bonsais in Form von Hirschen aufgestellt.

Mir schien drei Tempel waren genug, und anstatt mich zu noch mehr Tempeln zu bringen, stimmte Hoa bereitwillig zu, mich aufs Land zu bringen, und das war vielleicht der beste Teil der Tour.

Wir stiegen aus dem Auto und gingen einen Weg entlang, der auf der einen Seite von riesigen Reisfeldern gesäumt war, die sich bis zum Horizont erstreckten. Am Straßenrand standen kleine Eukalyptusbäume, die Schatten spendeten. Wir wurden aufmerksam beobachtet und von zahlreichen Kindern verfolgt. Sie starrten mich mit freundlicher Neugierde an. Sie waren nicht besonders sauber, vor allem was die Zähne betraf, aber sie waren gesund, fröhlich und selbstbewusst. Auf der Straße herrschte ein ständiges Kommen und Gehen, meist zu Fuß, aber es gab auch einen Pferdewagen. Die Leute trugen Lasten - Fischreusen oder Körbe voller Gemüse. Alle waren zielstrebig, aber sie hatten auch Zeit zum Anhalten und Reden; es herrschte die Atmosphäre einer echten Selbstversorgergemeinschaft. Wir kamen an einem Ziegelbrennofen vorbei, und ein Stück weiter bauten die Leute ein Haus. Es ging nur langsam voran - es gab keine Kräne, sondern Handlanger, die auf Holzleitern auf und ab liefen, und keinen Zementmischer - der Zement wurde in einem Haufen auf dem Boden gemischt. Ein kleines Feld wurde von einem Mann mit einem Ochsen gepflügt. Andere Ochsen weideten auf einem kürzlich abgeernteten Feld. Wir überquerten einen kleinen Fluss, an dem eine aufwändige Konstruktion zum Auf- und Ablassen von Fischernetzen stand; weiter hinten wachte ein Mann über eine Entenherde. Die Kinder lachten, als sie sahen, wie sich die Enten auf einem Ast eines Baumes ausstreckten, wo sie schliefen und in den Graben zu fallen drohten. Wir kamen an einer Schule vorbei, die nach dem Schichtsystem funktionierte: Eine Schicht kam gerade heraus und schloss sich meinem Tross an. Und das Gemeindezentrum, ein schlichtes, niedriges Gebäude mit der Figur einer Schlange auf dem Dach; solche Skulpturen habe ich in Vietnam an vielen Gebäuden gesehen. Die Leute bereiteten sich dort auf eine Art Versammlung vor, trugen Bänke und riefen sich auf dem großen Vorplatz etwas zu.

Nach allem, was man über Vietnam gelesen hatte, war es wunderbar, diese geschäftigen, fröhlichen Menschen bei ihrer Arbeit in aller Ruhe zu beobachten.

Am Nachmittag fuhren wir zurück nach Hanoi und tranken etwas in einem Café nach Hoas Wahl. Es war so groß wie ein kleines Wohnzimmer, mit kahlen Wänden und zwei Tischen mit winzigen Hockern. Ein ohrenbetäubender Ghettoblaster. Man konnte Sprudel, Mineralwasser, Cola, einheimisches Bier, Heineken oder Kokosmilch trinken - gekühlt mit einem groben, aus einem Block gehackten Eisstück. Obwohl es in Vietnam so viele Obstbäume gibt - Mango, Orangen, Zitronen, Papayas, Ananas, Bananen - war kein Fruchtsaft erhältlich. Als ich um Orangensaft bat, wurde eine Orange geviertelt und in ein Glas mit Zuckerwasser geschoben - mit Schale, Kernen und allem Drum und Dran - sowie einigen Eiswürfeln. Die Besitzerin beobachtete mich aufmerksam, als ich versuchte, dies zu trinken, und zeigte mir, wie man das Eis mit einem Löffel herausnimmt, wie eine Mutter mit einem langsamen Kind. (Keine Trinkhalme, keine Eiswürfel.) Zuckerwasser wurde aus Zuckerrohr hergestellt, das durch eine Metallmühle mit einem Rad geleitet wurde. Jedes Haus schien seine eigenen hohe Palme mit dicken Kokosnussbüscheln zwischen den Wedeln zu haben.

Draußen sah ich dieselben Bettelkinder wie am Vortag, die angerempelt und beiseitegeschoben wurden; als sich mir ein Mädchen näherte, wurde es von der Wirtin wütend weggescheucht. Als ein alter Mann auf mich zukam, wurde ich vor ihm "verteidigt".

Es gibt viele Seen in Hanoi; die Mäander des Roten Flusses sind in sechs oder sieben geteilt worden - und da die meisten Familien in einem einzigen Raum leben, sind immer Menschen an den Ufern der Seen - vor allem natürlich Verliebte, aber auch Gruppen und Einzelpersonen verbringen viel Zeit im Schatten der blühenden Bäume, so wie ich es tat.

Am Abend sprach ich mit zwei Auslandsvietnamesen. Der eine, ein Katholik, war nach der "vorübergehenden" Teilung des Landes durch das Genfer Abkommen 1954, nach der französischen Niederlage bei Dien Bien Phu, in den Süden gezogen und dann, nach der Befreiung 1975, als Bootsflüchtling nach Australien gekommen. Jetzt arbeitete er für Shell. Der andere hatte immer für das Technische Hilfsprogramm der Vereinten Nationen gearbeitet und hatte die beneidenswerte Aufgabe, zahlreiche Länder zu besuchen, um ihren Bedarf zu ermitteln. Beide waren hocherfreut über die gegenwärtigen Entwicklungen - als Ergebnis der Perestroika wurden die Boatpeople und ähnliche Personen nicht mehr als Verräter abgestempelt und bei ihrer Rückkehr ins Gefängnis gesteckt, sondern als Besucher eingeladen: Die Regierung wusste, dass sie nicht mit leeren Händen kommen würden. Zuvor hatte ich mit Jean gesprochen, einer sehr charmanten französisch-vietnamesischen *Beraterin*, die zum Beispiel jeden angehenden Hotelentwickler mit dem zuständigen Regierungsbeamten hier oder in mehreren anderen Ländern in Verbindung bringen würde - "In 48 Stunden können alle Dokumente fertig sein", sagte sie, um ein Hotel auf einem erstklassigen Grundstück mit viel Land für Tennisplätze und dergleichen zu entwickeln. Die Menschen sprachen vom Tourismus als der großen weißen Hoffnung für Vietnam.

Am nächsten Tag verabschiedete ich mich von Hoa und flog nach Danang.

Der Flughafen dort war riesig - Hektar um Hektar aus Asphalt und Beton, mit Hunderten von gewölbten Hangars an den Rändern, alle jetzt leer - es war tatsächlich der amerikanische Stützpunkt, von dem wir so viel gelesen und gehört hatten. Das schmale, ziemlich schäbige Flugzeug, mit dem ich angekommen war, sah in diesem leeren Raum ziemlich unpassend aus.

Ein Oxfam-Vertreter war mit demselben Flugzeug gekommen: Er arbeitete hauptsächlich in Kambodscha, aber es gab auch einige Bewässerungsprojekte in Vietnam. Er wurde von zwei Lieferwagen mit der Aufschrift OXFAM empfangen. Ich sprach auch mit einem amerikanischen Professor, Arnold Schecter, der die Wirkungen von Agent Orange untersuchte. Er kam schon seit sieben oder acht Jahren nach Vietnam. Er war ein mürrischer und nüchterner Mann: "Es ist äußerst schwierig, die Auswirkungen von Agent Orange zu erkennen, wenn es Menschen verabreicht wird, die bereits an Schwäche leiden, die durch Unterernährung, Darminfektionen und dergleichen verursacht wurde".

Er war ein Experte für Dioxine, unerwünschte Schadstoffe. Niemand ahnte, dass Agent Orange diese enthielt - die Menschen verwendeten es in ihren Gärten als Unkrautvernichtungsmittel, ohne irgendwelche Vorsichtsmaßnahmen zu treffen. "Es hat den Dschungel gerodet, das steht außer Frage; die Frage ist, welche Auswirkungen es auf die Menschen hier hatte, wenn überhaupt. Das wahre Problem in diesem Land ist die Armut, die zum Teil durch das Embargo der Vereinigten Staaten verursacht wurde. Ich habe nie verstanden, warum auch Ihr Land dieses Embargo gegen Vietnam verhängt hat."

Ich wurde von zwei Führern, Lieng und Tien, abgeholt, die mich nun zu meinem Hotel - Huong Giang - Pacific Hotel - fuhren. Es war alt - die Beschriftung im Aufzug war auf Französisch - und ziemlich schäbig, die Sanitäranlagen und die Elektrizität waren äußerst mangelhaft. Das Beste daran war das luftige Restaurant im siebten Stock mit Blick über die Stadt bis zum Meer und zu den Bergen. Am Nachmittag besuchten wir ein kleines Museum, das eine Sammlung von Cham-Skulpturen enthält. Cham war der Name einer alten Zivilisation im Süden, die ausgegraben wurde. Dann fuhren wir zu den Marmorbergen: fünf große zerklüftete Zuckerhutformationen, die die fünf buddhistischen Elemente darstellen sollen: Luft, Feuer, Wasser, Stein und Holz.

In dem Dorf, in dem wir anhielten, wurde laut gehämmert, gefeilt und gemeißelt; jeder stellte Dinge aus Marmor her: Buddhas, Jungfrauen, Armbänder und Ornamente aller Art, und Kinder trugen Tabletts voll davon, um sie zu verkaufen. Drei Mädchen, barfuß, lächelnd und kichernd, folgten uns über eine atemberaubende, in den Marmor gehauene Treppe zu einem idyllischen kleinen Tempel, in dem ein König seine Schwester, die Nonne war, besuchte. Als ich auf einer Marmorplatte nach Luft schnappte, hörte ich von weiter oben einen Schrei, und alle eilten auf die andere Seite des Weges. Es war eine Schlange, eine große, gelbliche Schlange mit schwarzen Flecken, und sie schlängelte sich blitzschnell über den Stein, auf dem ich gesessen hatte.

Es gab riesige Höhlen und Tunnel, die nun bis auf buddhistische Statuen leer waren, aber einst voll von Vietcong waren, die dort ein Krankenhaus hatten - also wurde das Gebiet von den Amerikanern bombardiert, und die Grotten und kleinen Tempel mussten wieder aufgebaut werden. Es war wildromantisch, mit den Wurzeln der Bäume, die sich in den Felsen hinein- und wieder herauswanden, und dem Blick auf den blauen Ozean durch natürliche Torbögen. Später badete ich in dem flachen, warmen Meerwasser - die Brandung war sehr stark, und der Sog saugte mir den Sand unter den Füßen weg. Währenddessen tranken Lieng, der Reiseführer, und Tien, der Fahrer, in einem kleinen Café Coca-Cola; nebenan, eingezäunt, befand sich ein Hotel, das früher ein amerikanisches Erholungsheim war; jetzt war es voll von riesigen russischen Männern und Frauen, die am Strand auf und ab und in das Hotel hinein und wieder hinaus keuchten.

Niemand mochte die Russen, alle mochten die Amerikaner. Ich fand das sonderbar und habe nie eine rationale Erklärung dafür gehört. Schließlich waren es nur die Russen, die Vietnam sowohl während als auch nach dem Krieg beistanden. Zusätzlich zu den Gräueln, die sie während des Krieges begangen hatten, haben die Amerikaner danach ein Embargo gegen Vietnam verhängt. Das machte keinen Unterschied. Die Leute würden sagen, dass sie die US-Regierung nicht mochten, aber sie mochten die Menschen - sie waren freundlich und großzügig, während die Russen als mürrisch und ungehobelt galten. Die GIs waren größtenteils eingezogen - als ob das ihre Taten entschuldigen würde - und die kleinen, individuellen Taten der Freundlichkeit von Veteranen, die das Land wieder besucht und freiwillige Arbeit geleistet hatten - Ärzte hatten Kinder operiert, eine Gruppe hatte ein Krankenhaus gebaut - schienen in den Köpfen der Menschen die Barbarei des Krieges aufzuwiegen.

Später erfuhr ich, dass die Russen einen hohen Preis für ihre Hilfe verlangten. Sie hatten den US-Marinestützpunkt in Cam Ranh Bay als Bezahlung für ihre Militärhilfe übernommen; und die von ihnen gelieferten Waren, Busse und Lastwagen und was auch immer, wurden gegen vietnamesische Waren getauscht; aber während die russischen Waren zu Weltmarktpreisen verkauft wurden, wurden die vietnamesischen zu internen, vietnamesischen Preisen gehandelt ... Das mag der Grund dafür sein, dass so viel vietnamesischer Reis in den kommunistischen Block ging, dass Vietnam Reis für den eigenen Bedarf importieren musste.

Danang hat mir nicht gefallen. Die Straßen und Bürgersteige waren so mangelhaft, dass man sich leicht einen Knöchel brechen konnte; die tiefen Abflüsse unter den Bürgersteigen waren über weite Strecken nicht abgedeckt, und kleine Kinder spielten rund um diese drei oder vier Fuß tiefen Löcher mit stinkendem Dreck am Boden. Ich sah eine tote Ratte auf einem Trümmerhaufen liegen. Nur die prächtig blühenden Bäume warfen ihre Blüten auf die rostigen Wellblechdächer und die Menschen hockten auf den Bürgersteigen bei ihrer Arbeit: aus rostigen Metallstücken wurden mit Hammer und Meißel Ersatzteile für Fahrzeuge ausgeschnitten; Reifenpannen wurden geflickt. Der endlose Verkehr bestand zumeist aus Fahrrädern und einigen Motorrollern, die zu Miniaturbussen umgebaut worden waren. Bis zu 10 oder 12 Personen waren darin eingepfercht, und der Fahrer saß breitbeinig vorne auf dem Motorroller, der in blauem Rauch vorwärts tuckerte.

Es war sehr heiß, und die Leute, die auf den Bürgersteigen bei ihren kleinen Vorräten an Zigaretten oder Bananen hockten, sahen sehr träge aus. Abends sahen die Leute fern, zum Beispiel in der Lounge meines Hotels, einem kahlen Raum im Erdgeschoss. Ich bin sicher, dass ich dieses Hotel schon einmal von außen gesehen hatte: sicherlich mit GIs und vietnamesischen Mädchen, die aus den Fenstern hingen und den Kameras zuwinkten ....

Wenn ich hier fernsah, war immer eine Frau in Großaufnahme zu sehen, die sehr gefühlvoll sang, lange, langsame Phrasen mit großen Pausen, die von hohen zu tiefen Tönen und wieder zurück führten; gelegentlich schwenkte die Kamera zurück und man entdeckte zwei andere Frauen in langen Nachthemden hinter ihr, die sich mit traurigen, langsamen Gesten zur Musik bewegten. Die Lautstärke war immer hoch.

Es gab auch Livemusik, mit ähnlich schwermütigen Melodien, gesungen von einer männlichen Stimme, begleitet von Synthesizer, Gitarre und Schlagzeug. Das Hotel lag an einer Kreuzung von fünf Straßen, und auf der Hauptstraße fuhr ein endloser Strom von Fahrrädern vorbei. Es gab keine Straßenlaternen; ein paar Mopeds hatten Scheinwerfer, und in einigen wenigen Geschäften brannte eine Glühbirne oder ein Lichtband, in dem ein Mann saß und eine Nähmaschine reparierte oder eine Frau sich bei ihrer kleinen Kiste mit Brötchen und Limonade entspannte.

Ich beobachtete eine Weile das Gewimmel von Fahrrädern - meist saßen zwei Personen auf dem Rad, die sich unterhielten und lachten -, als zwei kleine Jungen zu mir kamen und mich um Geld baten - ein Sechsjähriger und sein sehr fröhlicher, frecher kleiner Bruder. Zuerst dachten sie, ich hätte nicht verstanden, zeigten auf meine Tasche und ihren Mund und hielten mir einen 200-Dong-Schein hin, aber als ich ablehnte, lächelten sie weiter, und wir schnitten Grimassen und machten lustige Geräusche, um uns gegenseitig zum Lachen zu bringen.

*

Der Highway 1 führt die Küste entlang von Ho-Chi-Minh-Stadt - auch bekannt als Saigon - nach Hanoi; die Strecke von Danang nach Hue dauerte etwa 3 Stunden im Auto. Die ganze Zeit über hatten wir das blaue Meer mit seinen felsigen Inseln und fernen, dunstigen Inseln zu unserer Rechten und die steilen, grünen Berge zu unserer Linken. Die Straße schlängelte sich über ihre Ausläufer, fiel an den Rändern von Buchten ab und stieg die grasbewachsenen Flanken der Berge wieder hinauf. Für Guerillas wäre es ein Leichtes, diese Straße zu blockieren, indem sie einige der Felsbrocken dort oben umstoßen; tatsächlich lagen zahlreiche Steine auf der Straße, die niemand weggeräumt hatte. Wir kamen an zwei Lastwagen vorbei, die eine Panne hatten und von Männern, die auf dem Rücken darunter lagen, repariert wurden. Dies ist die einzige Straße, die Laos mit dem Meer verbindet, und viele der ramponierten Lastwagen waren auf dem Weg in oder aus diesem Binnenland. Die Busse waren vollgepackt, das Gepäck war auf dem Dach aufgestapelt, und in den scharfen Kurven schwankten sie bedrohlich. Die Unfallrate war hoch, und im Jahr davor kam ein mit Lieng befreundeter Arzt ums Leben, als ein Bus aus dem Gleichgewicht geriet und Hunderte von Metern tief ins Meer stürzte. Die Stelle war durch kleine Schreine und Räucherstäbchen gekennzeichnet, die im Schlamm am Straßenrand steckten. Lieng steckte seine dazu und betete.

Weit unten verlief parallel zur Küste eine silbrige Sandbank mit einem Dorf aus kleinen, strohgedeckten Häusern, die zwischen Kokospalmen versteckt waren. Wir fuhren über eine Brücke, um es zu erreichen. Daneben befand sich eine kaputte Brücke, die von den Amerikanern bombardiert worden war, weil man glaubte, das Dorf beherberge Vietcong. Der Schatten unter den Kokospalmen und den strohgedeckten Vordächern war sehr angenehm. Hier saßen wir und tranken Kokosmilch, gekühlt durch die üblichen zerklüfteten Eisstücke. Das Dorf hatte keinen Strom - das Eis wurde von anderswo geliefert. Ein alter Mann kam zu mir und sprach mich mit großer Würde an. Das letzte Wort war "Dong", also gab ich ihm etwas Geld, woraufhin er sich ernsthaft bedankte und sich entfernte. Die übliche

Gruppe von Kindern versammelte sich und starrte mich an. Es gab eine Dorfschule, aber für die weiterführende Schule mussten sie 15 Kilometer zu Fuß oder mit dem Fahrrad zurücklegen: Es gab keine Schulbusse. Lieng dachte sich nichts dabei: Er hatte 25 km pro Strecke zur Schule radeln müssen. Zweimal, einmal in der Schule und einmal an der Universität, war er Klassenbester und hatte Anspruch auf einen Studienaufenthalt im Ausland; jedes Mal wurde er durch die Kriegsentwicklung daran gehindert - er war kein glücklicher Mann. Sein Englisch war ausgezeichnet, und er war geradezu besessen davon, es zu verbessern. Als ich einmal das Wort *well-worn* benutzte, wiederholte er es und murmelte: *past participle preceded by adverb, yes, I see.* Solche Kenntnisse und Details der Phonetik gab er oft an andere Vietnamesen weiter. Seit der Befreiung 1975 gab es keine neuen englischen Bücher mehr, während russische Schriften weithin verfügbar waren. Er war ganz versessen auf meinen Raymond Chandler, und so schickte ich ihm das Buch aus Ho-Chi-Minh-Stadt - ich hoffe, er hat es bekommen (und war erfolgreicher als ich, die Handlung zu entschlüsseln). Dem Restaurant gegenüber befand sich ein Brunnen, und an einem Pfosten hing ein amerikanischer Helm. Er wurde zum Wasserschöpfen benutzt. Eine ähnliche Einrichtung sah ich in Ho-Chi-Minh-Stadt: Ein mit Wasser gefüllter Helm wurde von einem Fahrradmechaniker am Straßenrand benutzt, um die Löcher in den Fahrradschläuchen zu finden.

Dann führte die Straße steil bergauf zu einem schmalen Pass über einen Gebirgsausläufer, der sich bis zum Meer erstreckte. Dieser Pass war Schauplatz vieler Schlachten gewesen, da er die einzige Öffnung zwischen dem Norden und dem Süden des Landes war. Die Franzosen hatten hier eine grimmig aussehende Festung errichtet. In der Nähe gab es eine Maschinengewehrstellung und unterirdische Bunker, die nun von einer Schweinefamilie bewohnt waren. Ein trostloser Ort mit einem herrlichen Blick über das Meer in beide Richtungen.

Wir kamen in ein Gebiet mit flachem Ackerland, in dem parallel zur Straße eine Eisenbahnlinie verlief. In den weiten grünen Reisfeldern schnitten gebeugte Gestalten mit kegelförmigen Hüten den Reis mit kleinen Sicheln - welch schreckliche Arbeit in dieser Hitze! - und schnürten ihn zu Bündeln, die an den Enden von Schulterjochen aus Bambusbefestigt und in schnellem Trab über weite Strecken zur Straße getragen wurden, wo sie losgebunden und hingeworfen wurden, damit die Fahrzeuge darüber fahren konnten. Diese schlauen Bauern nutzten den Verkehr, um ihren Reis zu dreschen. Anschließend stapelten sie die Halme als Viehfutter auf und streuten das goldene Korn zum Trocknen auf den warmen Asphalt.

*

Das Hotel in Hue wurde in den 60er Jahren von den Amerikanern für ihre Offiziere gebaut, und es war ein sehr schönes Hotel mit hohen Decken, großen Zimmern und schattigen Terrassen und Veranden. Von meinem Zimmer aus überblickte ich die Palmen, die am Ufer des Parfümflusses standen - er ist nicht wirklich parfümiert, hat aber den schwachen süßen Geruch von sauberem Wasser. Auf ihm waren zahlreiche *Sampans* unterwegs, nicht viel größer als Stocherkähne, mit einem nach oben gebogenen Bug und einem großen, feststehenden Ruder am Heck, das von Männern und Frauen geschoben wurde - einige hatten allerdings stampfende Außenbordmotoren. Die Mitte jedes Sampans war mit Palmenmatten bedeckt, die über Reifen gespannt waren, und dort lebten ganze Familien. Einige der Boote lagen dicht beieinander. Winzige Boote wurden hin- und hergepaddelt, um Einkäufe zu transportieren oder einfach nur Besuche zu machen, und die Kinder hatten Spaß darin. Das Leben in diesen Booten war lustig. Einige von ihnen waren am gegenüberliegenden Ufer vertäut, wo Wellblechhütten mit Wäscheleinen an Sampans befestigt waren. Der Fluss war sehr seicht - die Menschen konnten darin stehen, und es waren einige Plattformen aufgestellt worden, auf denen sie einige ihrer Habseligkeiten unterbringen konnten.

Am nächsten Tag war ich der einzige Passagier auf einem "Drachenboot" - einem großen Boot mit der Schnitzerei eines grotesken Ungeheuers mit offenem Maul am Bug und Platz für etwa dreißig Passagiere, dessen Leere in scharfem Kontrast zu den überfüllten Sampans stand, auf die ich von meinem hohen Sitz auf dem Deck hinter dem monströsen Drachenkopf hinunterblickte. Wir - der Kapitän, der Reiseführer und ich - fuhren an einem uralten "königlichen Mausoleum" mit einer Schlange aus Lehm auf dem Dachfirst vorbei, in das früher Könige zum Meditieren gingen - und nach dem Tod verehrt wurden. Der König, der hier begraben liegt, hatte 103 Frauen und Konkubinen, aber keine Kinder, da er nach einer Mumpserkrankung impotent war. Die genaue Lage seines Leichnams ist nicht bekannt, da die 30 Männer, die ihn bestatteten, alle enthauptet wurden, bevor sie es sagen konnten. War das Leben in diesem Land schon immer so billig? In der Nähe des Mausoleums befand sich eine Sammlung rostiger amerikanischer Waffen.

Die Rückfahrt von Hue nach Danang wurde durch eine Reifenpanne verzögert. Während Tien das Rad wechselte, schaute ich mich um und wurde von Kindern, die - wie üblich - auftauchten, als ich stehen blieb, ausgiebig beäugt. Am Straßenrand gab es eine Werkstatt - ähnlich wie die in Uganda -, in der mit Hammer, Meißel und Metallresten Mopeds repariert wurden. Bei der Überquerung des Passes gerieten wir diesmal in dichten Nebel. Als wir auf der anderen Seite des Passes aus dem Nebel auftauchten, war es, als kämen wir unter einem dunkelgrauen Vorhang hervor, und da war wieder der strahlend blaue Pazifik mit seinen seltsamen kleinen Felseninseln. In der Bucht war das Wasser sehr flach - die Leute, die an ihren Booten bastelten, standen kaum bis zu den Oberschenkeln im Wasser.

Am Abend ging ich mit Lieng ins Theater. Das Außergewöhnlichste an dieser insgesamt außergewöhnlichen Aufführung waren wohl die Mikrofone. Es gab etwa sechs von ihnen, die an ihren Kabeln über der Bühne hingen, mit Schnüren, die um die Kabel geschlungen waren und von Leuten oben im Schnürboden manipuliert wurden. Zu Beginn des Stücks hing eines an den Lippen eines Mädchens, das ohrenbetäubend in dieses Mikrofon sprach und sang. Dann trat ein junger Mann ein und presste seine Lippen an ein anderes Mikrofon. Nachdem sich die Liebenden eine Weile unterhalten hatten, schwebten plötzlich zwei weitere Mikrofone herab und blieben zitternd über zwei Stühlen stehen, auf die sich die beiden wenige Sekunden später setzten, die Mikrofone bequem in Mundhöhe. Sie waren selbst wie Schauspieler, diese Mikrofone, die sehr auffällig hin und her sausten. Mitten in einer ergreifenden Szene flog eines von ihnen zu einem Eingang, und tatsächlich, da kam der Vater herein. Die Schauspieler taten geflissentlich so, als wären sie gar nicht da, obwohl ihnen oft eine Gehirnerschütterung drohte, und ließen sich auch nicht aus der Ruhe bringen, wenn ein schwacher Kontakt ein wildes Knistern durch die Lautsprecher schickte.

*

Am nächsten Tag flog ich von Danang nach Ho-Chi-Minh-Stadt, wo ich von meinem nächsten Reiseführer, Duy, abgeholt wurde, der mich zu meinem Hotel, dem Thang Long (ehemals The Oscar, in den 60er

Jahren für GIs gebaut), brachte. Es war ziemlich stinkend und laut. Das Lichtband in meinem Bad machte ein Geräusch wie ein Pressluftbohrer, obwohl es ein japanischer NEC war. Der Aufzug war ziemlich unzuverlässig und beförderte mich mehrmals über den fünften Stock hinaus, bevor er mich wieder absetzte. Ein Zimmermädchen zeigte mir mein Zimmer, eine Frau etwa in meinem Alter, freundlich und müde, barfuß - sie hatte ein winziges Kämmerchen und ein paar Stühle auf dem Flur, wo alle Klimaanlagen ihre heiße, verbrauchte Luft ausbliesen. Ich lud sie ein, sich in meinem Zimmer auszuruhen, aber sie schien von der Idee entsetzt zu sein.

Nebenan befand sich ein bescheidener Kunstladen. Ich sah ein schönes Pastell von einem buddhistischen Mönch beim Gebet, der im Begriff war, eine klingende Schale anzuschlagen; es gab mehrere sentimentale Mädchen, die am Flussufer hingen, und glückselige Babys, die ihre Köpfe zwischen die prallen Brüste ihrer Mütter geklemmt hatten. Ein Aquarell hatte die Anmerkung:

Biografie des Malers. Lan Tuen, Maler, war ein chinesischer Mönch, der als versteckter bescheidener Mönch und Lehrer nach Vietnam kam. Seine Spezialität sind Blumen und Vögel, Figuren und Landschaften. Er starb im Tan Ti Jahr 1881, nicht genau in Hoy Am (Fly Fu)

Am Nachmittag wurde ich durch den 1962 errichteten Präsidentenpalast geführt - Dien wurde jedoch ermordet, bevor er fertig war. Er war wirklich palastartig. Im Erdgeschoss, im ersten und im zweiten Stock befanden sich riesige Empfangs- und Bankettsäle mit roten Plüschteppichen und hochglanzpolierten Tischen, um die identische Stühle gruppiert waren. Es gab einen Hubschrauberlandeplatz, der vom südvietnamesischen Präsidenten Nguyen Cao Ky genutzt wurde, der einmal einem Journalisten gesagt hatte: "Die Leute fragen mich, wer meine Helden sind. Ich habe nur einen: Hitler." Im Inneren sahen wir das große Schlafzimmer des Präsidenten, der Präsidentengattin sowie im obersten Stockwerk das Spielzimmer mit einer gläsernen Tanzfläche und schickem bunten Mobiliar. All das wurde mir in Begleitung von drei Westdeutschen gezeigt, die immer wieder hilfreiche Vorschläge machten, wie zum Beispiel: "Sie könnten das hier für Tanzveranstaltungen nutzen - das würde eine Menge Geld einbringen". Der Fremdenführer, dessen Wut über diese ganze Protzerei und Verschwendung in allerlei fein ironischen Bemerkungen zum Ausdruck kam, sagte: "Nein, wir wollen das als Museum erhalten. Wenn man das mit dem Hauptquartier von Ho Chi Minh vergleicht, versteht man, warum diese Seite den Krieg gewonnen hat."

Am Abend besuchte ich eine Aufführung traditioneller Musik im Rex-Hotel, das über ein nettes kleines klimatisiertes Theater verfügte. Es gab zwei oder drei Gruppen großer Ostdeutscher, insgesamt etwa hundert, und drei Westdeutsche, drei Franzosen und mich. Es war eine glänzende Aufführung von einem halben Dutzend Mitgliedern einer talentierten Familie. Es gab eine einsaitige Geige mit einem wunderschön verzierten Resonanzkörper, an dem die einzelne Saite an einem Metallstift befestigt war. Der Spieler konnte jeden Ton erzeugen, indem er mit der linken Hand über die Saite fuhr und sie mit der rechten zupfte. Ein besonderer Trick bestand darin, den Stachel zu biegen, während ein Ton noch erklang, und so den Ton zu erhöhen oder zu senken. Es gab eine Art Zither, verschiedene Flöten, ein großes Gestell, auf dem vier Gongs in verschiedenen Tonhöhen standen, und eine Reihe von Trommeln, die mit großem Schwung und Feuer gespielt wurden. Und es gab auch einige akrobatische Tänze. Alles sehr unterhaltsam.

Auf dem Rückweg war die Straße voll mit Fahrrädern; viele Radfahrer lächelten mir aufmunternd zu und hielten mich wohl für eine Schlampe, weil ich nicht mitfuhr. Den Strom der Fahrräder zu überqueren, erforderte einiges an Geschick. Wenn man weiß, wie es geht, muss es Spaß machen, Teil dieser Masse von wirbelnden, lachenden Radfahrern zu sein. Auf einer Verkehrsinsel hatte sich eine Familie für die Nacht niedergelassen. Inmitten dieses Trubels schlief bereits ein Kind in Jakes Alter.

Am nächsten Tag sah ich viele Bettler bei dem großen buddhistischen Tempel, der von Einwanderern aus dem Norden gebaut worden war, nachdem das Genfer Abkommen von 1954 das Land am 17. Breitengrad geteilt hatte - vorübergehend, bis zu den Wahlen, die im folgenden Jahr stattfinden sollten, aber nicht stattfanden, aus dem triftigen Grund, dass Dien wusste, dass er verlieren würde. Dies führte zum Krieg zwischen Vietnam und den Vereinigten Staaten. 1954 zogen die meisten Katholiken in den Süden, auch viele Buddhisten. Im Tempel wurde Buddhas Geburtstag gefeiert, und draußen tummelten sich Tausende von Menschen - und Bettler: Leprakranke, die sich hilflos auf dem Boden wanden und die knubbeligen Reste ihrer Hände ausstreckten, alte Menschen, Mütter mit Babys, Kinder. Die Boatpeople, die so viel riskiert hatten, um nach Hongkong und in andere kapitalistische Länder zu gelangen - viele von ihnen kamen unterwegs um -, fühlten sich von Ho Chi Minhs Kommunismus unterdrückt und bedroht.

12. Vier Tage in einem Kibbuz

Im Oktober 1999 beschloss ich, Israel zu besuchen. Ich hatte das nicht gewollt, weil Israel die Palästinenser faschistisch behandelt und Atomwaffen besitzt. Ich konnte - so hatte man mir gesagt - als weibliche Nachfahrin von Jüdinnen die Staatsbürgerschaft beantragen. In der Tat war ich mit dem Land verbunden, ich hatte Verwandte dort. Ich hatte erfahren, dass einer von ihnen, Jehuda Zuntz, eine Geschichte der Familie Zuntz zusammenstellte und wollte ihn besuchen; außerdem einige liebe Freunde meiner Mutter, Gründungsmitglieder eines Kibbuz: Rafael und Devora Tabor. Sie waren in den ersten Jahren des Jahrhunderts Zionisten gewesen, die das ihrer Meinung nach wüste Land zurückerobern und zu dem "Land, in dem Milch und Honig fließen" machen wollten, "das Gott ihnen gegeben hatte" Aber - wie wir aus der Bibel erfahren - gab es dort Leute, die bekämpft werden mussten ... Rafael und Devora änderten ihren Namen von *Berg* in *Tabor* und bereiteten sich auf die Einwanderung vor, indem sie die Landwirtschaft erlernten ...

Ich flog von Gatwick nach Tel Aviv. Ich nahm an, dass der Mann, der einen Zettel mit der Aufschrift *GIL Irene in der* Hand hielt, der Sohn von Rafael war, der mich abholen sollte. Er war dick, trug Jeans, Hemd und Hose, mit leicht wulstigen blauen Augen. Wir gaben uns die Hand; er verstand offensichtlich weder mein Englisch noch mein Deutsch - "Hebräisch?" fragte ich. Er nickte."Jidddisch?" fragte ich. Er nickte wieder. Er war in der Tat ein Taxifahrer. Rafaels Sohn war nicht in der Lage gewesen, mich abzuholen, und hatte stattdessen dieses Taxi organisiert. Irgendwie schafften wir es, uns auf der langen Fahrt nach Norden zu verständigen. Er war in der Ukraine geboren, und in seiner dortigen Gemeinde sprach jeder Jiddisch. (Ich war sehr überrascht, das zu erfahren.) Er war nach Moskau gezogen, wo er neun Jahre lang gelebt und geheiratet hat, bis er vor sechs Jahren mit seiner Frau und seiner inzwischen vierzehnjährigen Tochter nach Haifa kam. Wir fuhren im abendlichen Berufsverkehr aus Tel Aviv heraus und schlängelten uns dann auf einer neuen Autobahn durch überwiegend flaches Land mit großen, hässlichen, modernen Geschäften mit Möbeln und Autos zu unserer Linken und leicht hügeligem Land zu unserer Rechten. Auf einigen dieser Hügel waren deutlich erkennbare Lichterketten zu sehen, die, wie mir der Fahrer sagte, arabische Städte darstellten. Auf meiner Karte von Israel gibt es eine große Anzahl braun gefärbter Gebiete, die die "palästinensische Verantwortung für zivile Angelegenheiten, innere Sicherheit und öffentliche Ordnung" anzeigen, und größere gelbe Flecken für die "Palästinensische Verantwortung für zivile Angelegenheiten und öffentliche Ordnung der Palästinenser, israelische Verantwortung für die Sicherheit der Israelis". Einige von ihnen tragen Namen, die nicht nur aus der Bibel bekannt sind: Jericho, Ramallah, Bethlehem, Hebron, Gaza ... Dann gibt es blaue Linien mit verschiedenen, fein abgestuften Schattierungen, die "Rückzugslinie" und "Israelisches Siedlungsgebiet" anzeigen. Man befindet sich in einem "Kriegsgebiet".

Schließlich erreichten wir den Kibbuz Hasorea, fuhren an einem Wachhäuschen vorbei, und dort stand ein lustiges kleines Elektrofahrzeug mit einem kleinen dünnen Mann darin: Rafael Tabor. Rafael ist mein Vetter weiten Grades; der Vater von Rafaels Mutter, Nathan Zuntz, war der Großvater meines Vaters. Er nahm mich mit zu einem Gästehaus, wo ich Herrin über ein großes, zweigeteiltes Zimmer war, mit Kühlschrank, Spüle, Tisch und Dusche in dem Teil, der dem Eingang am nächsten lag, und zwei Betten und drei Sesseln in dem anderen. Dann ging es über eine kleine Brücke zu seinem eigenen Haus, das ähnlich eingerichtet war: ein großes Zimmer, das in einen Eingangsbereich mit Dusche, ein Wohnzimmer und eine Küche mit Esstisch unterteilt war. Alles ist sehr schön eingerichtet, mit Pflanzen, Bildern und Bücherregalen, bequemen Stühlen und einem Teppich auf dem Fliesenboden. Hier leben er und Devora nun schon seit über vierzig Jahren. Zwei kleine Schlafzimmer sind erst vor kurzem hinzugekommen, und dahinter befindet sich ein kleiner Garten, an dem ein ausgetrockneter Bach (Wadi) entlangläuft. Die beiden sind ein lebhaftes altes Paar, aufgeweckt, mit schneller Auffassungsgabe. Devora ist sehr scharfsinnig und hat einen guten Sinn für taktvolle Ironie, während Rafael dazu neigt, die Fehler in Dingen und Menschen zu sehen. Sie versucht, seinen Pessimismus beiseite zu schieben. Beide haben ein lebhaftes Interesse an der Gegenwart und der Zukunft, aber auch an der Vergangenheit.

Der Kibbuz erinnerte mich immer wieder an die Nyakasura-Schule in Uganda: zahlreiche einstöckige Gebäude auf einem weitläufigen Gelände, grobes, kurz geschnittenes Gras (nicht in der gleichen Kategorie wie ein Rasen in Oxford), prächtige, riesige Bäume, darunter Palmen, Zedern und Zypressen, und viele blühende Pflanzen, die auch in Uganda wachsen. Viele Vögel, einige lautstark, die meisten zwitschernd. Aber auch eine gewisse Schäbigkeit, abblätternde Farbe, von den Wänden abfallender Putz, rissiges Pflaster, Ersatzschlösser, die nicht in die Löcher in der Tür passen. Hier und da ein entschlossener Versuch, Kunst zu machen - es gibt eine schöne moderne Skulptur am Eingang, und es gibt mehrere fast zweidimensionale Skulpturen außerhalb des kleinen Museums, das eine Sammlung ostasiatischer Buddhas, eine archäologische Abteilung mit lokalen Funden, die Tausende von Jahren zurückreichen - und eine zeitgenössische Ausstellung von Holografien von Shimon Hameiri hat. Das zweistöckige Hauptgebäude hat Betonreliefs an einer Wand und einen Wandbehang im Refektorium, der aus Quadraten besteht, die von vielen Händen gestickt wurden, ähnlich wie die Betkissen in einer englischen Kirche. Hier haben wir fast alle unsere Mahlzeiten eingenommen. Devora musste nie kochen; das Essen gibt es dreimal am Tag, kostenlos, wie alles andere in diesem geldlosen Experiment des echten Sozialismus. Und es ist gesund, mit viel Gemüse, sowohl roh als auch gekocht, und Fleisch-, Fisch-, Eigerichten und vegetarischen Speisen; aber alles ein wenig fade und lauwarm. Es gibt Selbstbedienung und ein ausgeklügeltes Abwaschsystem mit einem Förderband. Leider war dieses an meinem letzten Tag kaputt und wir benutzten Wegwerfbesteck und –geschirr aus Plastik.

"Jeder nach seinen Fähigkeiten, jeder nach seinen Bedürfnissen". Die sozialistischen Prinzipien bedeuten auch: Gleichheit und Rotation. Niemand hat Geld, aber es gibt ein theoretisches Budget für jedes Mitglied, von dem die Ausgaben abgezogen werden - für Versorgungsleistungen, die Nutzung eines Kibbuz-Autos oder des Computers oder normales Geld für Reisen und so weiter. Junge Leute, die die Schule beendet haben, können die ganze Welt bereisen, bevor sie ihren Militärdienst ableisten. Rotation bedeutet, dass man in der einen Woche in der Küche und in der nächsten in der Kunststofffabrik arbeitet, oder dass man eine Zeit lang das Gartencenter leitet und dann die Bücher in der Bibliothek ordnet. Für diese Achtzigjährigen muss es wundervoll sein, dieses Land zu sehen, das "nur aus Steinen" bestand, als sie vor einem halben Jahrhundert mit etwa 100 anderen sozialistischen "Werkleuten" aus Deutschland hierherkamen - jetzt mit einem Wald, den sie zum Teil mit ihren eigenen Händen gepflanzt haben, der den Hang bedeckt, und etwa 1000 Einwohnern. Es gibt viele Kinder, für die es ein Kinderhaus gibt (wo sie früher fast die ganze Zeit verbrachten - jetzt schlafen sie in den Häusern ihrer Eltern), Schulen, einen kleinen Streichelzoo, zu dem sie nachmittags kommen, um die Ziegen, Kaninchen, Hühner, Vögel usw. zu pflegen, und einen Abenteuerspielplatz. Die jüngste Tochter der Tabors, die hier aufgewachsen ist, lebt hier mit ihren drei Töchtern und unterrichtet in der Schule. Ihr Partner ist Experte für Fischzucht und arbeitet derzeit als Berater in Mexiko.

Das sozialistische Paradies ist jedoch kein uneingeschränkter Erfolg. Rafael beklagt die Tatsache, dass viele nicht an der Generalversammlung teilnehmen oder sich freiwillig für verantwortungsvolle Positionen zur Verfügung stellen, da sie sich nicht der Kritik und den Anfeindungen aussetzen wollen. Selbst zu Wahlen gehen nur etwa 50 %. Als ich dort war, wurde gerade über die Aufnahme einiger Neuankömmlinge als Mitglieder abgestimmt.

Darin - in seinem Versagen, seinen eigenen hehren Idealen gerecht zu werden - erinnert mich der Kibbuz an die École d'Humanité in der Schweiz mit ihren *Schulgemeinden*, die eine perfekte Demokratie sein sollten, in der jedes Mitglied der Schule, vom kleinsten Kind über das Versorgungspersonal bis hin zu den Lehrern und den Direktoren, gleichermaßen berechtigt war, Probleme zu diskutieren, bis die beste Lösung gefunden war (Abstimmungen mit Mehrheiten, die Minderheiten unterdrücken, wurden dort verabscheut); aber in der Praxis bestanden die Schulgemeinden aus Edith und Paulus, die uns abwechselnd für unsere Missetaten anklagten. Auf Hasorea sind alle möglichen Veränderungen im Gange. Einige ziehen es vor, als Manager oder Verwalter usw. außerhalb zu arbeiten. Sie geben ihr gesamtes Einkommen an den Kibbuz ab und behalten nur ein paar Vergünstigungen wie Firmenwagen für sich selbst. Aber sie ziehen es vor, im Kibbuz zu leben, weil das Leben hier so ruhig und angenehm ist, mit einer schönen Umgebung und sicher für die Kinder. Manche zahlen sogar Miete, um dort zu wohnen, während sie anderswo arbeiten, ohne Kibbuznik zu sein.

Und es ist idyllisch - viele Vögel, Hunde und Katzen, die in der Sonne faulenzen, so gut wie kein Verkehr, abgesehen von Fahrrädern und den kleinen Elektroautos der alten Leute, die zum Aufladen eingesteckt werden , wenn sie nicht gebraucht werden, und die langsam über die schmalen Asphalt- oder Betonwege rumpeln, die das Gelände durchkreuzen. Dieser Kibbuz wird im Gegensatz zu anderen erweitert; Häuser werden auf der anderen Seite der ehemaligen Schnellstraße gebaut, die jetzt abgeschnitten und durch die neue Autobahn in größerer Entfernung ersetzt wurde. Daher muss nun ein neuer Zaun errichtet werden, um diese neuen Häuser zu umschließen.

Der gesamte Kibbuz ist von einem zehn Fuß hohen Metallzaun umgeben - mit zahlreichen Toren, die jetzt alle offen und unbewacht sind; aber: "Es ist einfacher, den Ort zu verteidigen, wenn er eingezäunt ist". Und die düsteren kleinen Betonklötze, die die Eingänge zu den unterirdischen Unterkünften bilden, wurden seit Jahren nicht mehr benutzt und sind in bunten Farben gestrichen. Eine Auswirkung des Golfkriegs, als Saddam Hussein Israel angriff, war, dass die Betreuer sich nicht in der Lage sahen, die Sicherheit der Kinder zu gewährleisten; daher wurden in den Häusern ihrer Eltern Zimmer eingerichtet, damit sie zu Hause schlafen konnten

Ein Beispiel für etwas, das Devora, die Optimistin, gerne beobachtet: dass aus dem Bösen oft etwas Gutes entsteht. Sie war immer gegen das System, das die Kinder so sehr von ihren Familien fernhielt, und sie und Rafael lebten tatsächlich eine kurze Zeit außerhalb des Kibbuz, um ihre Kinder zu Hause behalten zu können. Sie haben drei - Joel, eine weitere Tochter, die ich nicht kennen gelernt habe, und Naamit, die siebzehn Jahre jünger ist als Joel. Dieser Kibbuz hat eine Rinderherde, von denen einige zur Fleisch- und andere zur Milchproduktion gehalten werden. Sie werden unter erbärmlichen Bedingungen in einem Gehege aus tiefem Schlamm mit Heu und anderen sorgfältig kontrollierten Nährstoffen in Trögen am Rand gehalten. Der Zustand jedes einzelnen wird ständig per Computer überwacht. Die glasige Hoffnungslosigkeit in den Augen der Kälber, Kühe und Ochsen - alle in ihren eigenen Gefängnissen - war unverkennbar. Früher gab es einen Legebatteriestall, der jetzt rostet und leer steht, aber aus wirtschaftlichen, nicht aus humanitären

Gründen. Es gibt auch eine Möbelfabrik, die jetzt geschlossen ist und nach Jordanien verlagert werden soll, wo die Löhne noch niedriger sind als die rein hypothetischen Löhne im Kibbuz; eine Fischzucht, jetzt hauptsächlich für Goldfische, von denen viele exportiert werden, vor allem nach Großbritannien; ein Gartencenter; und eine Kunststofffabrik mit riesigen amerikanischen Maschinen. Hier werden Kunststoffgranulate geschmolzen und anschließend Luft durch die Masse geblasen, so dass ein riesiger, sich ausdehnender Ballon entsteht, der bis in den Dachraum hineinragt. Diese "Folie" wird dann auf eine Reihe von Walzen geleitet, die sie falten, blitzschnell mit aufwendigen Bildern, Namen und Strichcodes bedrucken, versiegeln und in Intervallen abschneiden, und - schwups - flattert eine Million Plastiktüten für Milch und andere Lebensmittel in Kartons ...

Rafael hat in dieser Fabrik gearbeitet, wie in fast jedem anderen Bereich des Kibbuz. Auch Devora hat schon viele verschiedene Jobs gehabt, unter anderem als Hebräisch-Lehrerin in einem Crash-Kurs, für den dieser Kibbuz ein Zentrum ist: In den dafür vorgesehenen Häusern lebt eine sehr internationale Gruppe, darunter auch Japaner. Als sie in den 30er Jahren ankamen, erhielten Rafael und Devora ein Zelt - ein Glockenzelt der britischen Armee. Dann baute man kleine, hölzerne Doppelhaushälften, wobei jeder Familie zehn Quadratmeter Platz zugestanden wurden (auf denen kleine Joel mit seinem Dreirad fuhr); danach wurden Häuser aus Betonblöcken gebaut, die jedoch bald nachgaben und abgerissen werden mussten. Alle Gebäude ruhen jetzt auf tief in den Boden eingelassenen Säulen, wobei der eigentliche Fußboden über dem Boden liegt und nicht auf ihm ruht. Es gibt nur eine dünne Erdschicht über dem Felsen; Rafael ist (typischerweise) skeptisch gegenüber all den sehr hohen und blühenden Bäumen: Ihre Wurzeln sollten in den Felsen eindringen, aber er glaubt, dass sie das nicht getan haben; einige stehen nicht ganz gerade, und er ist zuversichtlich, dass sie eines Tages bei starkem Wind umstürzen werden. Aber alle Häuser haben ihre kleinen Gärten, ein bisschen amateurhaft vielleicht, mit verschiedenen Zitrusbäumen, einigen Bananen und riesigen Büscheln von Paradiesvogelbäumen, Hibiskus, Weihnachtssternen und vielen anderen, die wir in Uganda hatten, und noch anderen, die uns aus unserer Zeit in Portugal vertraut sind.

Als ich eine Gruppe von Kindern beobachtete, die mit ihrer Erzieherin auf einem Kindergartenausflug an meinem Zimmer vorbeiliefen, fiel mir die Vielfalt der vertretenen Rassen auf. Einige hatten silbrig-blondes Haar, andere dichte, afrikanische Locken, und so ziemlich alles dazwischen. Was ist also das Judentum? Es ist sicherlich keine Rasse. Die Menschen sind dick und dünn, groß und klein; es gibt KEINEN Rassentypus, keine rassische Einheit, wie wir sie in Uganda gesehen haben, wo man deutlich zwischen den Bantu und anderen Völkern unterscheiden konnte. – Und die Religion ist kein wesentlicher Bestandteil der jüdischen Identität. Rafael und Devora, die sich der Sache des Judentums verschrieben haben, haben keine Religion, und in diesem Kibbuz gibt es keine Synagoge. Ich hörte viele sehr unvorteilhafte Bemerkungen über Rabbiner und rabbinische Gesetze und Bräuche. Der Sabbat und einige Feste wie Chanukka werden eingehalten, so wie wir es an Sonntagen und Weihnachten tun, einfach zum Vergnügen. Wofür sind dann so viele gestorben?

*

Joel, der älteste Sohn, inzwischen weit über fünfzig, kam in einem riesigen, nagelneuen Land Rover an - ein stämmiger, gut erhaltener Mann, der mir innerhalb weniger Minuten nach seiner Ankunft sagte, dass der Kibbuz, die ganze Idee eines Kibbuz, FALSCH sei, da kommunistisch: Man habe alles gemeinsam, die Messer und Gabeln, die Arbeit, das Land, die Frauen ... Ich war schockiert, vor allem über den Sexismus in dieser letzten Bemerkung; aber er sagte es noch einmal: "Ja, die Frauen auch, fragen Sie nur meine Eltern!" Inzwischen wusste ich, dass er im Kibbuz gearbeitet hatte, als Bauleiter, aber er war ausgezogen, als er seine erste Frau heiratete, mit der er fünf Kinder hatte. Dann verließ sie ihn, und er ließ sich von ihr scheiden, nach rabbinischem Recht, was bedeutete, dass sie keinerlei Rechte hatte, nichts von ihm bekam, und er das Sorgerecht für alle Kinder hatte - das jüngste war damals, glaube ich, sieben -, obwohl er ihr das älteste überließ ...

Joel fuhr uns zu seinem Haus in der Nähe von Haifa, wo er mit seiner Lebensgefährtin Livnat lebt, einer schlanken, lebhaften, sehr warmherzigen und ausdrucksstarken Marokkanerin - auch eine ausgezeichnete Köchin und Haushälterin, eine liebevolle Stiefmutter und Stieftochter. Ihr Haus ist sehr groß, mit Zimmern für fünf Kinder und sie selbst, obwohl alle Kinder inzwischen erwachsen und ausgezogen sind. Das Essen war üppig und wurde auf einem massiven

Teakholztisch mit Glasplatte aus Thailand serviert; unter dem Glas befand sich eine märchen-haft geschnitzte Dschungelszene mit Bäumen und Elefanten; die Rückenlehnen und Vorderseiten der acht Stühle waren ebenso gestaltet. Alle jungen Leute waren da, einige mit ihren Partnern: Joels Sohn war nach Italien gegangen, um eine große und hübsche junge Frau zu heiraten, sie gestaltet Fernsehwerbung. Er studierte noch und arbeitete in Teilzeit im Computerbereich. (In Israel gibt es keine Stipendien oder Darlehen für Studenten; sie müssen alle einen Teilzeitjob haben). Mit diesen Hochzeiten wird im Ausland ein ziemlicher Handel getrieben, mit Agenten, die sie überall auf der Welt und unter jedem Deckmantel arrangieren, obwohl das nächste Land, Zypern, am häufigsten gewählt wird. Innerhalb Israels gibt es keine Alternative zur rabbinischen Hochzeit, also heiraten die Nichtreligiösen im Ausland - und der israelische Staat erkennt diese Ehen an. Die jüngste Tochter hatte gerade ihren Militärdienst beendet; sie hatte sich für die zweieinhalbjährige Dienstzeit entschieden, da sie auf diese Weise Offizierin werden konnte, obwohl sie die meiste Zeit als Sekretärin eines hochrangigen Offiziers arbeitete. Ihr eigentliches Ziel war es, Schauspielerin zu werden, und also unterhielten wir uns darüber. Mir fiel auf, dass diese großen, gesund aussehenden, rastlosen, lauten, selbstbewussten jungen Leute, deren Karriere offenbar schon vorgezeichnet war, einigen anderen, die wir Anfang des Jahres in Burghausen in Deutschland getroffen hatten, vom Stil her sehr ähnlich waren, und ich erwähnte das gegenüber Devora, woraufhin der junge, frisch verheiratete Mann etwas sagte. Eigentlich hatte er keine Ahnung, was er machen wollte. - Ich dachte, Sie interessieren sich für Computer? - Ja, und für die Firma von Bill Gates arbeiten. Aber ich hasse es! Es scheint, als wolle er nur mit Holz arbeiten. Er will alle Möbel für ihr Haus machen.

*

Sonntagsmorgen, mein dritter Morgen im Kibbuz. Devora hatte einen Arzttermin, also frühstückten Rafael und ich gemeinsam im Refektorium und machten uns dann auf den Weg zum "Handtuch", dem handtuchförmigen Gebiet, in dem sie sich 1934 zum ersten Mal niedergelassen hatten: jetzt ist es unmöglich, es genau zu identifizieren, mit den neuen Straßen und Gebäuden und Bäumen. Aber der Turm ist noch da, und eine Betonreplik eines Glockenzeltes, und eines der Holzhäuser - Rafael sagte, dass jeder zweite Nagel von ihm eingeschlagen wurde. Es wird als eine Art baufälliges Museum genutzt, in dem sie den einen oder anderen Primus-Ofen, eine Mausefalle, eine Bürste, Zinnteller, eine Obstpresse, ein Bett mit einem Moskitonetz aufbewahren – Dinge, die sie in jenen frühen Tagen benutzten. Sie waren von Ungeziefer befallen, und die Malaria war weit verbreitet.

Jetzt gibt es praktisch keine Insekten mehr. Ich habe sieben Schmetterlinge gezählt (und das Wetter war warm und sonnig, mit einem gewittrigen Regen an einem Tag). Wegen der Malaria sind die Insekten ausgerottet worden. Jeder Kibbuz und jede Siedlung musste einen Insektenwächter ernennen - Rafael war ein Jahr lang einer -, der jeden Teich und jede Pfütze, jeden Wasserweg mit einer Schicht Öl bedecken musste; außerdem gab es riesige Sprühprogramme (mit DDT, glaube ich). Rafael schien sich zu freuen, als er eine Eidechse sah, weil er dachte, dass genügend Insekten zurückgekehrt waren, um sie zu ernähren.

Wir gingen in den Wachturm, drei Stockwerke, ursprünglich mit einer an der Wand befestigten Leiter, jetzt eine steile Treppe. Oben befand sich eine Lampe, die mit einem Metallgriff gedreht werden konnte, um die Umzäunung zu beleuchten - mehr, um arabische Eindringlinge abzuschrecken, als um sie tatsächlich sichtbar zu machen, denn sie wären ungesehen geblieben, wenn sie einfach stillgehalten hätten. Es gab Fenster und Schießscharten auf verschiedenen Ebenen, und einmal wurde es sehr ernst, und Devora gab tatsächlich einen Schuss ab, in der Hoffnung, dass sie ihn verfehlt hatte... Später fanden sie überall Strohballen; wenn sie die Angreifer nicht vertrieben hätten, hätten sie das Haus in Brand gesetzt. Am Ende war es die britische Armee, die mit ihnen fertig wurde, sagte man mir. Das Land war mit Geld aus dem Jüdischen Fonds gekauft worden, zu dem Juden in der ganzen Welt beitrugen; aber die Zahlung ging an einige wenige reiche Grundbesitzer, die in Paris und anderen Orten in Luxus lebten; ihre Pächter bekamen nichts, bis sie nach einiger Zeit die Hälfte des ursprünglichen Preises erhielten. Aber Rafael machte keinen Hehl daraus, dass sie die Araber vertrieben hatten und dass sie kämpfen mussten, um das Land zu behalten. Hätte es keinen Hitler gegeben, sagte er, gäbe es auch kein Israel, und natürlich sei es ungerecht, dass die Araber für die Sünden der Nazis bezahlen sollten. Aber er sah keine Alternative.

Ich fragte mich, wie das zu der "Masse von Steinen" passte, von der mir gesagt worden war, dass sei alles, was sie gefunden hatten, als sie kamen; und das wiederum passte nicht zu der Information, dass die Araber Weintrauben angebaut hatten, die Juden es aber verabsäumt hatten und stattdessen auf Baumwolle umgestiegen waren. Vermutlich treffen verschiedene Informationen auf verschiedene Teile des Landes zu.

Den ganzen Tag über flogen niedrig fliegende Kampfflugzeuge über den Himmel, ein niedriger, dröhnender Typ. Rafael versicherte mir, dass es sich dabei um Übungsflüge handelte - steil steigend und im Sturzflug zur Landung ansetzend. Aber ich fürchtete um den armen Libanon. Gegen 15 Uhr wurde eine Pause eingelegt, aber um etwa 18 Uhr begannen die Flüge wieder.

Am Abend kamen Jehuda Zuntz und seine Frau Edith mit ihrem Sohn Itai und dessen Frau. Wie die Tabors sind sie in ihren Achtzigern, ihr jüngster Spross ist vierzig. Wie die Tabors leben auch Jehuda und Edith seit ihren Dreißigern in ihrem Kibbuz. Er heißt *Sde Elijahu*, nach einem der wenigen Rabbiner, die die Kibbuzbewegung unterstützt hatten. Dort ist es extrem heiß, da es weit unter dem Meeresspiegel liegt. Er brachte uns eine große Tüte Datteln mit. Später gesellten sich noch Naamit und ihre Töchter zu uns, so dass wir ein ganz schönes Völkchen waren. Itai und seine Frau sprechen nur Hebräisch, sodass ich eine Zeit lang nichts von der offensichtlich lebhaften Unterhaltung mitbekam. Dann sprachen Jehuda und ich auf Deutsch, und Edith, Devora und Rafael schlossen sich an. (Niemand will in Israel wirklich Deutsch sprechen, verständlicherweise.) Jehuda (der immer noch als technischer Zeichner in seinem Kibbuz arbeitet) ist der große Forscher der Zuntz-Familiengeschichte, der das monumentale Buch mit Einzelheiten über Hunderte unserer Verwandten, zurückreichend bis nach Zons und Frankfurt im Jahr 1488, erstellt hat.

Aber ich stehe nicht drin, auch nicht mein Bruder, meine Schwester und meine Mutter. Auch in meines Vaters Eintrag im "Who's Who" sind wir nicht aufgeführt - nur seine zweite Frau und ihre Kinder. Jehuda hatte Verständnis für meine Verzweiflung.

Vor einiger Zeit, so erzählte er mir, meldete sich ein Professor Canitz von der Universität Tübingen mit seiner Meinung nach recht fadenscheinigen Gründen bei ihm und bat darum, ihn besuchen zu dürfen. Jehuda fand das etwas seltsam, willigte aber ein. Canitz gab Jehuda die einzigen Informationen, die er über Günther, meinen Vater, hatte, und behauptete, er sei nur einmal verheiratet gewesen, mit einer Engländerin, und habe nur die drei Kinder mit ihr. Nun war Tübingen die Universität, die es meinem Vater in seinem hohen Alter ermöglichte, sein kolossales Werk „Griechischer Lehrgang" zu vollenden, wobei jedes Beispiel für einen grammatikalischen Punkt ein authentisches Zitat eines klassischen griechischen Autors war. Er betrachtete dies als sein größtes Geschenk an die Menschheit, indem er die Tür zu den Herrlichkeiten Griechenlands durch die Sprache öffnete. Ich erwähnte dies gegenüber Jehuda, und er brachte es sofort mit dem Besuch von Canitz in Verbindung; warum dieser Professor jedoch ein Interesse daran haben sollte, die Leugnung unserer Existenz aufrechtzuerhalten, ist mir unbegreiflich. Aber wenn das seine Absicht war, Jehuda zu besuchen, dann hat er es geschafft. Es ist natürlich auch möglich, dass Canitz selbst glaubte, mein Vater sei nur einmal verheiratet gewesen, und dass sein Besuch bei Jehuda einfach dem Wunsch entsprang, dass Fe nicht aus der Familiengeschichte verschwinden sollte.

Am Montag holte mich Naamit vom Refektorium ab, holte einen Schlüssel aus einem Büro und führte mich zum Parkplatz, auf dem etwa zwanzig identische weiße Autos standen. Wir stiegen in das Auto mit der großen roten 6 ein, fuhren auf die Autobahn und bogen dann auf die fast menschenleere Straße auf den Berg Karmel zum Kloster Elijahu-Elijah ab. Sie erläuterte die auf einem großen Relief dargestellte Geschichte, in der Elia die Anbeter des Baal zu einem Wettstreit herausforderte. Beide Teams hatten ein Schaf (ein totes, wie ich annehme) als Brandopfer auf einem Haufen von Stöcken genau hier auf dem Berg Karmel liegen. Die Mannschaft, deren Stöcke Feuer fingen, sollte Sieger sein - die von Gott bevorzugte. Nun, Baals Mannschaft hat verloren. Also tötete Elias' Team die Anhänger Baals, alle zweihundert von ihnen. "Eine schöne Geschichte, nicht wahr", bemerkte Naamit. Später fuhr sie mit mir in ein drusisches Dorf - eigentlich eine Stadt -, wo wir durch die Straße der Souvenirläden schlenderten und ein Glas Tee tranken. Die Drusen sind in Israel willkommen. Anders als die anderen Araber dienen sie in den Streitkräften. Ich erwähnte, dass ich Wallid Jumblatts drusisches Dorf im Libanon gesehen hatte, und wir fragten uns, warum diese

Menschen ihre Religion so geheim halten - sogar vor den meisten Mitgliedern der Sekte! Naamit war genau wie ich von den religiösen Überzeugungen anderer Menschen verblüfft. Ich hatte das Gefühl, dass wir ziemlich viel gemeinsam hatten, und ich hoffte, mehr von ihr zu sehen. Als ich sagte, dass sie mit dem Kibbuzleben sehr zufrieden sein müsse, da sie dort geboren und aufgewachsen war und nun auch ihre drei Töchter dort aufwuchsen, rümpfte sie die Nase: "Welche Alternative gibt es denn?" - Ihr Mann käme bald für einen Urlaub nach Hause, und es wäre möglich, dass die ganze Familie nächstes Jahr zu ihm nach Mexiko zöge. Er findet in Israel keine Arbeit außerhalb des Kibbuz, denn alle Fischfarmen gehörten den Kibbuzim - und die wären überbesetzt.

Dann fuhren wir nach Haifa und nahmen den Aufzug auf die Spitze des Universitätsgebäudes, das auf einem Hügel wie eine riesige Oblate steht. Wir sahen zu, wie der purpurne Sonnenball hinter den kreisenden Lichterketten dieser kleinen, hügeligen Stadt im Meer versank. Dann ging es zurück nach Hasorea; ein langes Gespräch mit Rafael und Devora; ein Abendessen mit Brot und Käse und ein letztes Mal ins Bett in meinem Gästezimmer.

Am Morgen meiner Abreise hatte ich Zeit, durch den Kibbuz zu gehen, vorbei an dem nun leeren Schwimmbad und den Tennisplätzen und Naamits Haus und hinaus auf den Hügel, wo es vor einigen Jahren einen Waldbrand gegeben hatte und der Wald sich auf natürliche Weise regenerierte: kleine, flauschige grüne Kiefern und Unterholz. Perfektes, wolkenloses Wetter, heiß, eine leichte Brise, und ich blickte hinunter auf den Kibbuz, dieses glückliche Tal, das von seinem hohen Zaun umschlossen war. Ich ging nicht weit. Vor ein paar Wochen war ein Tourist im nahegelegenen Wald getötet worden. Ein Raubüberfall? Nein: Hass.

Später sagte Rafael: "Ich möchte dir diesen Ort erklären. Und warum wir keine Pazifisten sein können. Und warum wir die Atombombe brauchen: Damals, 1934, hatte ich die Nase voll von den Demütigungen, denen wir Juden in Deutschland ausgesetzt waren, vom Tragen des gelben Sterns, von der Arisierung der Kaffeefirma Zuntz, in der ich arbeitete, von der Aufforderung, sich nicht blicken zu lassen, wenn hohe Nazis kamen ... Das war natürlich nichts im Vergleich zu dem, was später kam, oder zu der langen Geschichte der Grausamkeiten, nicht nur in Deutschland, sondern auch in Spanien unter Ferdinand und Isabella, in Polen und überall. Und ich habe mich gefragt: Warum? Und ich kam zu dem Schluss, dass es daran lag, dass wir Juden kein eigenes Land hatten. Also konvertierte ich zum Judentum, obwohl ich christlich erzogen worden war, und ich schloss mich den *Werkleuten* an, den Juden, die sich darauf vorbereiteten, in Palästina zu leben und zu arbeiten, und so kamen wir schließlich hierher. Aber sie wollen uns immer noch 'ins Meer stoßen'. Auch nach Oslo. Und sie werden es tun, wenn wir nicht stark sind und wenn wir keine Atomwaffen haben. Denn sie haben sie. Der Irak hat biologische Waffen, Pakistan hat die Bombe, der Iran hat sie fast. Wir können also nicht darauf verzichten. Das wollte ich Dir erklären. Aber das Schlimmste ist, dass die Juden sich untereinander nicht einigen können."

Dann war es an der Zeit, im Taxi zurück nach Tel Aviv zu fahren. Diesmal war mein Fahrer ein überschwänglicher, dicker junger Marokkaner, der die meiste Zeit in eines seiner beiden Handys sprach. Auf dem Flughafen stellten mir junge Frauen in Uniform eine Reihe von Fragen. Offensichtlich habe ich bestanden, und nach der üblichen langen Wartezeit - das Flugzeug hatte wieder einmal eine Stunde Verspätung - saß ich in meiner Boeing 757 und schaute auf die Lichter von Tel Aviv hinunter und dachte, wie verrückt es war, dass dieses kleine Land bereit sein könnte, im Namen der Selbstverteidigung nuklearen Selbstmord zu begehen, und dachte auch, wie idyllisch das Alter im Kibbuz sein würde ... wenn er alles übersteht.

13. Besuch in Polen, Mai 2002

Krakow (Krakau)

Wir drei - David, meine Cousine Dudu (Susanne Bessac aus Missoula, Montana) und ich - wollten die Orte in Polen besuchen, an denen Oma Drübbelchen - unsere Großmutter - gelebt hatte. Wir flogen am Montag, dem 6. Mai nach Krakau und kamen durch die Wolken in eine Stadt mit unzähligen Hochhäusern, die über die Landschaft verstreut waren. Wir fuhren in einem Gewitter mit dem Bus vom Flughafen in die Stadt und hatten das Vergnügen, Menschen in sommerlichen T-Shirts zu beobachten, die durch den Regen rannten, um uns an der nächsten Bushaltestelle einzuholen. Sie sahen alle recht fröhlich und gesund aus. Ich möchte gleich zu Beginn sagen, dass wir während unserer 10 Tage in Polen keine Anzeichen des wirtschaftlichen Zusammenbruchs, der hohen Arbeitslosigkeit, der hohen Kriminalitätsrate, der Taschendiebe und der Trunkenheit gesehen haben, vor denen uns so ziemlich jeder gewarnt hatte, dem wir erzählten, dass wir nach Polen fahren würden. Im Gegenteil, wir waren alle beeindruckt von dem guten Aussehen, den schlanken Figuren, der geschmackvollen Kleidung, den freundlichen Gesichtern und dem offenen Lächeln der Menschen, die wir sahen. Sie sahen aus, als würden sie das Leben genießen, und wann immer wir aufgrund unserer Unkenntnis der Sprache in Schwierigkeiten gerieten, tauchte jemand - in der Regel eine junge Frau - wie aus dem Nichts auf und half uns mit einem manchmal ausgezeichneten, manchmal eher haarigen Englisch weiter.

Der Bus brachte uns zunächst durch die grüne Landschaft, mit einigen Dörfern, die aus großen Häusern bestanden, die so gebaut waren, dass sie einer Kinderzeichnung eines Hauses ähnelten, das wie ein großes A aussieht. Bald waren wir in den Außenbezirken von Krakau, mit den üblichen anonymen Wohnblöcken, die man überall auf dem Kontinent sieht, und dann in mehr historisch aussehenden Vororten, mit hübschen zwei- oder dreistöckigen Reihenhäusern. Schließlich wurden wir am großen Bahnhof aus dem Bus ausgespuckt und gingen hinein, um Fahrkarten für die nächste Etappe unserer Reise zu kaufen, nach Breslau, wohin wir zwei Tage später fahren wollten. Krakau hat einen prächtigen Bahnhof mit riesigen Kronleuchtern und Blicken in lange, mit türkischem Marmor ausgelegte Hallen. Dort sahen wir einige betrunkene ältere Männer, schäbig, an die Säulen gelehnt, schreiend und unzusammenhängend singend. Nach einer ziemlich langen Reihe von Erkundigungen bekamen wir unsere Tickets und nahmen ein Taxi ("Wollen Sie nach Auschwitz?", fragte der Fahrer - wir versicherten ihm, dass wir das nicht wollten) zu dem Apartment-Hotel, das David so geschickt per E-Mail gebucht hatte. Wir bewohnten die beiden Zimmer im Dachgeschoss, die sehr schön (und erst kürzlich) hergerichtet worden waren, mit herrlichen En-suite-Badezimmern und einem Blick über Bäume, in denen Elstern lärmten, auf die gegenüberliegenden Wohnungen und direkt in deren Fenster.

Wir fuhren mit dem Bus zurück zum Bahnhof und gingen in das Zentrum von Krakau, das aus einem riesigen Marktplatz (*Rynek*) besteht. An einer Ecke steht eine Marienkirche aus rotem Backstein mit zwei Türmen, von denen einer etwas höher ist als der andere, "weil sie von zwei Brüdern gebaut wurden, die beide wollten, dass ihr Turm der höhere sei. Am Ende erschoss ein Bruder den anderen und wurde zum Sieger erklärt." (Ein Trompeter beginnt jeden Abend ein bestimmtes Stück zu spielen und bricht plötzlich exakt bei der Note und genau in dem Moment ab, als ein Vorgänger vor Hunderten von Jahren durch einen Pfeil in der Kehle zum Schweigen gebracht wurde. Vielleicht war es der Bruder?) Eine goldene Krone umgibt die oberste Metallspitze des Turms. Wir sahen überall in Krakau goldene Kronen - sogar die Geländer eines Straßencafés sind mit goldenen Kronen geschmückt. Im Inneren der Kirche sind die Wände in warmen Farben gestrichen - braun, rosa, salbeigrün - und die gewölbte Decke ist tiefblau und mit goldenen Sternen verziert. Polen ist zweifellos ein religiöses Land. In dieser und den vielen anderen Kirchen, die wir sahen, schienen ununterbrochen Gottesdienste statt zu finden, in denen mit lauten, angestrengten Stimmen Hymnen gesungen wurden; zahlreiche Scharen von Nonnen bewegten sich durch die Straßen; Eltern und Kinder gingen zu jeder Tageszeit in die Kirchen hinein und wieder hinaus.

Auf diesem *Rynek* steht ein weiterer Turm (er wurde gerade repariert), der zum Rathaus gehört, und eine Statue des Dichters Adam Mickiewicz, unter der zwei Waldhornbläser sehr gut spielten. Die weitläufige Markthalle ist eine Touristenfalle, in der alle erdenklichen Arten von Bernsteinartikeln und zahlreiche Figuren von Rabbinern mit schwarzen Hüten und langen schwarzen Locken, die Musikinstrumente spielen, angeboten werden.

Am nächsten Tag schlossen wir uns den Massen von Touristen (darunter viele Schulklassen) auf dem Wawel an, der jahrhundertelang der Palast der polnischen Könige war, bis die Vereinigung mit Litauen einen Umzug nach Warschau erforderlich machte. Da gibt es eine Kathedrale, einen ehemaligen Exerzierplatz, zahlreiche andere Gebäude und eine italienische Piazza mit prächtigen königlichen Gemächern auf vier Etagen und eleganten Treppenhäusern. Hier erhielt jede kleine Horde gut erzogener Kinder eine Geschichtsstunde von ernsthaften Lehrern.

Nach dem Mittagessen ließen David und ich Dudu zufrieden am Wawel malen und spazierten die Weichsel entlang, wo viele Leute den warmen Sonnenschein genossen (auf der gegenüberliegenden Seite befindet sich ein beeindruckendes japanisches Kulturzentrum), und dann landeinwärts in den Vorort Kazimierz, das ehemalige jüdische Viertel mit zahlreichen Weinbars und Kunstläden, die jetzt in den Häusern untergebracht sind, und vielen geschlossenen Synagogen. Eine davon ist heute ein Museum. Dies war die erste Synagoge, die ich je betreten hatte, und die Erläuterungen dazu waren sehr aufschlussreich. In der Mitte befand sich ein Gebilde, das wie ein riesiger Papageienkäfig aussah und aus dem die Tora gelesen wurde. Überall an den Wänden fanden sich Erinnerungen an die jüdischen Männer (keine Frauen), die hier gebetet hatten (das Judentum ist eine sehr sexistische Religion). Und obwohl die ganze Gegend nicht so klaustrophobisch war wie das Ghetto in Trier oder so karg und trostlos wie das, das wir in Venedig gesehen hatten, war es unmöglich, sich nicht düster zu fühlen, wenn man wusste, was hier, so nahe an Auschwitz-Birkenau, geschehen war.

Wroclaw (Breslau)

Am nächsten Tag fuhren wir mit dem Zug nach Breslau (ehemals Breslau), weil Oma Drübbelchen - Olga Hempel, geborene Fajans[2] -

---

[2] Olga Hempel, Immer ein bißchen revolutionär – Lebenserinnerungen. Konstanz 2005.

hier studiert hatte (ebenso wie Dudus Großvater väterlicherseits, Friedrich Leppmann). Olga hatte den ersten, theoretischen Teil ihres Medizinstudiums in Freiburg im Schwarzwald absolviert. 1899 kam sie für den praktischen Teil hierher, und in ihren Erinnerungen zeigte sie große Zuneigung und Respekt für die meisten Ärzte, die ihre Mentoren waren - insbesondere an den Professor für Chirurgie namens Jan Mikulicz. In Breslau führte uns Andrej Teisseyve - ein Freund eines Freundes von Dudu - durch die Stadt. Auch hier gibt es, wie in Krakau, einen riesigen und prächtigen *Rynek* mit einem außergewöhnlichen gotischen Rathaus. Andrej führte uns durch eine Gasse zur Leopold-Universität, die gerade für die Feierlichkeiten zu ihrem 300-jährigen Bestehen vorbereitet wurde. Von dort aus ging es der Oder entlang zur Dominsel (Ostrów Tumski), wo Nonnen mit einem Mikrofon Kinder auf der Straße anleiteten, ein traurig klingendes Lied zu singen. In der weit geöffneten Kathedrale fand gerade ein Gottesdienst statt, bei dem der Priester mit einem kräftigen Lautsprecher Gebete sprach. Dann kam die Straße hinauf - zu Davids Freude - eine Marschkapelle, aber als sie die Kathedrale erreichten, verstummten sie und marschierten auf Zehenspitzen weiter, bis sie sich frei fühlten, wieder loszulegen. Wieder zurück ging es über den Fluss und eine belebte Straße, zu dem, was Andrej "die medizinische Universität" nannte. Und hier war eine Straße, die nach Mikulicz benannt war, und die chirurgische Abteilung, die er gegründet hatte - ein ausgedehntes, goldfarbenes Gebäude, das im Krieg nicht zerstört worden war, wie der größte Teil von Breslau. Tatsächlich, es war genau das Gebäude, in dem Drübbelchen studiert hatte! In der Nähe befand sich an einer Wand eine Plakette, die Mikulicz mit einem Lorbeerkranz krönte. Oma war nicht die einzige Person gewesen, die ihn bewundert hatte!

Wir wohnten in einem großen, altmodischen, luxuriösen Hotel namens Monopol. Nach einer erholsamen Nacht und einem ausgiebigen Frühstück schlenderten wir über die Plätze, durch die Straßen und am Fluss entlang. Wir wollten die alte Synagoge sehen, die auf dem Stadtplan deutlich eingezeichnet war, konnten sie zuerst aber nicht finden. Schließlich entdeckten wir sie zufällig - die Neugierde führte uns durch einen Torbogen in einen unordentlichen Hof, in dem einige Autos parkten und Haufen von Baumaterial lagerten. Auf der linken Seite ein hoher, schäbiger Wohnblock mit dem Schild: 1900-1901; zu unserer Rechten eine prächtige, in voller Blüte stehende Rosskastanie; und vor uns, hinter einem Wellblechzaun, ein imposantes quadratisches Tempelgebäude mit klassizistischen Pilastern und, gerade noch sichtbar, einer Kuppel in der Mitte eines Flachdachs. An der Vorderseite führten steinerne Stufen hinauf zu einer verschlossenen Tür. Durch die hohen Fenster konnten wir einige Plastikstühle sehen, als im Inneren irgendwelche Gruppenaktivitäten, vielleicht Unterricht oder Gruppentherapie, stattfinden. Aber von den Ziegelwänden waren große Stücke Putz abgefallen; aus Rissen im Mauerwerk sprossen kleine Platanen. Eine verfallende Pracht! Aber war es denn nötig gewesen, ein so imposantes Gebäude zu errichten? Hätte das, was geschah, vermieden werden können, wenn man weniger Wert auf die eigene jüdische Identität gelegt hätte? Natürlich waren die meisten Juden in der Diaspora während des größten Teils ihrer Geschichte alles andere als beneidenswert. Wie auch immer man darüber denkt, die Melancholie des Ortes wurde unterstrichen, als wir einen Zettel lasen - er war auf Hebräisch und Deutsch - der besagte, dass von diesem Hof aus die Juden in die Vernichtungslager transportiert wurden.

Dann kam ein Mann aus den Wohnungen und fuhr eines der Autos - ein Taxi - durch eine enge Gasse hinaus. Wir folgten langsam. Sie führte links an einem hochmodernen Gebäude vorbei, das fast nur aus Glas bestand, und rechts an einer rohen Backsteinmauer, die den Turm der alten deutschen Militärkirche einrahmte, mit einer Metallkuppel auf der Spitze, die einem Helm ähnelte. Sie ließ uns merken, dass die ganze Gegend früher deutsch war, mit deutschen Namen für Flüsse - Wechsel - und Städte - Breslau, Danzig usw. Es fand ein Studentenfest "für die Menschlichkeit" statt: Aus riesigen Lautsprechern auf einer Plattform ertönte furchtbarer Gesang, der in einer ohrenbetäubenden Darbietung von *Blowing in the Wind* gipfelte. Das fröhliche Treiben ging - leicht gedämpft - fast die ganze Nacht weiter. Als ich um 3.15 Uhr aus unserem Hotelfenster schaute, sah ich eine lange Reihe von Taxis, deren Türen offen standen und deren Fahrer sich in kleinen Gruppen um den einen oder anderen versammelten, um sich zu unterhalten und zu lachen - und zwar in schallendes Gelächter auszubrechen. Junge Leute, von denen die Mädchen (wie Dudu bemerkte) alle wie Barbiepuppen aussahen, die Jungen etwas schlabberiger, schlenderten entlang, redeten und lachten ebenfalls, genossen die Gesellschaft der anderen, kamen von irgendeiner Party, ohne Gepäck und, wie es schien, überhaupt nicht betrunken.

Hier ist Davids Gedicht:

Synagoge

Ich sehe ihn immer noch, einen tristen griechischen Tempel
Mit entsteinten grauen Pilastern
Erklärung des jüdischen Stolzes
Der sich aufbaute neben
Den nichtjüdischen Stadtoberhäuptern.

Seit über fünfzig Jahren hat dieser Ort -
So eintönig, so grau und mager -
Keine Gesänge oder Gebete gehört.
Nur Geister der Rabbiner spuken
In den Schreibtischen und Stühlen im Büro
Die diesem tragischen Ort
jetzt einen trivialen Zweck verleihen.
Vielleicht sind die Haufen von Baumaterialien,
Ihre Hütten, ihre Lastwagen, ihre Gerüste
Vorbote einer größeren Sache?
Die Mietskasernen, die es einschließen
haben Fenster ohne Aussicht.
Waren diejenigen, die hier vor Jahren lebten
Neben diesem tristen grauen heiligen Ort
Deutsche oder polnische Juden?
Jedenfalls wurden die mit den gelben Sternen
In dieser Werft gesammelt.
Wer lebt noch, wer hat das miterlebt
Die Lastwagen der Armee die sie weg brachten
Nach Auschwitz-Birkenau?

Und jetzt sind es Reihen von verblassenden Geistern
Die lautlos Schlurfen
Die einzige süße Ablenkung hier:
Die blühende Menora von
Einem kandierten Kastanienbaum.

Torun (Thorn)

Anschließend fuhren wir mit dem Zug nach Thorn. Die Eisenbahner waren bis auf ihre knappen Unterhosen entkleidet, als sie einen Entwässerungsgraben entlang der Gleise aushoben, so heiß war es. Wir fuhren stundenlang durch eine flache, grüne Welt, in der hier und da ein einzelner, blau gekleideter Bauer inmitten der weiten Ebene einsam den Boden bearbeitete. Wir sahen kein Vieh, wenig Ackerbau, viele Bäche und Kanäle; keine Hecken, keine Zäune, sehr wenige kleine Dörfer, kaum Kirchen; keine Strommasten, nur Telefonmasten; praktisch keine Straßen. Alle Züge, die wir sahen, waren mit Graffiti beschmiert. Nach Poznan (Posen), wo wir die Pommern erreichten, sahen wir mehr Bäume; in den Pappeln steckten große Mistelzweige; Weißdorn und Rosskastanien blühten. Wir kamen durch einige kleine Wälder mit anmutigen Silberbirken und hohen Kiefern mit rötlichen Stämmen, die an viele deutsche Volkslieder erinnern. Dudu meinte, das Land sei abgeholzt worden, um Brennstoff für die Ziegeleien zu gewinnen. Auf jeden Fall sahen wir nur wenige wirklich alte Bäume - und Ziegel sind das fast universelle Baumaterial. Die wenigen Häuser, an denen wir vorbeikamen, hatten weißen und violetten Flieder in ihren Gärten. Auch in diesem Gebiet gab es eine Reihe von Industrieanlagen mit modernen kastenförmigen "Einheiten".

Während Dudu und David am Bahnhof Schlange standen, um die Fahrkarten für den nächsten Tag zu kaufen, ging ich zu einem Informationsschalter, in der Hoffnung, eine Unterkunft für die Nacht zu finden (dies war der einzige Ort, den David nicht im Voraus gebucht hatte) - aber die einzige Information dort war über Züge. Bald versuchte jeder in der Warteschlange, meine Absichten zu erraten. Doch die junge Frau hinter mir verstand mich, obwohl sie kein Englisch konnte (sie war intelligent UND freundlich) und führte mich zu einem interaktiven Computer in einer staubigen Ecke des Bahnhofs. Aber hier war auch sie überfordert. Eine andere junge Frau, die ausgezeichnetes Englisch sprach, übernahm jedoch die Suche nach mehreren verfügbaren Zimmern, entschied, welches für uns am besten wäre, führte uns zum Taxi und sagte dem Fahrer, wohin er uns bringen sollte. Dies war nur einer von vielen Vorfällen, die uns das Gefühl gaben, willkommene Gäste zu sein und keine verdammten Ausländer, die sich nicht einmal die Mühe gemacht hatten, die Sprache zu lernen ...

Thorn ist der Ort, wo Olga geboren wurde. Ihre Cousine, die Malerin Jula Wolf, fügte ihrem Namen den Zusatz Thorn hinzu, weil Wolf so geläufig war; sie signierte ihre Bilder mit "Julie Wolfthorn". Im Gegensatz zu Breslau wurde Thorn im Krieg nicht zerstört, obwohl auch diese Stadt von Hitler zur "Festung" erklärt worden war. Hitler wollte, dass diese und andere Festungsstädte von der vorrückenden sowjetischen Armee belagert werden und sich heftig verteidigen sollten, zum einen, um die sowjetischen Streitkräfte in die Enge zu treiben, und zum anderen, um zum Dreh- und Angelpunkt des großen Rückschlages zu werden, den er sich vorstellte, wenn - wie er hoffte - die westlichen Alliierten sich mit Deutschland verbündeten, um die Kommunisten zu vernichten. Thorn stand 260 Jahre lang unter der Herrschaft des Deutschen Ritterordens, bis die Bürger aufbegehrten und 1454 die Ritterburg zerstörten. Nach einem 16 Jahre dauernden Krieg wurde der Ritterorden durch den Vertrag von Torun aus dem Gebiet verdrängt. Thorn blühte durch den vom Fluss ausgehenden Getreidehandel auf, durch den Olgas Vater, der stromabwärts nach Danzig gezogen war, sehr reich wurde. Wie Breslau war auch Thorn bis zur großen Bevölkerungsverschiebung nach Westen nach dem Zweiten Weltkrieg eine rein deutsche Stadt.

Die Weichsel (Wysla) ist ein sehr breiter und schnell fließender Fluss, hervorragend dazu geeignet, die mit Getreide beladenen Holzflöße mit den kleinen Hütten für die Familien der Flößer stromabwärts zu transportieren. Heute gibt es auf ihr keine Boote mehr, vielleicht weil sie so flach ist. Sie ist durch eine lange Ziegelmauer von der Stadt getrennt, die von bogenförmigen Öffnungen durchbrochen ist. Ein kleiner Mühlbach fließt zu ihr hinunter, und die Spuren des Mühlrads sind am alten Mühlengebäude deutlich zu erkennen. Vom Rathausturm aus konnten wir den gitterartigen Grundriss der Stadt sehen, die ganz aus rotem Backstein besteht, mit Ausnahme der schönen Fassaden der Häuser an den beiden Plätzen. Weit von der Altstadt entfernt befindet sich ein Bogen von etwa 40 oder 50 Hochhäusern. Unser Hotel lag an einem der Plätze, mit einem großen, kunstvollen Postamt aus Backstein und einer belebten Kirche auf der einen Seite, einem Gartencafé, dem Rathaus - und gegenüber der Artushof (Dwor Artusa). Es handelt sich um ein Kunstzentrum, das im 19. Jahrhundert gegründet wurde, als Geschichten über König Artus und die Ritter der Tafelrunde in aller

Munde waren. (Man fühlt sich an Kennedy und sein "Camelot" erinnert.) Wir genossen dort ein Konzert (Dvořák, Schubert und eine einheimische Komponistin, M. Cynk) in einem prunkvollen Saal, ähnlich der Oxford Town Hall, aber viel heller war und mit prächtigen Kronleuchtern.

Früh am Morgen folgte ich dem Geruch von frischem Brot und kam zu mehreren Bäckereien, in denen die Menschen ihr Frühstück kauften. Ein kleiner Junge trug eine große Tüte mit Brot nach Hause zu seiner Familie und kickte dabei einen Fußball. Die Straßen waren praktisch autofrei. Hinter einem riesigen Supermarkt war ein traditioneller Markt im Freien in vollem Gange, auf dem Obst, Gemüse, Fisch, Fleisch, Teppiche, Möbel, Kleidung - einfach alles - verkauft wurde.

Gdansk (Danzig)

Der Zug nach Danzig fuhr durch flaches, grünes Land - Pommern - mit vielen kleinen Bauernhöfen, Seen und Flüssen. Unser Appartement im Hotel "Künstlerhaus" hatte zwei große Zimmer mit Fernseher, wie heutzutage alle Hotelzimmer, Badetücher statt Laken auf den Betten, eine Küche und ein Badezimmer, in dem für einen Moment heißes Wasser in die Badewanne donnerte, um dann eiskalt werden; schließlich konnte man ein lauwarmes Rinnsal herauslocken. Draußen gab es plötzlich heftige Auseinandersetzungen zwischen Möwen, die sich kreischend von ihren Stangen auf den Bäumen und Dächern rund um den Schulhof verjagten und die Tauben störten, die dort aus den Pfützen tranken und versuchten, sich gegenseitig zu überreden, sich zu verlieben. In der anderen Richtung sah man einen großen Kirchturm aus Backstein - aber wo war der leuchtend rote Backstein, von dem Olga in ihren Erinnerungen schwärmt? Dudu sagte, dass sie (Drübbelchen) dachte, die erstaunliche Farbe käme von der Wirkung der Gischt auf den Ziegelstein; aber jetzt waren alle alten Ziegel ziemlich geschwärzt. Sie waren mühsam aus dem Schutt der britischen und amerikanischen Luftangriffe herausgesucht worden; vielleicht war die Schwärze die Folge der Brände in jenen schrecklichen Wochen des Jahres 1945, als auch Danzig eine "Festung" war. Das gesamte alte Zentrum war in den 50er Jahren von den Kommunisten wieder aufgebaut worden, obwohl es eine "Bastion des Kapitalismus" war - als genaue Kopie dessen, was vorher dort gestanden hatte, wie zahlreiche Radierungen zeigen. So konnten wir die Stadt sehen, in der Olga aufgewachsen war. Sie sah nur etwas künstlich aus, wie ein Bühnenbild für eine Oper, ein bisschen zu schön, um wahr zu sein.

Wir aßen in einem kleinen Lokal am Flussufer zu Abend und sahen uns die Schiffe an, die gegenüber der Speicherinsel anlegten, wo leuchtend rote Backsteinruinen aus dem hellgrünen Laub der Sträucher ragten, die in den Trümmern wuchsen. Das war also nicht renoviert worden. Aber es gab eine Wäscheleine zwischen den Ruinen der großen Getreidespeicher, in denen vermutlich Urgroßvaters Getreidevorräte darauf gewartet hatten, verladen und über die Ostsee nach London und andere Teile Westeuropas transportiert zu werden. Weiter auf der anderen Seite stand der große schwarze Kran, den die Hafenarbeiter früher benutzt hatten. Wie in Thorn gab es entlang der gesamten Flussfront eine Mauer mit Torbögen zu den schönen alten Straßen, die landeinwärts führten. Die Hauptstraße, die Langgasse (Ulica Dluga), war märchenhaft schön, mit verschnörkelten, hohen, farbenfrohen Reihenhäusern im holländischen Stil, die von menschlichen oder tierischen Figuren oder einer goldenen Sonne oder einem Stern gekrönt wurden. Sie öffnete sich zu einem Platz, auf dem sich ein Brunnen mit einer schönen Neptunfigur befand, mit einem Seepferdchen, das seinen Schwanz zurechtrückt, um Neptuns Geschlechtsteil zu verbergen. Hier verkauften Straßenverkäufer und Läden schönen und sehr preiswerten Bernstein. Ein Ladenbesitzer erzählte uns, dass er Jahrmillionen alt sei und noch immer im Sand am Meer gefunden werden könne. Ungeschliffen sieht er trüb und undurchsichtig aus. Ich fragte ihn, woran man erkennen könne, ob es sich um Bernstein oder Kunststoff handele. Er demonstrierte es, indem er ein brennendes Streichholz an ein Stück hielt: Es roch nach Holzrauch. Plastik würde einfach schmelzen. Aber wagt man es, dies an den Waren der Straßenverkäufer auszuprobieren?

Am Abend kam ein Bekannter von Jean Kaye, Piotr Ruckewicz, der dieses Hotel für uns gefunden hatte, und wir unterhielten uns eine Weile. Er lehrte englische Linguistik und sein Englisch ist ausgezeichnet. Er bemerkte, dass es unter den Kommunisten keine Arbeitslosigkeit gab, jetzt sind es 20 % ... "Der Stärkere gewinnt immer", sagte er, "das hätten sich die Japaner merken sollen, bevor sie Pearl Harbour angegriffen haben." Er war der Meinung, dass

Amerikas Behandlung der amerikanischen Ureinwohner mit den russischen Gulags vergleichbar sei. Er war ein zutiefst pessimistischer Mensch: Am besten wäre es, sagte er, wenn unsere Galaxie mit einer anderen zusammenstoßen und unsere Atome im Universum verstreuen würde. Dann wäre es endlich nicht mehr wichtig, ob wir Marxisten oder Katholiken, Muslime oder Juden, Amerikaner oder Afrikaner sind. Wir sahen ihn zwei Tage später wieder. Er war Atheist, obwohl seine Eltern beide gläubige Katholiken waren. "Meine Mutter hat mit der 'Rhythmusmethode' verhütet und acht Kinder bekommen - das letzte wurde tot geboren. Sie hatte nie Urlaub." - "Es heißt, Gott sei Liebe und vergebe am Ende, nach dem Fegefeuer, jedem, sogar Hitler, sogar Stalin - warum sollten wir also versuchen, gut zu sein?"

Olga wuchs in einem Haus in der Hundgasse (Ulica Organa) auf, die parallel zur Langgasse verläuft. Es könnte eine der hohen Veranden oder Terrassen mit schönen Steinfiguren und Schmiedeeisen gehabt haben, die für viele Häuser typisch sind. Die Geschäftsräume befanden sich im Erdgeschoss, im Untergeschoss gab es Lagerräume für Getreideproben; die Familie und alle Verwandten wohnten oben.

Am nächsten Tag wollte Dudu am Flussufer zeichnen. David und ich machten uns auf den Weg zur Lenin-Werft und der Gedenkstätte der berühmten Gewerkschaft *Solidarność.* Wir gingen an einem schmutzigen kleinen Kanal entlang - überholten und wurden von einer Familie überholt, deren kleiner Sohn in einem schicken Anzug offensichtlich gerade seine Erstkommunion hatte - so wie mehrere Mädchen, die wir in schneeweißen Kleidern sahen - die Familien sahen sehr stolz aus, die Jugendlichen waren von ihrer eigenen Bedeutung ziemlich überwältigt. Wir gingen weiter, vorbei an riesigen Wohnblocks und einem Einkaufszentrum, und dachten, wir könnten das Denkmal sehen, ein bräunliches Bauwerk, das sich auf einem Hügel zu unserer Linken aus den Bäumen erhebt; aber als wir die Eisenbahnlinie auf einer großen, stark befahrenen Straßenbrücke überquerten, sahen wir, dass sich die Werften zu unserer Rechten befanden - Gruppen von herabhängenden, inaktiven Bohrtürmen, die sich über ein riesiges Gebiet erstreckten. Dennoch war ich von dieser grünen, bewaldeten Anhöhe fasziniert, und wir folgten einem Weg, der an einem mit dem Solidarność-Logo bedeckten Gebäude und einigen Arbeiterwohnungen vorbeiführte und in den Wald hinaufführte. Drübbelchen hatte über die Stadt mit ihren roten Backsteinkirchen geschrieben, "umschlossen von den grünen Armen der Stadtmauer ", wohin sie, ihr Vater, sein schottischer Freund Stoddart und ihre Hunde bei ihren täglichen Spaziergängen "zum Russengrab" noch vor dem Frühstück gegangen waren. Das bräunliche Bauwerk entpuppte sich als ein schönes Beispiel moderner Kunst: zwei riesige, leicht verzogene, aufrechtstehende Kunststoffträger und eine Inschrift zum Gedenken an das Millennium. Wir verließen es und stiegen in ein steiles kleines Tal hinab - die Erstkommunionfamilie schlenderte dort den Weg entlang, während der schlaue Junge und seine Schwester den schlammigen Pfad oberhalb hinunterstürmten -, wo zahlreiche Backsteinbauten im Hang eindeutig eine Art Militärbunker darstellten. Das waren also die Verteidigungswälle, an die sich Oma erinnert hatte! Wir kletterten auf der anderen Seite den Hang hinauf, folgten einem angenehmen Weg entlang des Bergrückens und kamen zu einem weiteren Denkmal, nicht ganz so hoch, aus Stein, auf den ersten drei Seiten, die wir betrachteten, leer, aber auf der vierten mit einer Inschrift in russischer Sprache! Und ein Mosaik mit dem Heiligen Georg und dem Drachen! Es musste das "Russengrab" sein, über das sie geschrieben hatte, zum Gedenken an die russischen Soldaten, die in den Schlachten um Danzig 1734, 1807, 1813 und 1898 gefallen waren. Wir gingen weiter, vorbei an weiteren Bunkern aus Ziegelsteinen, entlang des Bergrückens, der sich in der Tat in einem leichten Bogen um die Stadt zu unserer Linken schlängelte (ein Weg, der auch heute noch häufig von Spaziergängern mit Hunden benutzt wird) und ich gab mich der Fantasie hin, wie zwei nüchterne Herren im Anzug und ein lebhaftes kleines Mädchen mit zwei Hunden an diesem Ort vor 120 Jahren hin und her liefen.

Sopot (Zoppot)

Da wir den Zug nach Sopot nehmen wollten, liefen wir durch die schöne Langgasse und das Goldene Tor zur belebten Ringstraße - und verirrten uns. Ich ging in einen Brotladen, um nach dem Weg zum Bahnhof zu fragen, und ein junges Mädchen sagte auf Englisch: "I will show you." Sie ging mit mir hinaus und war voller Zweifel. "Eh - this way? Or that way?" Ältere Frauen kamen heraus, und entwickelte sich eine weitere dieser Konferenzen. Schließlich sagte eine, ohne

Umschweife: "Ich werde Ihnen einen guten Weg sagen. Immer hier entlang. Auf der linken Seite. See big clock tower ..."

Tatsächlich war der Bahnhof nur einen Steinwurf entfernt. Wir bekamen unsere Fahrkarten von einer freundlichen Frau, die uns in Zeichensprache erklärte, wo Bahnsteig 3 war und dass der Zug in 4 Minuten abfuhr.

Es war ein schmuddeliger kleiner Zug, der durch die Vororte ratterte und häufig anhielt. Es dauerte etwa 20 Minuten bis nach Sopot. Vermutlich war dies die Linie, die Olga und ihre Geschwister benutzten, wenn sie in den Sommermonaten im Sommerhaus der Familie in Zoppot wohnten und nach Danzig fahren mussten. Und es gab noch andere wohlhabende Familien, die dort ähnliche Häuser hatten. Eine von ihnen hieß Schubert, Besitzer einer bekannten Bäckerei und eines Teeladens in Danzig. Und sie hatten einen Sohn namens Hans, etwa drei Jahre älter als Olga.

"Eines Tages", schreibt sie in ihren Memoiren, "lag ich am Strand von Zoppot, wie ich es oft tat. Ich war ein gesundes, glückliches Mädchen von 14 Jahren. Ein junger Mann von etwa 17 Jahren ging an mir vorbei. Und ich verliebte mich auf der Stelle in ihn; und diese Liebe beherrschte mein ganzes Wesen für mindestens 10 Jahre." Das war ihr "Schubert."

Eine große Straße führte vom Bahnhof hinunter zur Vorderseite, wo sich eine lange Seebrücke befand, die nach Olgas Zeiten gebaut wurde. Wir spazierten durch einen Park zum Strand - weißer Sand, so weit das Auge reichte, in beide Richtungen. Grelle kleine Kioske boten Bier und Eis an. In regelmäßigen Abständen standen Mülltonnen auf dem weichen Sand. Es war einfacher, am Wasser entlang zu gehen, wo Dohlen und Möwen um die wenigen essbaren Stücke zwischen winzigen Muscheln und bunten Steinen wetteiferten.

Dudu ließ sich nieder, um ein paar Fischerboote zu malen, während ich an der Fassade entlang und durch die Sträucher und Rosen am oberen Ende und über einen Radweg in einen kleinen Park ging und mich fragte, ob dies der Ort war, an dem Olga an einem 25. September (ein besonderer Tag für sie für den Rest ihres Lebens) nach drei Jahren des Zweifels und der Hoffnung Grund hatte zu glauben, dass Schubert sie ebenso sehr liebte wie sie ihn liebte. Am Eingang stand ein Polizeiauto mit der englischen Aufschrift: "SOLID SECURITY"; zwei Polizisten im Inneren schliefen tief und fest. Dieser Park war jetzt ein Ferienlager, mit kleinen Holzhäusern unter den hohen Kiefern.

Wir aßen in einem neuartigen Restaurant am Rande des Strandes zu Mittag - absolut unechte Holzbalken und ein blauer "Himmel" aus Plastik. Dudu ging zurück zu ihrer Malerei, während David und ich zurück nach Zoppot schlenderten. Später ging ich auf der anderen Seite der Seebrücke am Strand entlang; landeinwärts gab es wieder einen Park mit Bäumen und Bänken. Ich suchte nach der "Koliebka-Grotte", in der Olgas Hoffnungen nach 10 Jahren schlussendlich zerschlagen wurden; aber ich sah nichts, das einer Grotte ähnelte.

Warszawa (Warschau) und Heimat

Wir fuhren nach Warschau durch leicht hügeliges Land mit flachen Seen, vereinzelten Bauernhöfen, etwas Aufforstung und Streifenanbau, ein paar einsame Bauern, die auf riesigen Feldern hockten und vermutlich Unkraut jäteten oder langsam mit großen Sensen über den Schultern gingen wie in Vaters Zeiten. Auch hier gab es keine Hecken oder Zäune, dafür aber einige lange Dämme - 1997 gab es in Polen schreckliche Überschwemmungen. Eine elegante Polin, die in unserem Abteil saß, begann in ausgezeichnetem Amerikanisch zu sprechen - die meisten ihrer Verwandten lebten in den USA und sie besuchte sie oft. Sie war Verkaufsdirektorin einer finnischen Schokoladenfirma (Faver), war sehr hilfsbereit und beantwortete zuvorkommend alle unsere Fragen. Sie hielt das polnische Volk für grundsätzlich gesetzlos. Und warum? Weil sie so lange unter fremder Herrschaft standen - zuletzt unter russischer - war es patriotisch, das von diesen Ausländern auferlegte Gesetz zu brechen. Jetzt könnten sie nicht mehr aufhören.

Wir blieben nicht lange in Warschau verbracht. Unser Hotel lag in der Nähe der Universität, und wir verbrachten ein paar Stunden am Abend und am nächsten Morgen damit, durch die nahe gelegenen Straßen zu schlendern, die alle völlig neu aufgebaut wurden, nachdem sie von den Nazis als Strafe für den Aufstand von 1944 pulverisiert worden waren. Es schien nicht so reizvoll wie Danzig zu sein; die meisten Gebäude wirkten langweilig und schwer, ein bisschen wie Whitehall, und die Straßen waren laut mit hektischem Verkehr. Wir nahmen einen Drink auf der Terrasse eines "English Pub" mit Blick auf die weit unten liegende Weichsel, wurden aber von einem kalten

Wind hineingetrieben. Der Geruch von Abflussrohren war allgegenwärtig, und in den Innenräumen roch es überall nach abgestandenem Rauch. Es gab viele Hunde, die spazieren geführt wurden oder das Geschehen aus den Fenstern beobachteten, wobei ihre Pfoten bequem auf dem Fensterbrett ruhten. In einem kleinen Park trafen wir auf eine Gruppe von Jungen, die wahrscheinlich die Schule schwänzten, Limonade tranken und Steine warfen. Sie sahen ziemlich verängstigt aus, als wir auf sie zukamen. Vermutlich sind die Schulaufsichtsbeamten hier effektiver als in England.

Am nächsten Tag flogen wir nach Hause. Im Flugzeug saß eine Gruppe blasser jüdischer Männer mit schwarzen Hüten und Locken, wie die kleinen Figuren, die wir in Krakau gesehen hatten, und ich wünschte mir, sie wären nicht so. Ich musste mir bewusst machen, dass sie mit der Barbarei in Sharons Israel höchstwahrscheinlich genauso wenig zu tun hatten wie die Deutschen, die man heute trifft, mit Auschwitz.

14. Leben mit Demenz

Wir machen unseren täglichen Spaziergang. Millionen von Gänseblümchen, wie Schneeflocken auf den Wiesen, jedes einzelne bewegt sich im Wind, erfüllt sein Schicksal, vom Samen zur Blüte zum Samen zum Tod. Und die Bäume, die jetzt wieder in voller Blüte stehen, jeder mit seinen eigenen besonderen Blättern, jedes Blatt eine perfekte Form, sein eigener besonderer Grünton - und Wellen von süßem Duft aus der Weißdornblüte in der Hecke. Ich versuche, etwas über all das zu sagen, über das Zwitschern der Feldlerchen - aber was nützt das? Jedes Wort würde ins Leere fallen; keine Antwort; kein Echo.

Natürlich spreche ich - und er strahlt, wenn er die grauen und silbernen Wolken sieht, die Kondensstreifen der Flugzeuge: "Sieh dir das an! Das ist ja wunderbar!" Und schon ist er wieder ganz er selbst, und ich kann weitermachen.

Ich bin jetzt eine Pflegerin - das ist alles: ein Mitglied der "unsichtbaren Armee", die von den Politikern hochgelobt wird - "die achtzigjährigen Pfleger, die dem Staat Millionen sparen", wie es in einer Zeitungsüberschrift heißt. Das bedeutet, dass meine Tage - und Nächte - ganz und gar der Aufrechterhaltung der Routine gewidmet sind: ihn zu führen, ihn durch die Tage zu bringen. Ich helfe ihm aufzustehen, sich zu waschen und anzuziehen. Der umgekehrte Prozess zur Schlafenszeit. Ich versuche ihn aktiv zu halten, seinen sich verdunkelnden Verstand zu stimulieren, denke an Spiele, Ausflüge, Fernsehsendungen - immer wieder *Dad's Army* -, von denen jede eine Offenbarung für ihn ist (aber nicht für mich ...); ich gebe ihm einfache Aufgaben, wie die Suppe umzurühren, den Abwasch machen oder Dinge wegzuräumen - alles, damit er sich nützlich fühlt, um die Verzweiflung zu vertreiben, die über uns beiden schwebt. Und ich schlucke meine Verbitterung hinunter, wenn ich feststelle, dass er das Geschirr in den Gefrierschrank gestellt hat, versucht, sich mit einem Plastiklöffel zu rasieren, oder wenn ich ihn bitte, den Tisch zu decken, und er seinen Anorak und die Handschuhe angezogen hat. Es wäre komisch, wenn es nicht so ernst wäre.

Die Langeweile ist bedrückend. Und niemand und nichts versucht, *mich zu* "stimulieren" ...

Mit David im Frühstadium der Demenz

Aber eine Unterbrechung der Routine ist viel schlimmer.

Ich komme aus der Dusche und sehe, dass er sein Hemd und seine Hose über den Schlafanzug angezogen hat. Und für einen Moment fühlt es sich ganz einfach an - er muss sie wieder ausziehen, den Schlafanzug ausziehen und sich richtig anziehen. "Das werde ich NICHT!", brüllt er. "Das sind MEINE Sachen. Du kannst sie NICHT haben!" Seine Augen glänzen, seine Stimme ist tief - er ist ein anderer Mensch, nicht mehr der sanfte, gut gelaunte Mann, den ich seit 60 Jahren kenne. Er schreit weiter, bedroht mich, greift mich schließlich an, wirft einen Stuhl nach mir. Ist dies ein Jekyll-und-Hyde-Moment? Wird er so bleiben?

Ich entdecke einen Trick. Ich tue so, als würde ich weinen. Das bringt ihn zu sich selbst zurück. Plötzlich beschämt, bittet er um Vergebung. Dann dauert es nur noch etwa 30 Minuten, bis er sich gewaschen und angezogen hat.

Ich verstehe seine Gefühle, seinen Wunsch, selbst Verantwortung zu übernehmen, dass seine Entscheidungen akzeptiert werden - aber ich muss ihn korrigieren, ihm erklären, dass er einen Fehler gemacht hat, ihn zur Einsicht bringen, über seine Absurditäten lachen.

Manchmal sagt er ganz leise: "Ich weiß nicht, was ich tun soll. Ich bin dumm. Ich bin am Ende. Ich warte - warte - auf – auf das Ende der Welt."

Als die Kinder klein waren, hatte ich manchmal das Gefühl, dass die Mutterschaft eine Art von Sklaverei ist. Jetzt, mit dieser zweiten Kindheit, ist es noch schlimmer, ohne die ausgleichenden Faktoren. Hier, jetzt, ist die Gewissheit, dass es noch schlimmer wird, immer schlimmer.

Mehr als ein halbes Jahrhundert lang war es Davids Aufgabe, die Grapefruit zum Frühstück zuzubereiten. Er erwähnte sogar oft und mit einigem Stolz, dass er einmal einen Job hatte, bei dem er die Frühstücksgrapefruit für den Oberbürgermeister von London zuzubereiten hatte. In seinem hohen Alter war er immer noch für die Zubereitung der Grapefruit zum Frühstück zuständig. Er legte ein paar halbe Weintrauben und eine Apfelscheibe darauf, damit es wie ein Gesicht aussah. Beim ersten Mal war es noch recht amüsant, aber er tat es jedes Mal, und wir erkannten allmählich, dass es ein Anzeichen für eine beginnende Demenz war. Er hatte auch die etwas nervtötende Angewohnheit, mit dem Essen zu sprechen, kurz bevor er es aß. Er legte eine kleine Kartoffel auf das Ende seiner Gabel und sagte: "Ich werde dich essen. Ist das in Ordnung?" Und dann sagte er mit lustiger Quietschstimme, als wäre er die Kartoffel: "Das ist in Ordnung, es macht mir nichts aus!", woraufhin er die Kartoffel aß. Auch das war beim ersten Mal noch einigermaßen lustig, aber nach Hunderten von Wiederholungen wurde es auf deprimierende Weise offensichtlich, dass dies Teil seines geistigen Verfalls war.

Ich weiß noch, wie ich in den Sommerferien mit ihm im Garten saß. Er war immer ganz aufgeregt, wenn ein Flugzeug über uns hinwegflog, zeigte darauf und sagte allen anderen, sie sollten es sich ansehen, weil der Kondensstreifen so schön sei. Er zeigte auch oft auf das kleine Standbild des verlorenen Sohnes im Garten. Eines der letzten Dinge, an die er sich erinnerte, war, wie er diese Statue bekommen hatte. Eines Tages, als er mit einigen Schülern des Magdalen College Zivildienst leistete, strichen sie das Haus einer alten Dame, die ihnen einige alte Kunstwerke überließ, die hinter ihrer Garage herumlagen. Er selbst erhielt den verlorenen Sohn, der bei seiner Rückkehr nach Hause von seinem Vater umarmt wird. Er konnte diese Anekdote noch in allen Einzelheiten erzählen, als er schon fast alles andere vergessen hatte, sogar seinen eigenen Namen.

Unsere letzte gemeinsame Auslandsreise war ein Urlaub in Italien im März 2014. Wir reisten mit dem Zug von Oxford nach Rom, mit einer Zwischenübernachtung in Paris. In Rom trafen wir uns mit Tomanami. Wir erkundeten Rom, Neapel und Sorrent und unternahmen eine haarsträubende Busfahrt entlang der Klippenstraße von Sorrent nach Amalfi. David genoss jeden Augenblick, auf seine etwas vage und distanzierte Art. Der Tag, an dem wir nach Pompeji fuhren, war besonders erinnerungswürdig. Der allerletzte Halt auf unserer Tour durch die Ruinen war der Circus Maximus, dessen Hülle bemerkenswert gut erhalten ist. Wir saßen dort im Gras und experimentierten damit, in verschiedene Richtungen zu rufen, um das Echo zu erkunden. Dann verließen wir das Stadion und gingen durch einen kleinen Tunnel auf die Außenseite des Stadions. David und ich hielten uns an den Händen und sangen ein kleines Lied, als wir durch den Tunnel gingen.

David wollte das Autofahren nur ungern aufgeben. Lange Zeit beharrte er darauf, dass es für ihn in Ordnung sei, Auto zu fahren, und eines Tages fuhr Tom mit ihm los, um sich zu vergewissern, dass er wirklich sicher war. Er war überhaupt nicht sicher und hätte beide fast umgebracht, als er über die Mittellinie in den Gegenverkehr fuhr - mehr als einmal. Ich zwang ihn schließlich, seinen Führerschein abzugeben, und musste den Autoschlüssel verstecken, um ihn davon abzuhalten, selbst zu fahren. Einmal gelang es ihm jedoch, den Schlüssel zu finden, und er war sogar ein paar Meter die Einfahrt entlang gerollt, bevor wir ihn bemerkten und aufhielten. Später unternahm er klägliche Versuche, die Autotür mit seinem Hausschlüssel aufzuschließen.

Ich begann, ein Demenztagebuch zu führen. Hier sind ein paar typische Einträge:

5. Februar 2015

Heute ist er wieder einmal gestürzt - diesmal allerdings auf den *Rücken*. Er hatte unsere Desserts zubereitet, wie er es normalerweise tut, aber in der Küche, nicht im Esszimmer, und mit einer Frühstücksgrapefruit, nicht mit dem Obst im Esszimmer - er war also verwirrt. Er hielt in jeder Hand eine Schale, als er ins Speisezimmer kam ... Er war schwer erschüttert, aber, wie ich glaube, nicht verletzt, und erholte sich beim Mittagessen.

18. Februar 2015
Er verschwand während eines Besuchs im Museum. Ich konnte ihn nicht finden und fragte einen Museumswärter, ob er ihn gesehen hätte. Er rief seine Kollegen an, und einer von ihnen sagte: "Er ist hinausgegangen. Er sagte, er könne seine Frau nicht finden und wolle nach Hause gehen." Würde er den Weg finden? Ich eilte zu unserer üblichen Bushaltestelle.

Als ich nach Hause kam, standen mehrere Leute vor unserer Haustür - auch er. Eine junge Nachbarin hatte gesehen, wie er sich mit blutverschmiertem Gesicht die Straße hinaufquälte - sie hatte eine Fahrstunde gehabt - und sie und der Fahrlehrer hatten ihm nach Hause geholfen und einen Krankenwagen gerufen, der schnell kam. Die Sanitäter stellten fest, dass er sich das linke Knie gebrochen hatte. Er muss irgendwann gestürzt sein - vielleicht beim Aussteigen aus dem Bus -, aber ich werde es nie erfahren, da er sich nicht daran erinnern konnte. Er wird einige Zeit im Krankenhaus verbringen müssen, und viele Wochen mit seinem linken Bein in Gips.

16. März 2015
Was geschah in der Nacht? Am Morgen lag er auf der Matratze, die *auf dem Boden neben dem Bett* lag, nass und stinkend, und murmelte: "Ich bin am Ende. Ich bin am Ende." Er konnte nicht erklären, was passiert war, und sagte nur, es sei "schrecklich" gewesen.

Später erholte er sich wieder und machte einen überraschenden Vorschlag: Wir sollten mit dem Bus in die Stadt fahren und im Nosebag zu Mittag essen. Das taten wir dann auch, wobei wir die steile Treppe zum Restaurant vorsichtig hinaufstiegen. Er sprach zu jedem Bissen: "Ich werde dich essen. Ist das in Ordnung?", dann mit piepsiger Stimme: "Ja, das ist in Ordnung, nur zu", bevor er es sich in den Mund steckte. Der junge Mann, der uns bedient hatte, war amüsiert. Später folgte er uns die steile Treppe hinunter - geduldig, denn jede Stufe musste sorgfältig überwunden werden - um David seinen Gehstock und mir meine Handtasche zu geben, die wir vergessen hatten ...

5. April 2015

Sein Gemüt hat sich verschlechtert. Er bittet mich immer wieder, ihm die Termine für die nächste Woche zu erklären, z. B. Dienstag: Traumazentrum; Mittwoch: Physiotherapie; Donnerstag: Diabetes-Augenuntersuchung. Schließlich legt er zufrieden den Terminkalender oder den Brief mit dem Termin weg - nur um ihn dann wieder in die Hand zu nehmen und erneut nachzufragen ... Dann sind da noch die "Knieübungen", die laut Physiotherapeutin dreimal am Tag gemacht werden sollten. Er scheint sie jedes Mal zu vergessen und muss sie wieder und wieder gezeigt bekommen... Das Problem ist, dass ich entnervt bin. Ich kann die Ungeduld, die in mir hochkocht, nicht immer kontrollieren.

Er schafft es oft nicht, sich richtig zu rasieren oder sein Gebiss zu reinigen und zu richten - und er ist ein bisschen inkontinent. Er ist am glücklichsten, wenn er mit einer Arbeit wie Abwaschen oder Rasenmähen beschäftigt ist - aber er wird sehr müde, bevor er fertig ist.

22. April 2015

Die Schiene wurde von seinem gebrochenen Knie entfernt, und ich dachte: Hurra, endlich kann er ein richtiges Bad haben. Das tat er auch - aber dann konnte er nicht mehr aus der Wanne steigen. Ich geriet in Panik. Natürlich kam er am Ende doch wieder heraus, schwor aber, er würde nie wieder hineingehen ... Also hieß es wieder "waschen" mit einem Waschlappen. Ich habe veranlasst, dass an der Badewanne und an den Toiletten Haltegriffe angebracht werden. Vor drei Tagen kam er aus dem Bad und sagte fröhlich: "Ich habe gerade ein schönes Bad genommen!" An den nächsten beiden Tagen duschte er - es schien, er sei wieder wie vor dem Kniebruch. Aber heute hat er sich nur rasiert. Ich musste ihn lange überreden, zu duschen oder sich wenigstens zu waschen.

28. April 2015

Unterbrechung der üblichen Routine - er ist aufgestanden, als ich noch schlief. Das ist wahrscheinlich der Grund für seine totale Verwirrung heute Morgen. Normalerweise macht er den Abwasch, aber heute stand er am Waschbecken und wusste nicht mehr weiter. "Wie wasche ich ab?" Ich musste ihm die Schüssel zeigen, den Wasserhahn aufdrehen - bei jedem Schritt war er erstaunt, als hätte er diese Dinge noch nie gesehen.

Später war er wieder ganz der Alte - aber er merkte, dass seine Hose nass war ...

26. Mai 2015
Heute verbringt David zum ersten Mal den größten Teil des Tages im Limes Club für Menschen mit Demenz. Hurra! Wenn das gelingt, wird der Dienstag für mich ein Tag der Freiheit!

1. Juni 2015
Ich glaube, sein Gehirn hat sich weiter verkleinert. Ich bat ihn, die Abfallkörbe aus dem Bad und dem Schlafzimmer zu holen. Dreimal ging er hinauf - und kam mit leeren Händen zurück. Er sagte, dass er nicht wüsste, wo das Badezimmer sei. Oder das Schlafzimmer. Oder was ein Papierkorb ist. Schließlich gelang es mir, ihm das klarzumachen, und ich sah zu, wie er die Treppe hinaufging und das Badezimmer "fand". Später stellte ich fest, dass er die Handtücher aus dem Bad geholt, ordentlich gefaltet und ins Schlafzimmer gelegt hatte ...

26. Juni 2015
Ich wachte gegen 2 Uhr morgens auf und stellte fest, dass David meine Bluse über seiner Schlafanzugjacke und meine Hose trug. Seine Pyjamahose - klatschnass - und eine große Pfütze lagen neben der Schlafzimmertür. Ich muss mir einen praktischen Rat über *Harnfluss* holen... das ist das Schlimmste, womit ich zu tun habe, es ist ekelhaft - und ärgerlich.

13. September 2015
Wenn ich mit ihm krankengymnastische Übungen mache, kann das ganz schön anstrengend sein. Wenn ich genervt bin, weil er diese einfachen Dinge immer wieder falsch macht, wird er manchmal wütend, schreit ...

Und doch wirkt er ganz normal, plaudert, lacht, bläst in seine Posaune, ist zuvorkommend, hilfreich, versucht (erfolglos), den Tisch richtig zu decken, die Dinge wieder an ihren Platz zu stellen ...

18. September 2015

Gegen 6.30 Uhr machten wir uns auf den Weg zu einem Spaziergang. Zuerst lief er wirklich gut, mit langen Schritten, ziemlich schnell. Aber nach etwa einer Stunde fing er an, zur Seite zu torkeln, sehr schnell zu gehen, fast zu rennen - ich konnte kaum Schritt halten. Ich bat ihn, langsamer zu gehen - er sagte gereizt: "Ich bin müde". Dann blieb er im Park mit dem Fuß an einem abgebrochenen Ast hängen und fiel in voller Länge hin. Er versuchte aufzustehen, ich versuchte ihm zu helfen, aber er war zu schwer für mich. Er sagte immer wieder: "Ich bin am Ende. Ich bin erledigt." Zum Glück kam ein junger Mann (mit drei Hunden) vorbei und half ihm ganz leicht auf.

18. Oktober 2015

Er hat eine schlimme Erkältung - Husten, Katarrh, und in seinen Augenwinkeln ist Eiter zu sehen. Ich habe ihn überredet, zum Frühstück herunterzukommen und später ein Bad zu nehmen. Er geriet in Panik, weil er dachte, dass er da nicht mehr rauskommt. Aber er tat es, zog sich an und aß zu Mittag. Aber er scheint körperlich schwach zu sein, und sein Verständnis ist minimal - er weiß wirklich nicht, wo er ist.

20. Oktober 2015

Der Arzt hat ihm Amoxicillin gegen seine Brustinfektion verschrieben, und freundliche und geduldige Leute von der "Bladder and Bowel" (einer Initiative zur Förderung von Maßnahmen zur Prävention, Diagnostik, Behandlung und Versorgung der Harn- und Stuhlinkontinenz) haben ihn besucht und einen großen Vorrat an Hosen mit Einlagen gebracht.

Aber er scheint die Kontrolle über seine Muskeln völlig verloren zu haben - es strengt ihn an von seinem Stuhl aufzustehen, und er hat im Badezimmer hilflos Stuhlgang gehabt ... Entsetzt, angewidert, verzweifelt. Er glaubt, dass er bald sterben muss.

Sein Gedicht *The Vanishing Trick hat* den ersten Preis im Gedichtwettbewerb der Alzheimer-Gesellschaft gewonnen. Seine Gedichte sind sein Hauptinteresse. Er verbringt viel Zeit damit, sie erneut zu lesen, und es gibt nichts Schöneres, als sie anderen vorzulesen.

1. November 2015
Es scheint ihm jetzt viel besser zu gehen - er ist fröhlich und geht wieder täglich spazieren, wird aber extrem müde und kippt dann nach links.

2. Dezember 2015
In der Klinik für Gerontologie *sank die* Punktzahl im Gedächtnistest von 18 auf 11 ... In einem Test mit Fragen wie "Welches Datum haben wir heute?" und "Was ist das?" (zeigt einen Bleistift). Dr. Sharon Christie war nicht sehr erfreut.

1. Januar 2016
Der Neujahrstag! Und es fing so gut an! Er schlief friedlich, wälzte sich nicht hin und her, schob seine Bettdecke nicht auf den Boden - und war weiterhin friedlich, wollte nicht aufstehen - und als er es endlich tat - war er trocken!

17. Juni 2016
Es ist Mittwoch, wir sind in der Stadt, auf dem Markt, und plötzlich merke ich, dass er nicht mehr bei mir ist. Ich schaue mich um. Ich gehe zurück zu dem Marktstand, an dem wir vorher waren, ich frage die Leute, die uns jeden Mittwoch hier gesehen haben, ob sie ihn gesehen haben; ich eile zu unseren üblichen Mittwochszielen, ich frage bekannte Straßenkünstler, den Verkäufer von *Big Issue*, ob sie ihn gesehen haben - alle teilen meine Sorge. "Wir behalten ihn hier, wenn er auftaucht."

Ich gehe zurück zum Bäcker und bitte ihn, die Polizei anzurufen. In kürzester Zeit sind überall Polizisten und Polizistinnen zu sehen. Ein Polizeiauto fährt langsam die Fußgängerzone hinauf. Mir kommt der Gedanke, dass er zu unserer üblichen Bushaltestelle gegangen sein könnte, und ich schlage dies einem jungen Polizisten vor. Doch bevor er antworten kann, ertönt ein Anruf auf seiner Sprechanlage. "Ich habe seine Frau hier", sagt er; und zu mir: "Man hat ihn gefunden." Er führt mich zu einem Polizeiauto, und ich werde auf halbem Weg nach Hause gefahren, wo ich ihn in einem anderen Polizeiauto sitzen sehe. Er war eine große Strecke zu Fuß gegangen. Wir werden zusammen nach Hause gefahren.

"Warum bist du von mir weggegangen?"

"Ich wusste nicht, wo du warst."

"Ich war gerade vor dir."

"Ich weiß nicht mehr."

Dann müssen Formulare ausgefüllt und ein Foto beigefügt werden - für den Fall, dass es wieder passiert. Die Polizei ist sehr freundlich, gut gelaunt, entschuldigt sich für die Formalitäten. Ich sage ihnen, wie beeindruckt ich von der Schnelligkeit und Tüchtigkeit bin, mit der sie ihn gefunden haben.

"Bittet man Sie oft, Leute zu finden?"

"Im Durchschnitt etwa einmal im Monat bei älteren Leuten. Häufiger bei Kindern."

Jetzt sorge ich dafür, dass wir ständig zusammen sind. Wenn ich in etwas vertieft bin, blicke ich von Zeit zu Zeit auf, um nach ihm zu sehen. Um zu sehen, was für einen Blödsinn er gerade macht – ob er sich vollständig angezogen ins Bett gelegt hat oder versucht, etwas Sonnenblumenöl zu trinken. Dann beginnt der Kampf, ihn zu überreden, etwas anderes für ihn zu finden, das er tun kann. Ich beende das, was ich vorhatte. Und hole das *Scrabble Junior* heraus, oder das Leiterspiel.

Es gab noch mehrere Gelegenheiten, bei denen er wanderte. Einmal, als er in der Tagesstätte in der Polstead Road war, gelang es ihm hinauszuschleichen, während das Pflegepersonal anderen Mitgliedern bei der Benutzung der Toilette half. Ich glaube, er drückte auf den Riegel einer dieser Türen, die sich nur von innen öffnen lassen, und schon war er weg. Die Polizei fand ihn ein paar Stunden später in der Nähe des Kanals bei Port Meadow.

20. Februar 2017

Gestern besuchten wir Rosemary Pountneys "Commemoration" in St. Anne's College, wo ich einige Zeit unterrichtet hatte. Seitdem hat es sich enorm vergrößert, und der Eingang liegt jetzt in der Woodstock Road - es war also ein langer Weg von Frideswide Square. David döste während der stundenlangen Festreden - Panegyriken - über Rosemary. Dann machten wir uns auf den Weg zurück zu Frideswide Square, ganz langsam. Auf der Hythe Bridge fiel er plötzlich hin, in voller Länge, so plötzlich, dass ich über ihn stolperte und ebenfalls fiel. In kürzester Zeit hatten sich besorgte Leute um uns versammelt und jemand rief einen Krankenwagen. David hatte große Schmerzen und ließ sich von niemandem bewegen, er saß an das Geländer gelehnt, die Beine über den Bürgersteig gestreckt. Der Krankenwagen kam nach etwa einer Viertelstunde, und die beiden Sanitäter schafften es nach einigen Diskussionen, ihn - schreiend und fluchend - auf ein Bett und in den Krankenwagen zu bringen. Im John-Radcliffe-Krankenhaus mussten wir nicht lange warten, und mit großer Mühe gelang es etwa sechs Krankenschwestern und Sanitätern, ihn - wieder schreiend und fluchend - auf ein Bett zu legen, wobei eine besondere Plastikfolie verwendet wurde. Dieses schreckliche Geschrei ging immer weiter, wenn sich die Krankenschwestern um ihn kümmerten, ich habe mich für ihn geschämt. Sie verabreichten ihm Paracetamol, zogen ihn teilweise aus und brachten ihn in die Röntgenabteilung, wo festgestellt wurde, dass sein rechter Hüftknochen gebrochen war. Heute - ohne zu warten! - werden sie einen kleinen Schnitt in seine Hüfte machen und den Knochen mit Metallstiften fest machen. Der Arzt sagte, dass sie das sehr oft machen, da die Hüfte sehr empfindlich ist - an diesem Morgen haben sie schon drei gemacht! Aber er wird einige Zeit im Krankenhaus im Bett bleiben müssen. Ich verbrachte viel Zeit mit ihm und lernte die Krankenschwestern und ihre Routine kennen - auch einen Physiotherapeuten, der David ermutigte, ein paar Schritte auf dem Flur zu gehen, was ihm sehr schwerfiel.

11. März 2017
David ist in das Fulbrook City Hospital auf dem Gelände des Churchill Krankenhauses verlegt worden. Ich besuche ihn jeden Tag mit kleinen Leckereien wie Weintrauben oder Keksen, die er mit einigen der anderen Männer teilt, die sich wie er von Operationen erholen.

13. April 2017
Er soll morgen nach Hause kommen. Ein (verstellbares) Krankenhausbett wurde geliefert und im Hinterzimmer aufgestellt - und ein Lifter, um ihm das Aufstehen und Verlassen des Bettes zu erleichtern. Wir haben den Raum geschaffen, indem wir den runden Tisch an Emmaus gespendet haben, eine Wohltätigkeitsorganisation, die alte Möbel wieder gut macht. Zwei Pflegekräfte werden sich viermal täglich um ihn kümmern.

Diese Pfleger mussten sich viel schlechte Laune von David gefallen lassen, wenn sie ihn wuschen, umsetzten, versuchten, ihn auf die Hebebühne zu bringen, ihn zu füttern ... er wehrte sich wütend und beschimpfte sie mit schockierenden Worten. Es gab etwa ein halbes Dutzend Pflegekräfte, alles Frauen, mit Ausnahme eines Afrikaners, und zwei der Frauen waren aus Rumänien. Sie ertrugen seine Wutanfälle mit unglaublicher Geduld, und manchmal gelang es ihnen sogar, ihn zu beruhigen. Dann zauberte er ein seraphisches Lächeln auf sein Gesicht und sagte: "Vielen Dank" und entschuldigte sich sogar manchmal. Aber morgens fand ich ihn oft auf dem Boden – er war gefallen - und ich musste einen Sanitäter rufen, der mir half, ihn wieder ins Bett zu bringen. Bei einer anderen Gelegenheit griff er eine der Pflegerinnen an - eine starke Frau, die früher bei der Armee war - und versuchte, sie an den Haaren zu ziehen, wobei ein Ohrring davonflog. Sie sagte, es sei ein geschätztes Geschenk von ihrem Sohn. Ich und einige andere suchten ihn mehrere Stunden, aber er tauchte nie wieder auf.

16. Mai 2017
David hat Atemprobleme und ist in die Notaufnahme des Krankenhauses gebracht worden.

19. Mai 2017
Um etwa 4 Uhr morgens hörte er auf zu atmen.

*

Er sah es kommen und schrieb dieses vorausschauende Gedicht, das 2015 mit dem Gedichtpreis der Alzheimer-Gesellschaft ausgezeichnet wurde:

Der Trick des Verschwindens

Haltet mich nicht für dauerhaft.
Denkt nicht, ich sei ein Standbild
Mit wachsender grauer Flechte.
Denkt nicht, ich sei ein Bleibender
Mit Kreosot gestrichener Wurzel.
Denkt nicht, ich sei ein Bleibender.
Ich bin eher ein Freitagnachmittag
Ein Lächeln auf einem Moped,

zu Geschäftsschluss Zeit.
Ich bin der letzte Septembertag
Ich bin der Instinkt, der die Schwalben
Auf Telefondrähten reiht,
Ich bin der ruhige Sonnenuntergang
Für jeden Appell
Ein ausweichender Herr
Ein gelassener Kerl.
Ich fliehe über die Stoppelfelder
In meinem eigenen Abendlicht
Zu den westlichen Fähren.
Wenn ich euch dieser Tage grüße,
meine treuen, dauernden Freunde,
sagen meine Augen lebt wohl.
Wenn ihr meint, ich sei derselbe Mann wie gestern
Irrt ihr.
Ich bin nur zur Hälfte jener Mann,
und laufe rapide aus.
Ihr könnt euch kaum vorstellen
Wie viel von mir schon weg ist,
mit den herbstlichen Flügen
in andere Länder.
Meine Gedanken sind schon im Ausland,
in fremden Eisenbahnabteilen.
Schon tragen sie die Fetzen
Von fremden Wörtern.
Ich bin der runde Fleck
Wo das Weinglas stand
Ein Katzenlächeln, höchstens,
über der Gartenmauer,
eine verblassende Figur in einem Torbogen
ein erhobener Arm auf einem entfernten Kai ...

15. Wiedersehen mit Deutschland

Oktober 2018. Ich war 85 Jahre alt, verwitwet und hatte keine Verpflichtungen mehr. Ich beschloss zu reisen. Im Oktober verbrachte ich drei Wochen in Deutschland, zog von Ort zu Ort, besuchte alte Freunde und Verwandte. Zuerst wollte ich das Kloster St. Lioba in Günterstal in der Nähe von Freiburg besuchen. Ich wurde dort geboren, kurz bevor Hitler an die Macht kam, und der verrückte Antisemitismus das Leben für Halbjuden wie meine Familie schwierig und gefährlich machte.

Aber die Nonnen waren freundlich und hilfsbereit, bis es uns gelang, als Flüchtlinge das Land zu verlassen. Meine früheste Erinnerung ist, dass ich in einem schattigen Zimmer auf einem Bett lag und eine Nonne, die sich um mich kümmerte, während meine Mutter weg war, auf einem zweiten Bett lag. Nun sah ich das Kloster - ein wunderschönes Gebäude, goldgelb, im italienischen Stil, mit einem großen bebauten Gelände davor und den Grabstätten der früheren Nonnen dahinter. Eine ältere Nonne kümmerte sich um die Blumen rund um die Gräber und lächelte. Wenn man bedenkt, welche Umwälzungen das Land durchgemacht hat - Niederlage, Teilung in den kommunistischen Osten und den kapitalistischen Westen und dann die Wiedervereinigung - ist es erstaunlich, wie viele Dinge unverändert geblieben sind - wie die Heilige Lioba.

Ich wollte unbedingt **Emil Hahn** sehen, der Mitglied von Hitlers Armee gewesen war und den Orden, in dem er aufgewachsen war, nicht in Frage gestellt hatte. Wir lernten ihn kennen, als er Kriegsgefangener in einem der Kriegsgefangenenlager in der Nähe von Oxford wurde - seine Aufgabe war es, andere Gefangene zu den Bauernhöfen zu fahren, wo sie arbeiteten, und sie am Ende des Tages abzuholen, um ins Lager zurückzukehren. Zwischendurch kam er zu unserem Haus in Oxford - meine Mutter hatte auf einen Aufruf zur Freundschaft mit Kriegsgefangenen reagiert - und besuchte uns. Meine Mutter unterhielt sich mit ihm und machte ihn auf die Übel des Faschismus aufmerksam und darauf, worauf Deutschland - *das Land der Dichter und Denker* - stolz sein sollte. Er bewunderte sie und mochte sie und uns alle sehr. Wir blieben auch nach seiner Rückführung in Kontakt, und ich besuchte ihn mit seiner Enkelin

Joanna in dem Freiburger Pflegeheim, in dem er jetzt lebte, verwitwet, sehr alt und etwas verwirrt, aber immer noch der Meinung, dass meine Mutter *eine wunderbare Frau* gewesen war. Ich hatte zufällig die Adresse, wo meine Großmutter um 1920 lebte, nachdem sie ihren Mann in Berlin verlassen hatte, der sich den Nationalsozialisten angeschlossen hatte und allgemein unausstehlich war. Ich bat Emil, mir das Haus zu zeigen, und er erkannte es wieder: Als Maler und Dekorateur hatten er und sein Vater das Haus renoviert, vor allem das Dachgeschoss, in dem sie und ihre Kinder (darunter das Mädchen, das meine Mutter werden sollte) jahrelang lebten.

Ute Scherb hatte sich mit mir in Verbindung gesetzt, als sie über die frühen Studentinnen in Freiburg forschte, zu denen auch meine Großmutter, Olga Hempel, gehörte, und ich konnte ihr von dieser revolutionären, fortschrittlichen Frau erzählen. Ute war - ist - Soziologin. Ich setzte mich mit ihr in Verbindung und sagte ihr, dass ich kommen würde, und also trafen wir uns in Freiburg. Sie nahm mich unter anderem zu dem Platz mit, auf dem die alte Synagoge seit 1700 stand, bis sie zu Beginn des Dritten Reiches von der Hitlerjugend niedergebrannt wurde. Die Juden wurden auf dem Weg nach Auschwitz nach Gurs[3] im "Freien Frankreich" deportiert. Der Grundriss der Synagoge wurde durch eine niedrige Mauer oder einen Bordstein markiert - er ist mit Wasser gefüllt - es ist ein Planschbecken. Ich empfand dies als ein humanes Mahnmal für die Juden und andere, die von den Nazis um ihr Leben gebracht wurden.

Ich fand, dass ich ein Konzentrationslager sehen sollte. Mit **Alfred Blazek** besuchte ich das Konzentrationslager Dachau, nicht weit von München entfernt. Entlang der Straße, auf der wir fuhren, gab es eine Reihe von Skulpturen, die menschliche Figuren zeigten, die dicht hintereinander gingen und taumelten - ein *Todesmarsch*. Als das Kriegsende deutlich wurde, wurden die Häftlinge einfach ohne Verpflegung und Unterstützung entlassen und liefen und starben tatsächlich auf dieser Straße.

---

[3] Dazu: Erhard Roy Wiehn (Hg.), Oktoberdeporation 1940 – Die sogenannte 'Abschiebung' der badischen und saarpfälzischen Juden in das französische Internierungslager Gurs und andere Vorstationen von Auschwitz. Konstanz 1990; Erhard Roy Wiehn (hg.), Camp de Gurs – Zur Deportation der Juden aus Südwestdeutschland. Konstanz 2010.

Dachau war eigentlich kein Konzentrations-, sondern ein Arbeitslager. Die Häftlinge verließen das Lager jeden Morgen, um in Waffenfabriken zu arbeiten. Wir sahen den *Paradeplatz,* den großen Platz, auf dem die Häftlinge zum Appell antreten mussten, oft stundenlang, bei jedem Wetter, wenn sie aus den Fabriken zurückkehrten, bis sie in die Baracken gehen durften. Da gab es einen offenen Waschraum und dahinter die gestapelten Holzpritschen, in denen sie schlafen mussten - die meisten mussten über die unteren Pritschen klettern - es gab keine Leitern - bis sie in einer leeren Pritsche zusammenbrechen konnten.

Nach dem Krieg waren in dem Lager Nazis und SS-Männer eingesperrt. Später wurde es für Flüchtlinge und Obdachlose genutzt. Im Jahr 1964 wurde es eine *Gedenkstätte* unter dem Motto: *Nie wieder!* Nie wieder! Jeder, mit dem ich zu tun hatte, sagte *"Nie wieder",* ebenso wie die meisten der zahlreichen politischen Parteien. Zweifellos war Angela Merkels Öffnung Deutschlands für Flüchtlinge aus Syrien teilweise von Reue für all die Flüchtlinge - wie meine Familie - inspiriert, die das Land verlassen hatten, um der Vernichtung zu entgehen. Aber eine Person, mit der ich auf einer Zugfahrt sprach, machte Angela Merkel für das Erstarken des Rechtspopulismus verantwortlich - weil sie die Schleusen für so viele Flüchtlinge geöffnet habe, ohne sie angemessen zu versorgen. Dies habe fremdenfeindliche und rassistische Gefühle geweckt.

Die *Burg* in Burghausen hat eine lange Geschichte als Verteidigungsburg - sie liegt auf einem Steilhang über dem Fluss Salzach, der salzig ist, und markiert die Grenze zu Österreich. Im Laufe der Jahre wurden immer mehr Höfe mit Toren und Türmchen angebaut, so dass sie heute "die längste Burg der Welt" ist. Die **Wirners** besaßen seit langem eine Wohnung in einem der Türme, und wir hatten uns dort mehrmals aufgehalten. Ich war froh, in dem runden Zimmer mit dem Blick auf den Kirchturm im Tal unten zu wohnen. **Elisabeth** hatte ihr ganzes Leben in Bayern verbracht - ein weiteres Beispiel für die Kontinuität, die mich überraschte. Sie nahm mich mit zu ihrer hochbetagten Mutter, die noch immer in dem Bauernhaus lebt, in dem Elisabeth aufgewachsen ist, einem idyllischen, friedlichen Ort, und sie beschrieb, wie sie zu Fuß durch die Felder zur Dorfschule ging und später mit dem Zug zum Gymnasium fuhr - wir sahen diesen kleinen Zug, der noch immer

Dörfer und Bauernhöfe verbindet und einmal pro Stunde durch Felder und Wälder tuckert - oft völlig leer. Durch die Wiese vor dem Haus fließt ein kleiner Bach, der in einen See mündet. Jetzt erfreuen sich die Enkelkinder an den alten Orten. Dieser kleine Zug ist ein Beispiel für die praktische Vernunft, die in Deutschland in vielerlei Hinsicht zu beobachten ist. Alle großen Gebäude verfügen über eine Tiefgarage, in der jedem Bewohner ein Platz zugewiesen wird - bei vielen gibt es eine ausgeklügelte Vorrichtung, um die Autos in zwei Schichten unterzubringen. Auf dem städtischen Friedhof in München waren Gärtner damit beschäftigt, Gräber neu zu bepflanzen - man könnte dafür bezahlen, dass ein Grab auf diese Weise gepflegt wird, aber Elisabeth zog es vor, das Grab der Familie Wirner selbst zu pflegen. Ja, nun waren wir beide Witwen. Helmut und David hatten sich, glaube ich, in einer Jugendherberge in Paris kennen gelernt und waren ihr ganzes Leben lang befreundet gewesen.

Mein nächstes Ziel war Leipzig. Nun war ich in der "ehemaligen DDR" - dem ehemaligen kommunistischen Osten Deutschlands - und ich hörte häufig Bemerkungen wie "zu DDR-Zeiten" oder "vor der Wende". Manche sagten, dass nicht alles schlecht war, dass es auch einige gute Dinge in diesen 41 Jahren im Sowjetblock gab. Meine Leipziger Freunde **Hartmut und Gundula Friedrich** hatten ihr ganzes Leben dort verbracht - bis 1990. Hartmut meinte, der Kommunismus sei genauso schlimm wie der Nationalsozialismus, wenn es um die persönliche Freiheit gehe. Wer sich nicht dem Diktat der Partei fügte, riskierte, "nach Sibirien geschickt" zu werden. Sein Vater Peter war Davids Brieffreund, seit sie beide in der Schule waren und versuchten, die Sprache des jeweils anderen zu lernen, und sie und ihre Familien blieben befreundet.

Sie wohnten in einem großen Haus mit einer eigenen Tiefgarage, die sich automatisch öffnete, als wir uns näherten, und einem ziemlich großen Garten auf der Rückseite. Im Haus gab es viele offene Flächen, die alle aus Holz bestanden. Jede Bewegung, jeder Teller, der auf dem Tisch abgestellt wurde, hallte wieder. Es gab gezielte Beleuchtung, große Topfpflanzen, eine Ecke mit Sofas und einem Couchtisch: alles makellos sauber und aufgeräumt. Hier hatten sie ihre drei Kinder großgezogen - nur eines, Tilman, war anwesend. Aber wir trafen Lovisa am nächsten Tag in Meißen, und es war rührend zu sehen, wie sehr sich die drei freuten, einander zu sehen. Lovisa, die kurz vor dem Ende ihres BWL-Studiums im nahegelegenen Dresden stand, war mit der Stadtbahn gekommen. Sie war eine reizende junge Frau, die in jeder Situation etwas Positives findet. Die Elbe war nur ein Rinnsal mitten im Watt - seit Monaten hatte es nicht mehr geregnet, und die Hitze war unerträglich.

Weiter östlich in Sachsen liegt der Stammbauernhof in Zschoppach. Ein weiteres Beispiel für Traditionen, die durch dick und dünn halten. Dieser Hof ist seit 1860 im Besitz der Familie Hempel und wurde vom Vater an den Sohn weitergegeben. Als wir ihn 1972 zum ersten Mal besuchten, war er Teil einer LPG (Landwirtschaftliche Produktionsgenossenschaft) - einer kollektiven Landwirtschaft. Nach der Wende, 1995, wurde er wieder in Privatbesitz. **Reinhardt Hempel** hatte eine Kuhherde und lieferte Milch an Müller & Co. Aber jetzt, im Jahr 2018, war er 82 Jahre alt, und keiner seiner Söhne wollte den Hof übernehmen. Er hatte die Kühe aufgegeben, pflanzte Apfelbäume auf seiner Wiese und hielt nur noch zwei Kühe mit drei Kälbern - als Hobby. Die Gebäude des Hofes, von denen einige aus dem 18. Jahrhundert stammen und die sich an vier Seiten eines großen Hofes befinden, waren groß und beeindruckend. Aber auf dem Hof waren Bäume und Sträucher gewachsen, riesige Landmaschinen standen still, und in den großen Scheunen war Brennholz aufgestapelt, mit Stämmen, Ästen und Müll. Auf der einen Seite des Hofes befand sich ein langes zweistöckiges Gebäude aus Fachwerk mit einer Reihe von Zimmern, Bädern und Schlafräumen - vermutlich eine frühere Unterkunft für Landarbeiter, nun aber nutzlos, eine Müllhalde für unerwünschte Dinge. Nur eine Ecke des Vierecks, die dem Hoftor am nächsten liegt, war modernisiert worden - hier hatten Reinhardt und *Martina* zwei Schlafzimmer, eine Küche und ein Bad. Was wird aus dem Hof? Kann er verkauft werden? Vielleicht nicht. Viele Menschen haben das Dorf Zschoppach verlassen, sie hinterlassen Höfe, leere Häuser. Das Dorf war schon halb entvölkert.

*

Etwa zu der Zeit, als Louis Hempel den Hof übernahm, 1840, gründete ein **Christian Friedrich Weber** in einem anderen Teil Sachsens, in Spitzkunnersdorf, eine Textilfirma, CF Weber. Das Unternehmen heißt immer noch CF Weber, wurde aber in weiblicher Linie vererbt; Weber - so passend für eine Textilfirma - ist nicht der eigentliche Familienname, sondern Friedrich: ja, es ist ein weiterer

Zweig der Leipziger Familie Friedrich. Der jetzige Geschäftsführer, **Klaus Friedrich**, ist Hartmuts Onkel. Klaus und seine Frau **Martina** wohnen in einem großen Haus mit Blick auf die karge, leicht hügelige Landschaft - mit der großen, glänzenden Fabrik im Vordergrund. Warum war sie hier? Es gab kaum andere Gebäude, schon gar keine Industrie, weit und breit.

Martina erklärte, dass die örtlichen Bauern Flachs anbauten und die Fasern davon zum Weben von Leinen verwendeten, um ihr Einkommen aufzubessern. Viele der älteren Häuser in der Gegend haben Wände, die mit einer gewölbten zweiten Wand verstärkt sind, um den Schaukelbewegungen des Webstuhls standzuhalten. CF Weber kaufte die Leinenstücke auf und vermarktete sie. Heute produzieren Hunderte von riesigen mechanischen Webstühlen in der Fabrik Textilien; Klaus und sein Sohn reisen weit herum, besuchen Messen, um ihre Textilien zu verkaufen und den Markt zu studieren. Wie der Bauernhof in Zschoppach wurde auch CF Weber in der kommunistischen Ära vom Staat übernommen, und sie mussten mehrere Familien in ihrem Haus unterbringen; aber das Unternehmen wurde von den Friedrichs weitergeführt - ein weiteres Beispiel für Kontinuität durch dick und dünn.

Am Abend sprachen wir über Politik. Deutschland ist eine föderale Republik, in der 16 Bundesländer wie Bayern und Sachsen im Bundestag vertreten sind. Es gibt 19 politische Parteien, aber um einen Sitz im Bundestag zu bekommen, muss die Partei mindestens 5 % der Stimmen erhalten. 2018 waren nur 6 Parteien dabei. Die Wahlen finden in den einzelnen Bundesländern zu unterschiedlichen Zeiten statt, und in den Landesparlamenten haben die kleineren Parteien Sitze. Als ich dort war, wurde in Bayern gewählt - und die Große Koalition aus Christdemokraten und Christlich-Sozialen (CDU und CSU), die seit langem an der Macht ist, musste einen Verlust an Unterstützung hinnehmen, während die Grünen gut abschnitten. Eine neue Partei, die "Alternative für Deutschland" (AfD), hat sich für Sitze qualifiziert. Dabei handelt es sich um eine rechtsextreme, nationalistische Partei. Die AfD will eine starke deutsche Armee und bewaffnete Grenzen, um Flüchtlinge fernzuhalten. Sie ist ähnlich wie Nigel Farages UKIP (Partei, die für die vereinten Länder England, Wales, Schottland und Irland entstehen sollte) - fremdenfeindlich, gegen die Europäische Union, und sie will, dass ausländische Truppen

und Waffen, einschließlich Atomwaffen, aus Deutschland abgezogen werden. Die Grünen lehnen alle Atomwaffen ab - aber nicht aus nationalistischen Gründen, wie die AfD. Ihr wichtigstes Anliegen ist die Umwelt, und sie haben breite Unterstützung - weit mehr als die Grünen in Großbritannien.
Nicht weit von Spitzkunnersdorf entfernt liegt die schöne Stadt Herrenhut, das Zentrum der weltweiten Mährischen Kirche. Mähren ist der östliche Teil der Tschechischen Republik. Hier wurden die Anhänger von Jan Hus und der Reformation verfolgt und flohen in den Westen, wo Graf Zinsendorf ihnen Schutz und Raum bot. Im Jahr 1722 gründeten sie die Stadt mit einem großen, luftigen zentralen Versammlungsplatz. Die Kirche sendet Missionare in alle Länder der Welt, um das Christentum zu predigen. Die Kirche hat eine starke pazifistische Tradition und zieht im Kriegsfall das Gefängnis der Einberufung vor.

*

Die deutsche Eisenbahn - die *Bundesbahn* - schien mir im Vergleich zum britischen privatisierten System vorbildlich und leistungsfähig zu sein. An den großen Bahnhöfen fuhren kleinere Nahverkehrszüge - die Stadtbahn - zu den nahegelegenen Städten. Meine Fahrkarte für die Fahrt von Dresden nach Hannover hatte ich Tage zuvor in einem Reisebüro gekauft, für einen bestimmten Zug, mit Angabe der Abfahrts- und Ankunftszeiten. Und es geschah alles genau wie geplant. In Hannover holte mich **Peter Kühn** ab und fuhr mich nach Münster und Warendorf, wo ich von **Karin Schimmelpfennig** herzlich empfangen wurde. Am nächsten Tag sahen wir eine ausgezeichnete Julie-Wolfthorn-Ausstellung.

Julie war eine Cousine und Freundin meiner Großmutter, eine Künstlerin, Frauenrechtlerin und Aktivistin - und jüdischer Abstammung. Als die Nazis an die Macht kamen, konnte sie ihren Beruf nicht mehr ausüben und litt unter allen Einschränkungen und Demütigungen, die der Staat Juden auferlegte. Im Jahr 1942 wurde sie zusammen mit ihrer Schwester in das Konzentrationslager Theresienstadt deportiert, wo sie im Alter von 79 Jahren starb. Karin wollte sie zurück ans Tageslicht bringen. Sie und Heike Carstensen erforschten ihr Leben, sammelten ihre Werke und organisierten Ausstellungen wie diese in Ahrenshoop. Als Titel für die Ausstellung dienten die Worte, die sie an einen Freund schrieb, als sie kurz vor der Deportation nach Theresienstadt stand - *Vergessen Sie uns nicht*. Ich hatte kürzlich einen Artikel über Julie veröffentlicht ('Don't forget Us! - Julie Wolfthorn, Artist, (1864-1944)" in *Women's History*, Frühjahr 2017, Band 2, Heft 7, S. 32-35).

Mein nächstes Ziel war Neuss, das in der Nähe von Karins Heimat Krefeld liegt, also reisten wir gemeinsam - und ich bekam einen ganz an-deren Eindruck von der Bundesbahn. Wir waren noch nicht lange unterwegs, da hielt der Zug mitten im Nirgendwo an und stand still. Ein anderer Zug rauschte vorbei. Die Anzeige sagte uns, dass wir 5 Minuten Verspätung haben würden. Der Zug fuhr ein Stück weiter und blieb dann wieder stehen. Die Fahrgäste stellten Theorien auf: Wir waren in der Nähe des Hambacher Forstes, gegen dessen drohende Zerstörung für den Braunkohleabbau immer wieder demonstriert wurde - vielleicht waren die Demonstranten auf der Strecke, um den Zug zu stoppen. Oder ein Stromausfall. Oder ein Selbstmord. Man hatte es uns nicht gesagt. Wir fuhren ein Stück weiter, hielten an und fuhren los. Es kam ein Hinweis, dass dieser Zug nicht nach Krefeld fahren würde. Warum nicht? Es gab keine Erklärung. Also stieg Karin aus, als wir in einen Bahnhof krochen und auf den nächsten Zug warteten, in der Hoffnung, dass dieser die ganze Strecke fahren würde. Als ich endlich in Neuss ankam, warteten meine Freunde, die **Goddes,** schon seit über einer Stunde - auch sie hatten keine Erklärung erhalten -, machten sich aber über meine Bewunderung für die *Bundesbahn* lustig - das heutige Durcheinander sei einfach typisch, sagten sie, es sei hoffnungslos untauglich ... Sie wohnten in einer angenehmen Wohnung mit Balkon und Blick auf andere ähnliche Wohnblocks. Rundherum gibt es Bäume und in der Nähe einen schönen Park. Sie sind ein liebevolles, gut gelauntes, intelligentes Paar, das sich um die Gesundheit und das Wohlergehen des anderen sorgt - und ihre Söhne und Enkelkinder leben in der Nähe. Edmund war Lehrer, und das merkte man: Er erklärt die Dinge gern in sorgfältig gebildeten Sätzen.

Für meine Rückreise musste ich nach Brüssel fahren, um dort in den Eurostar einzusteigen. Ich wusste nicht, dass es in Brüssel viele Bahnhöfe gibt, aber nur einen für den Eurostar. Als ich endlich dort ankam, war ich die letzte Person in der Schlange und musste zu meinem Entsetzen feststellen, dass mein Pass nicht bei meiner

Fahrkarte war. Jemand musste ihn gestohlen haben. Es dauerte einige Zeit, dies bei der Einwanderungsbehörde zu erklären, also verpasste ich diesen Zug und musste 2 Stunden auf den nächsten warten. Dann endlich reiste ich durch einen Teil der nordeuropäischen Ebene, unter dem Kanal hindurch, nach London - und dann mit dem Bus zurück nach Oxford.

16. Jetzt bin ich dran …

Ich bin an der Reihe, weißhaarig zu sein, mein Gesicht so faltig wie eine Walnuss. Ich bin an der Reihe, mit einem Geist wie ein trüber Teich, in dem Gedankenfetzen - Erinnerungen - Sorgen - seltsame Zitate herumschwimmen. Abhängig von Zahnprothesen und Hörgeräten - die verschwinden und gesucht werden müssen ...

Ich bin an der Reihe, verwirrt zu sein, wie die alte Miss King - ich weiß weder das Datum noch den Tag, lasse meine Tasche im Bus liegen, vergesse, warum ich hier in diesem Raum bin, und muss wieder dorthin zurück, wo ich vorher war - versuche, die Person, mit der ich zusammen bin, dazu zu bringen, ihren Namen zu nennen, den ich vergessen habe - zu wünschen, die Leute würden nicht so nuscheln - die Pointe zu verpassen, wenn alle anderen lachen - mich zu fragen, wer diese lederne, faltige, walnussartige Person ist, die mich anstarrt, bis ich merke, dass ich in einen Spiegel schaue - zur richtigen Zeit am richtigen Ort zu sein, aber am falschen Tag - zu versuchen, die Melodie oder das Gedicht zu identifizieren, das ich im Kopf habe. Es ist nur dein Gedächtnis, meine Liebe, das ist alles, es macht nichts, es ist ganz natürlich, ganz normal ...

... wenn ich mitten in der Nacht plötzlich im Bett aufstehe, mich an etwas erinnere, das ich hätte tun sollen, aber nicht getan habe, und mir vor Reue die Fäuste an den Kopf schlage ...

... dass ich immer wieder vergesse, was ich eigentlich tun sollte, warum ich hierher gekommen bin - ich gehe besser zurück, vielleicht fällt es mir dann wieder ein - dass aus dem Nichts Erinnerungsfetzen auftauchen, über die ich rätseln muss - Zitate, die ich bei Google identifizieren muss ... dass ich schnell etwas aufschreiben muss, bevor ich es vergesse, und dann später die Notiz finde und mich frage, was sie bedeutet.

Emma Henleys Maud hat ihre Tochter verärgert, aber wenn meine Tochter verärgert ist, zeigt sie es nicht. Ja, aus dem braunen Baby, dem wilden Teenager, ist eine kräftige, warmherzige und tüchtige Frau mittleren Alters geworden. Sie ist wie eine Haushaltshilfe oder eine Pflegerin für mich, kümmert sich um mich, bringt mich zum Einkaufen und zu Arztterminen und denkt sich besondere Leckerbissen für mich aus, indem sie mir einfach sagt, dass es eine magische, geheimnisvolle Tour geben wird, für die ich an einem bestimmten Tag und zu einer bestimmten Zeit bereit sein muss, und lässt mich raten, wohin wir gehen, bis wir schließlich im Arboretum oder im botanischen Garten ankommen. Sie ruft mich an, um sich zu vergewissern, dass es mir gut geht, und um sich nach den Katzen zu erkundigen, die sie mir als Kätzchen geschenkt hat und die jetzt ziemlich groß und schön sind und unsere Gedanken und unsere Zeit in Anspruch nehmen.

Einmal, nur einmal, nie wieder, nie,
Die träge Kurve, die meine Hand in der Luft zeichnet,
Die erste Röte auf der Wolke, verloren in der morgendlichen Höhe,
Begegnung der Augen und Zittern der Freude,
Bevor das Herz sich bewusst wird
Weg! Um zurückzukehren, nie wieder, nie!

Die Zukunft fließt auf mich zu, alle Dinge kommen
Sanft fließend, und vor diesem Pulsschlag sind sie gebunden
In einer Festigkeit, die keine büßende Macht lösen kann;
Sie sind mit Ägypten und mit Ninive,
Kalt wie ein Grab in der Erde;
Und dennoch, ohne Datum, kommen alle Dinge auf mich zu.

Warum ist alles seltsam? Warum gewöhne ich nicht daran?
Das Plätschern des Stromes, das nichts aufhält,
Die Äste oben, die in der Pracht des warmen Lichts, langsam flattern
Beunruhigen mich, verzaubern mich, während ich mit dem Strom fließe
Verloren in die endlosen Tage
Warum ist alles seltsam? Warum gewöhne ich mich nicht daran?

Ewigkeit! Wo habe ich dieses stille Wort gehört?
Wie einer, der durch eine fremde Straße geht,
von weitem einen ernsten Blick auf sich gerichtet spürt,
Doch sieht er nicht, woher er kommt, und gibt vor, er habe sich geirrt,
Ich staune über meinen eigenen Herzschlag.
Ewigkeit! Wie habe ich dieses ferne Wort gelernt?

Diese Worte verfolgen mich. Wer hat sie geschrieben? Mein Sohn, der das allwissende Internet zu Rate gezogen hat, sagt mir, dass ich mich an Laurence Binyons erstaunliches Gedicht *I Have Heard Voices Under the Early Stars* im Kopf habe. Aber sie beschreiben mich, wie ich jetzt bin: Ich werde von dem Strom mitgerissen, rückwärts, schaue zurück auf die endlosen Tage, auf die immer weiter entfernte, dunklere Vergangenheit, bin aber oft überrascht, mich zu erinnern, vergangene Ereignisse wieder lebendig zu erleben ... achtzig Jahre sind vergangen, aber wie deutlich weiß ich noch, wie ich von Eunice Coghill eine "dreckige kleine deutsche Ratte" genannt wurde.

Eine weitere lebhafte Erinnerung: Im Jahr 1945 verbrachten Anne und ich einen Urlaub bei ihrer Großmutter väterlicherseits, die in einem Heim für Pfarrerswitwen auf dem Land lebte. Es war ein warmer, nasser Sommer, und wir liefen auf den feuchten Wiesen herum und rezitierten das Gedicht "Die verlorene Kuh", das wir in der Schule gelernt hatten.

Als die schwarzen Herden des Regens weideten,
In der Lücke des reinen kalten Windes
Und die wässrigen Dunstschleier der Haselnuss
Mir einfielen
Dachte ich an den letzten Honig am Wasser
Die kein Bienenstock findet.
Helligkeit strömte durch die Zweige
Als sie wieder wanderte,
Silber aus dunklen Gräsern zauberte
Wo die Feldlerche gelegen war,
Und ihre Stimme kam leise über die Wiese
Und der Nebel wurde Regen.

Was bedeutete es, so schön es auch war und so passend für unsere Lage? Wir beschlossen, an den Dichter Austin Clarke zu schreiben und ihn um eine Erklärung zu bitten. Wir hatten keine Ahnung, dass es sich in Wirklichkeit um eine ausgeklügelte nationalistische Metapher über die Notlage Irlands im Jahr 1936 handelte.

*

Im Laufe der Jahre bin ich viele Male nach Deutschland zurückgekehrt. Ich habe die *Stolpersteine* berührt - Gedenksteine in den Bürgersteigen, die die Adressen derjenigen markieren, die nicht so viel Glück hatten. Ich habe ein Konzentrationslager besucht, Dachau, das die völlig reformierten Deutschen als Bildungs- und Touristenzentrum eingerichtet haben,. Dort wurde Schulklassen der riesige Paradeplatz gezeigt, auf dem die Häftlinge bei jedem Wetter oft stundenlang zum Zählen stehen mussten, nach ihrem Arbeitstag in den Munitionsfabriken - denn Dachau war kein Vernichtungslager, sondern ein Zwangsarbeitslager – bevor sie in ihre Schlafsäle zurückkehren konnten, um den offenen Waschraum zu benutzen, bevor sie die Etagen der Holzkojen hinaufkletterten, um zusammenzubrechen - und sich auszuruhen und zu schlafen, vielleicht um zu sterben - vor Hunger und Erschöpfung ...

Ein *enemy alien* zu sein, war sicherlich viel, viel besser als ein Opfer des Holocausts zu sein.

Aber es war sehr schmerzlich.

Ich habe mich geschämt. Ich schämte mich für meinen Namen, für meine deutschen Eltern, ich wollte nicht, dass man weiß, dass ich Deutsch spreche. Irgendetwas musste mit mir nicht stimmen - wie ein schlechter Geruch - was mich so unbeliebt machte, so freundlos - nach Anne hatte ich keinen einzigen engen Freund. Ich versuchte, mich anzupassen, mein Englisch zu vervollkommnen, es den beliebten Mädchen in der Schule nachzumachen.

Ich war eifersüchtig auf Gillian Shepherd. Ich war sogar eifersüchtig auf ihren Namen, so sympathisch, so englisch, so wie sie ... Sie war die Kapitänin des Hockeyteams, immer vernünftig, entspannt, sie konnte jemanden vor einem Spiel auf so liebenswürdige, vernünftige Weise aus der Mannschaft ausschließen, dass man ihr nicht böse war. Ich wurde nicht ausgeschlossen. Ich war rechter Flügel, ich konnte schnell laufen, ich konnte über das ganze Spielfeld dribbeln und ein Tor schießen. "Ein toller Schuss, Garbi", sagte Gillian, die selbst schon viele Tore geschossen hatte, ohne sich zu zieren.

Gillian war nicht besonders groß. Sie hatte lockiges, helles Haar, Sommersprossen, eine kurze Nase, ziemlich breite Schultern; ihren Hockeyschläger trug sie lässig, wie man einen Hund an der Leine führt. Sie war der Inbegriff der Engländerin: *fair minded*, kühl, erfolgreich. Akademisch nicht brillant, aber sie bestand alle Tests und Prüfungen. Sie verstand sich mit allen gut, von der Schulleiterin bis zum Platzwart. Nicht wortgewandt. Das berühmte englische

Understatement war für sie selbstverständlich. Wie wir Flüchtlinge sie bewunderten! Aber wir konnten es nicht nachmachen.

Oh, so zu sein! Einen englischen Namen zu haben, einen englischen Pass - hierher zu gehören, *cool*, entspannt, selbstbewusst, sicher, einfach und natürlich patriotisch zu sein - während Patriotismus für uns so ein furchtbarer Sumpf war.

Ja, ich war eifersüchtig auf Gillian Shepherd. Und das bin ich eigentlich immer noch.

Ich bemühte mich, meine Identität zu verbergen, meine Kenntnisse der deutschen Sprache nicht zu zeigen, wurde mir der unterschiedlichen Wortstellung in den beiden Sprachen bewusst (*ich bin gestern mit dem Bus in die Stadt gefahren,* aber: *I went to town by bus yesterday*). Ich änderte meinen sehr deutschen Namen - Gabi Zuntz - in einen langweiligen englischen - Irene Henry - sobald ich dazu in der Lage war. Und jahrelang hatte ich Erfolg - arbeitete hart, war gut (*zu* gut, typisch Jude ...). Aber ich bewegte mich auf dünnem Eis, und die Verzweiflung überkam mich immer wieder. Die Rep-Theater, denen ich beitrat, als ich glaubte, Schauspielerin werden zu können, scheiterten alle, gingen in Konkurs, da die Theater in Kinos umgewandelt wurden. Die Geschichten, Theaterstücke und Gedichte, die ich schrieb, brachten mir nichts als Absagen ein. Ich habe dieses Gedicht darüber geschrieben:

Der Geschmack des Scheiterns ist bitter
Die Haut im Mund wird kraus,
Verengt die Kehle.

Eine Papierwand, oder weniger, ein Wort
Trennt Misserfolg von Erfolg:
Eine so geringfügige Änderung,

Von "Tut mir leid, nein" zu "Ja"
Der Einsamkeit im Dunkeln ein Ende setzen
Das gezwungene Lächeln, das Bedürfnis
Andere zu beglückwünschen.

Die Kinder des Erfolgs lächeln im Sonnenlicht.
Ihres ist das Manna der Freundschaft
Der Honig des Ruhmes,

Während Misserfolg in ihren Besitztümern herumwühlt.

Versucht nicht, sie zu trösten: wie sorgfältig auch immer gewählt
Eure Worte werden Mitleid enthalten: ein Urteil.

Aber die Zeit, der alte Zigeuner, hielt das Eis fest; ich fiel nie durch. Die Zeit hatte jemanden für mich auf Lager, jemanden, den ich bewundern konnte, ohne ihn zu beneiden, der meine deutsche Herkunft tatsächlich anerkannte. Ich erinnere mich an die Bibliothek in Foster Court am University College London, und da war David, und wir stellten fest, dass wir beide Nietzsches Gedichte liebten - so verschieden von seiner Lehre! - und so fanden wir zueinander.

Heiterkeit, güldene, komm!
Du des Todes
Heimlichster, süßester Vorgenuss!
Lief ich zu schnell meines Weges?
Jetzt erst, wo der Fuß müde ward
Holt dein Blick mich noch ein.
Rings nur Welle und Spiel.
Was je schwer war
Sank in blaue Vergessenheit ...

Wir staunten über die Musik, das Bild, das Gefühl eines solchen Verses, die Schönheit der deutschen Worte. Nicht viele Menschen wissen, dass der Förderer des *"Willens zur Macht"* solche Gefühle erleben konnte - und sie in so ergreifenden Versen ausdrücken konnte ...

Die nächste lebhafte Erinnerung ist die an ein schattiges Zimmer auf der Adriainsel Krk (die wir wegen ihres absurden Namens ausgewählt hatten), wo wir eine schwüle Woche verbrachten. Was für ein durch und durch *englischer* Mensch er war! Höflich, bescheiden, freundlich, großzügig ... und was für hervorragende Gedichte er in den Jahren, in denen wir zusammen waren, schrieb! Skurril, originell, rührend, aufrichtig - mit präzisen, aus seinem riesigen Wortschatz ausgewählten Worten - bescheidenen, skeptischen Beobachtungen.

Als er alt wurde und ein Hörgerät brauchte, schrieb er dieses Gedicht:

Hörhilfe

Mein Plastik-Kolibri schwebt
hinter meinem Ohr
und ganztägig
formt
das winzige durchsichtige Waldhorn
Fetzen einer Melodie
aus der phonischen Welt.
Ich sollte segnen
den NHS
dass er mich weiter hören lässt
auf diese Art,
aber wenn ich es
neben mein Bett lege
sehe ich eine Muschel
ausgemergelt und tot
von der die Wellen
sich zum letzten Mal verabschiedet haben,
- und denke an alle meine
unhörbaren Dezibel.

Irene Gabriele Gill (mitten drin) mit ihren drei Kindern und ihrer Schwägerin

Sein warmes und mitfühlendes Herz wurde oft zum Zorn gereizt - aber das berühmte englische *Understatement* machte seine Protestgedichte mächtiger als jede Rhetorik. Dies ist eines, das er über einen blinden irakischen Studenten schrieb, der einige Zeit bei uns wohnte:

Ein kleiner Kollateralschaden

Das Team, das sie entworfen hat, wusste nichts von
Muhammed Adnan.
Auch nicht die Waffenschmiede, die sie entstehen ließen.
Die Piloten, die sie Hunderte von Meilen transportierten,
hatten auch noch nie von ihm gehört.
Aber als die Rakete einschlug
in den Familienbetrieb am Rande von Bagdad
waren es Muhammad Adnan, gerade acht Jahre alt.
und sein Bruder und seine Schwester, deren Gesichter
in Blutmuster zerrissen wurden, und deren Schreie
in der Trostlosigkeit ertönten, um die Piloten nie zu erreichen
die sie abgefeuert, die Waffenschmiede, die sie zusammengebaut,
die Designer, die sie entworfen haben. Auch die Chefs
der großen Konzerne, die sie verkauft haben, hören
im Schlaf nicht den kleinsten Einschnitt
einer verletzten Kinderstimme.

Er schrieb Hunderte weitere, und sie tauchen in meinem Bewusstsein auf und verschwinden wieder, wenn ich auf die guten Jahre zurückblicke, die wir zusammen hatten - in Großbritannien, Portugal, Uganda, Japan, Deutschland, die Leitung von Oxford CND, Familienurlaube in Wales, Schottland, Devon, die Organisation unserer Mikro-Schule, Oxford Residential English ... und für lange Zeit war mein *Flüchtlingskomplex* ein schlafender Hund im Keller.

Aber wenn ich eine erwartete Einladung nicht erhielt, wenn Nachbarn an mir vorbeigingen, die sich miteinander unterhielten und mich ignorierten, kam es wieder hoch. Ich träumte davon, sie damit zu konfrontieren - "Sagt mir, was es ist, das ihr an mir nicht mögt" -, aber ich tat es nie, denn ich wusste in meinem Herzen, dass sie den Kopf geschüttelt und mich gefragt hätten, wovon in aller Welt ich da rede. Nicht einmal Davids bedingungslose Liebe und Zustimmung halfen.

Aber ich habe es geheim gehalten. Ich sagte weder ihm noch sonst jemandem, dass ich mich so sehr für mich selbst schämte.

*

Das nächste große Thema wird vermutlich der Tod sein.
Als ich jung war, hatte ich große Angst vor dem Tod.

"Es ist nur dies und nicht mehr:
Dass ich fürchte zu fühlen
wie die Luft kurz vor meinen Nasenlöchern stehenbleibt -"

- schrieb ich, und fand immer mehr herzzerreißende Bilder für den absoluten Verlust der Existenz, verschlungen oder aufgehoben von der Zeit, dieser schrecklichen, unbegreiflichen Kraft. Ich war zu skeptisch, um die Auferstehung und das ewige Leben ernst zu nehmen, und war - und bin immer noch - verblüfft, dass so viele Menschen irgendwie daran glauben. Aber ich spiele gerne mit der Idee - die in so vielen Hymnen und Gedichten zum Ausdruck kommt -, wiedervereint zu sein mit denen, die "vorausgegangen" sind. Mit David auf einer Wolke zu sitzen und die Beine über den Rand baumeln zu lassen ... das wäre schön.

Buddhisten scheinen zu glauben, dass, wenn mein Körper stirbt, mein Selbst, mein Ego, weiter existieren wird - vielleicht in einem frisch geschlüpften Vogel oder einem Baumsämling, nur werde ich mir nicht bewusst sein, dass dies tatsächlich ich bin, was soll das also?

In gewissem Sinne haben die Menschen, die in meiner Erinnerung, in meinem Bewusstsein präsent sind, immer noch eine Art Existenz; und ich nehme an, dass man sich eine Zeit lang an mich erinnern wird. Aber ob man sich nun erinnert oder nicht, jeder und alles, was gewesen ist, wird immer da sein - in der Vergangenheit. Wenn die Zeit mich in der Zeit zurückträgt, wenn ich die Vergangenheit betrachte, die sich in die Länge zieht, und wenn ich Menschen, Ereignisse und Orte erkenne, wenn ich Tagebücher lese, dann fühle ich mich beruhigt.

Wie wird es sein? Manchmal, wenn ich mich müde fühle, lege ich mich hin und denke: "Vielleicht ist es so weit? Vielleicht sterbe ich?" Aber bis jetzt bin ich es offensichtlich nicht.

Erinnerungen tauchen unaufgefordert in meinem Kopf auf.

Nyakasura. Ein kleiner Junge, so blond, dass sein Haar fast weiß war, mit großen blauen Augen und einer ernsten, tiefen Stimme.

"Musses Gull", sagte er, "können wir das Auto haben?" Ich holte Toms Spielzeugjeep heraus, und er und Tom setzten sich abwechselnd hinein und führten lange, rätselhafte Gespräche. Die meisten Tage waren sie zusammen. Doch eines frühen Morgens kam seine Mutter Kay und sagte mir, dass Neal gestorben sei. Ich brauchte lange Zeit, um zu begreifen, was sie sagte. Sie erzählte mir, dass er akute Bauchschmerzen gehabt hatte, und als sie mit ihm zum Arzt ging, stellte dieser einen Blinddarmdurchbruch fest. Er wurde sofort ins Krankenhaus gebracht - das letzte, was Kay von ihm sah, war, dass er auf dem Wagen saß und ihr zuwinkte - aber er sah aus wie ein kleiner alter Mann, der Schmerzen hatte, als sie ihn in den Operationssaal rollten. Er starb noch in der Narkose.

Der Schock über seinen Tod hat uns alle sprachlos gemacht. Tom war derjenige, der am meisten litt. Als ich es ihm sagte, errötete er und riss sich von mir los. Er war schweigsam und sehr heiß - wochenlang hatte er Fieber. Ich versuchte, mit ihm über Neal zu sprechen, aber er blieb stumm - nur einmal rief er: "Hör auf, über -", aber er konnte den Namen nicht aussprechen.

Ich habe ihn kürzlich gefragt, ob er sich an Neal erinnert. Das tut er leider nicht.

*

Ich wache mitten in der Nacht auf - helles Mondlicht, es ist Vollmond, sichtbar durch einen Spalt in den Vorhängen. Was für ein erstaunliches Zusammentreffen von Ereignissen - die Position des Mondes, der Spalt in den Vorhängen, die Lage meines Kopfes hat dies bewirkt! Es wird nicht lange dauern - der Mond wird sich von dieser Position entfernen ... Ich schließe die Augen und denke daran, wie meine Mutter, Mu, reagiert hätte. Sie wäre in den Garten gegangen, hätte den Mond angebetet, gesungen:

Guter Mond du gehst so stille
durch die Abendwolken hin –

oder

Der Mond ist aufgegangen
Die goldnen Sternlein prangen
Am Himmel hell und klar.

Das Ende

Nachbemerkung des Herausgebers

Das Original erschien 2022 im Verlag The Caseroom Press in Englisch unter dem Titel: *How to be a Refugee - Life lessons learned by one who escaped the Holocaust.*

Der vorliegende Text wurde veröffentlicht, wie von der Autorin eingereicht, die ihn in vorgerücktem Alter selbst aus dem Englischen ins Deutsche übertrug; auch alle Fotos wurden platziert, wie von der Autorin gewünscht.

Irene Gabriele Gill hat in hohem Alter hiermit erfrischende, berührende inhaltsreiche, nachdenkliche Erinnerungen hinterlassen, die ihre Leserinnen und Leser finden mögen und für die ihr sehr herzlich zu danken ist.

Beachtlich, wie sie ihre deutsche Sprache über so viele Jahre und bis heute bewahrt hat.

Das vielleicht das Bedrückendste an diesen Erinnerungen ist wohl die Tatsache, dass ein Flüchtlingsleben ein ganzes Leben dauert.

27.Januar 2024 – Internationaler Holocaustgedenktag

Prof. h.c. Dr. Drs. h.c. Erhard Roy Wiehn, M.A.

Professor (em.) im Fachbereich Geschichte und Soziologie der Uni-ver-sität Konstanz; Veröffentlichungen vor allem zur Schoáh & Judaica:

https://de.wikipedia.org/wiki/Erhard_Roy_Wiehn
www.uni-konstanz.de/soziologie/judaica
www.hartung-gorre.d

Edition Schoáh & Judaica/Jewish Studies – seit/since 1984
von/by Prof. (em.) Erhard Roy Wiehn, Universität Konstanz
Hartung-Gorre Verlag/Publishers, Konstanz, Germany

2023

1) Erhard Roy Wiehn (Hg.), Jüdinnen und Juden in Sibirien – Ein fast vergessenes Verbrechen. Konstanz (Januar) 2023, 102 Seiten.
ISBN 978-3-86628-782-2

2) Erhard Roy Wiehn (Hg.), Jüdinnen und Juden in Transnistrien – Ein fast vergessenes Verbrechen. Konstanz (Februar) 2023; 100 Seiten.
ISBN 978-3-86628-783-9

3) Erhard Roy Wiehn (Hg.), Erinnerungsarbeit für die Zukunft – Frühe bis jüngste Vorworte der Edition Schoah & Judaica Konstanz (März) 2023, 154 Seiten. ISBN 978-3-86628-985-3

4) Erhard Roy Wiehn (Hg.), Jüdisches Leben im Dorf und Schtetl. – Rückblicke auf vernichtete Welten. Konstanz (April) 2023, 90 Seiten.
ISBN 978-3-86628-775-4

5) Matthias Messmer, Überraschende Judaica in der Welt – Reiseberichte, Analysen, Rezensionen. Konstanz (April) 2023, 232 Seiten.
ISBN 978-3-86628-787-7

6) Erhard Roy Wiehn (Hg.), Leiden in Berlin - Überleben in Schanghai. Edition Schoah & Judaica. Vierzehn Einführungen. Konstanz (Mai) 2023, 122 Seiten. ISBN 978-3-86628-749-5

7) Davis Murlakov, Nevertheless In the Image of God. The true survival story during the Holocaust and after. Konstanz (Mai) 2023.
ISBN-978-3-86628-789-1

8) Erhard Roy Wiehn (Hg.), Verdichtungen, Gedichte, Verse, Reime in der Edition Schoah & Judaica. Sieben Einführungen. Konstanz 71 Seiten. 71 Seiten. ISBN978-3-86628-793-8

9) Erhard Roy Wiehn (Hg.), Eltern und Kinder im Holocaust. – Erinnerungen Überlebender im Zweiten Weltkrieg. Konstanz. 2023., 315 Seiten. ISBN 978-5-86628-790-7

10) Marie-Elisabeth Rehn, Der Baron vom Konstanzer Hauptzoll – The Baron of the Main Customs in Constance - Salomon Picard und seine Söhne – Salomon Picard and his sons 1885-1974, 97 Seiten, Fotos.
ISBN 878-3-86628-794-5

11) Erhard Roy Wiehn (Hg.), Erinnert und gewarnt – Eine Zwischenbilanz 1992-2024, 107 Seiten. ISBN 978-3-86628-786-0

12) Erhard Roy Wiehn (H.), Ralf Dahrendorf Hommage – Zur neuen Ralf-Dahrendorf-Straße in der alten Stadt Konstanz. Erinnerungen. Mit zahlreichen Beiträgen. Konstanz (November) 2023, 112 Seiten.
ISBN 978-3-86628-805-8.

2024

1)Erhard Roy Wiehn (Hg.), Gegen Vergessen III – Jahresarchiv 2023. Zehn Einführungen der Edition Schoáh & Judaica und Mails aus meinem Lebenskontext Postscript by Rabbi Peter Kasdan. 2024. ISBN 978-3-86628-812-6

2) Irene Gabriele Gill: Ein Flüchtlingsleben. Erfahrungen einer dem Holocaust Entkommenen. 1. Aufl. 2024. 278 Seiten. € 24,80. ISBN 978-3-86628-806-5

3) Erhard Roy Wiehn (Hg.), Jüdischkeit im Holocaust – Erinnerungen. Konstanz 2024, 153 Seiten. ISBN 978-3-86628-813-3

4) Erhard Roy Wiehn Ug.), Kinder im Holocaust. Konstanz 2024, 222 Seiten.

5) Erhard Roy Wiehn (Hg.), Hommagen an Menschen und anderes. Konstanz 2024, 121 Seiten. ISBN 978-3-86628-795-2

6) Erhard Roy Wiehn (Hg.), Gretel Baum Merom – Hommage an eine zionistische Pionierin 1913-2019. Konstanz 2024, 112 S., ISBN 978-3-86628-800-3.

7) Erhard Roy Wiehn (Hg.), Schlomo Marcus 1910-2014 – Hommage an einen hebräischen Humanisten. Konstanz 2024, 92 S. ISBN 978-3-86628-799-0

Dazu jedes Jahr ein separater Verlagskatalog der Schoáh & Judaica-Publikationen von Erhard Roy Wiehn.
Konstanz 2024, ca. 40 S. ISBN 978-3-86628-653-9

*

Olga Hempel
Immer ein bißchen revolutionär
Lebenserinnerungen einer der ersten Ärztinnen in Deutschland
1869-1954
Herausgegeben von **Irene Gabriele Gill** und Erhard Roy Wiehn
1. Auflage 2005, 172 Seiten.
ISBN 978-3-86628-025-0

Olga Hempel war eine der ersten Ärztinnen in Deutschland. Sie studierte in Freiburg, Heidelberg, Breslau und zog anschließend mit ihrem Ehemann und Kindern nach Berlin. Dort arbeitete sie zunächst in einer Berliner Klinik und eröffnete später eine eigene Praxis in Ferch am Schwielowsee. 1938 zog sie zu ihrer Tochter nach Persien und machte sich 1946 zu ihrer letzten Lebensstation auf, in die USA, wo sie 1954 starb. Irene Gill ist eine Enkelin von Olga Hempel.
Olga Hempel war eine **Cousine der Berliner Malerin Julie Wolfthorn (1864-1944),** die oft in Ferch weilte und malte und die über 40 Jahre ihres Lebens in der Kurfürstenstraße 50 gelebt hat. Julie Wolfthorn, 1864 als Julie Wolf in Thorn geboren, wurde 1942 interniert und nach Theresienstadt deportiert und verstarb 1944. Zusammen haben die beiden Frauen Julie Wolfthorn und Olga Hempel eine gemeinsame Zeit in Paris verbracht, worüber Olga Hempel in ihren Lebenserinnerungen ausführlich schrieb, ebenso über ihre Berliner Zeit.

Inhalt